本丛书得到韬奋基金会资金资助
“十一五”国家重点图书出版规划项目

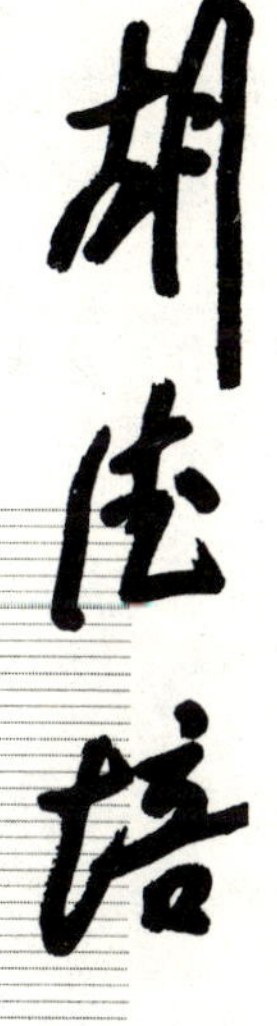

书林守望丛书

文学编辑体验

胡德培 著

首都师范大学出版社

图书在版编目(CIP)数据

文学编辑体验 / 胡德培著．—北京：首都师范大学出版社，2010.12
(书林守望丛书 / 吴道弘主编)
ISBN 978-7-81119-537-8

Ⅰ.①文… Ⅱ.①胡… Ⅲ.①编辑工作—文集 Ⅳ.①G232—53

中国版本图书馆 CIP 数据核字(2010)第 249795 号

书林守望丛书
WENXUE BIANJI TIYAN
文学编辑体验
胡德培　著

项目统筹：张　巍
责任编辑：张慧芳　　　责任设计：张　朋
责任校对：李佳艺　　　责任印制：沈　露

首都师范大学出版社出版发行
地　址　北京西三环北路 105 号
邮　编　100048
电　话　68418523(总编室)　68982468(发行部)
网　址　www.cnupn.com.cn
北京嘉实印刷有限公司印刷
全国新华书店发行
版　次　2010 年 12 月第 1 版
印　次　2010 年 12 月第 1 次印刷
开　本　787mm×1 092mm　1/16
印　张　17.5
字　数　255 千
定　价　38.00 元

做文化的守望者
——《书林守望丛书》总序

柳斌杰

文化是每一个民族赖以生存的根基和灵魂，而出版事业和出版物，是民族文化的结晶，是民族精神的物质承载者，是衡量一个国家和民族文明程度的重要标志。从事这项伟大事业的出版人，不仅是出版活动的实践者，而且是人类文化创造、积累、交流、传播的组织者和参与者，是文化产品的生产者、民族精神的护卫者和时代精神的弘扬者。任何时代，治书修史者都肩负着神圣的历史责任、文化责任、社会责任，在我国，这种传统一直延续了几千年。但是，目前受名利诱导和网络快餐文化的影响，出版界跟风炒作、追求市场效应一夜成名而不顾文化品位等现象时有耳闻。在种种浮躁的背后，反映出来的是出版从业者文化品格的缺失。唯其如此，为繁荣学术和民族文化而坚守文化天职、恪守社会责任的职业精神和文化追求，尤其值得在出版界大力弘扬。

出版人是文化薪火的传承者，具有坚守文化自信的历史责任。众所周知，出版是人类文明薪火相传的重要依托，一个国家民族科学文化的传播和传承，有赖于它的出版事业。中华文明之所以历经五千年而一脉不绝，就在于中国历代政治家、著作家、出版家、藏书家接续几千年文明发展进程中形成的尊崇历史、珍惜古籍、编修文献、善待图书、重视典藏的优良传统，他们将中华文化的精髓融入历代出版物之中，一代一代地传之后世，肩负起了将一个时代的科学文化及思想智慧真实地记录下来、传承下去的历史责任，使中华民族的文化根基与时俱丰、愈加巩固。作为新时期文化创新和文化传播的主体，当代出版工作者更加需要继承传统、关注时代，一方面自觉承担起对民族文化传统的保存、整理、批判、传承的责任，保持中华文化的统一性、延续性；另一方面推动文化创新和发展，弘扬和培育符合时代要求的民族精神，在增强民族的凝聚力、创造力以及同世界其他文明进行对话的文化自信力方面作出贡献，使中华民族独立于世界民族之林的文化根基更加坚韧。

出版人是文化创新的推动者，具有坚守文化本性的特殊责任。作为一种文化生产的基本业态，出版既有产业的属性，又有意识形态的属性，必须通过创新来保持文化的独特品质和内容的先进性。从这个意义上说，创新是出版工作者的不竭动力和显著特征，不仅是文化积累和产品制造的组织者，而且也是文化内容的选择者和把关者，当然应当是新知识领域的开拓者和新成果的发现者、催生者。一方面，知识的保存、生产和应用，文化和技术的传承、生产和原创，都是以出版活动为基础的。历史上重要的思想创新、科学发现和技术进步主要是通过出版物得以传承和发展的。另一方面，从造纸术、印刷术到当代激光照排系统、计算机王码汉字处理系统以及数字技术的应用，出版人率先将新成果引进出版业，引发出版形式和内容的不断创新。在文化传播过程中，出版人通过传承优秀民族文化、吸收外国文化精华、把握时代需要，促进着社会文化的不断进步。而现代出版史上鲁迅发现大批文学青年、叶圣陶对巴金处女作的慧眼识珠、巴金对曹禺作品的琢璞为玉的佳话，也反映了出版人所必备的发现新人新作的创新品质。在当前的创新型时代、创新型国家建设的过程中，人民群众的伟大创造，已然成为文化创新取之不尽、用之不竭的源泉，迫切需要出版工作者发现、认识、扶持、推广，进而铺垫中华民族元气深厚的文化创新的阶石，培育中华民族根深叶茂、神韵独具的文化创新的活力。

出版人是时代思潮的引领者，具有坚守文化领土与文化阵地的社会责任。出版的本质不仅在于积累文化、创造新知，不断推出更优秀的文明成果，而且还在于按照一定的价值目标对社会现实文化作出评价，通过选择、把关实现对社会风气、学术思潮、文化倾向的引导。古代中国知识分子正是借助“竹帛长存”所构成的社会认知体系和社会规范体系，才唤起了“见贤而思齐”的文化自觉和道德自律。“五四”时期以《新青年》为中心凝聚的一大批知识青年的出版传播活动，将“科学”与“民主”汇聚成了思想解放的伟大潮流。在当今政治多极化、经济全球化、文化多元化、新技术日新月异的国际背景下，在经济社会急剧转型、社会文化事业和文化产业发展不平衡的国内背景下，承担着建构社会主义和谐社会及传播先进文化的神圣使命的出版工作者，其选择、把关进而引导大众的责任更加重大，需要通过对精神生产加以规划与组织，对精神产品进行鉴别与加工，对文化遗产作出选择和整理，对社会信息予以筛选和传递，打造传承主流文化和主流价值观的精品力作，不断巩固主流文化阵地。这就要求当代出版工作者必须深深植根于中国特色社会主义伟大实践，敏锐把握时代变革的风气之先，不随波逐流，不跟风炒作，不断提高辨别真善美和引导大众文化、传播主流文化和主流价值观的能力，致力于弘扬民族精神和时代精神，为中国的改革开放和现代化建设事业提供有力的思想保证、精神动力和智力支持。

历史已经证明，出版业作为文化传承和文化创新的核心，如果没有文化理想和文化追求，便失去了发展的根基。而出版工作者的文化价值取向、人文素养、文化责任、文化运作能力和学术品评能力，又直接影响到出版物的文化含量。从这个意义上说，对于文化的坚守，不仅是一种出版理念，也是一项出版实践。在竞争日益激烈的世界文化市场中，能否坚持文化本位，能否坚守文化责任，对新时期的出版从业者来说，无疑是一种严峻的考验。《书林守望丛书》的问世，为我们提供了一部关于新中国出版人的精神文化启示录。其中反映出的经过沉淀而彰显的文化品格，尤其应该成为新时期出版工作者的精神支柱。这套丛书的作者，是一群深深地钟情于出版事业的文化守望者，他们在“书荒”时代辛勤耕耘，在“书海”时代坚持方向，恪守文化的尊严，组织、规划、策划、编辑、出版过一大批反映时代精神、民族精神及具有学术价值、文化品位的标志性工程，主持、主编过一大批科学、人文、经济、教育等方面为广大读者喜闻乐见的知识读物，为全社会提供优秀的精神食粮作出过重要贡献。在他们身上体现出来的勇于开拓、后启来者的创新精神和坚守精神家园、淡泊名利的文化风骨，堪称典范。希望通过这套丛书的出版，使新时期的出版工作者形成一种更加清醒的文化自觉，在文化与产业协调发展的道路上走得更加坚定，产生更多让世界为之惊喜的拥有自主知识产权的民族文化品牌，再现中华民族宏大的文化气魄。

当前，出版业的发展同政治、经济、社会、文化的发展一样，要在世界范围内的大对话、大交流、大竞争、大角逐中，把握机遇，迎接挑战，创造新的辉煌，需要一大批具有真才实学且能开阔视野、崇尚科学、追求真理、尊重创造、包容多样的新型复合型出版人才，来担当中国特色社会主义文化建设的推动者。《书林守望丛书》汇集的新中国成立六十年来成长起来的十几位出版家在长期为人作嫁的职业生涯中的思想火花、书坛掌故，集中反映了新时期出版工作者的精神风貌，不仅抓住了时代的新变化，也深刻把握了出版职业的新要求。这套丛书的作者，或者长于出版规划，或者长于鉴赏加工，或者长于经营管理，但都有将丰富的实践经验升华为理论的深沉思考。将这些经过实践检验的理论总结汇集起来，转化为鲜活的历史智慧和生命依托，对于未来的新型出版人才，无疑具有深远的精神哺育作用。我希望这套丛书的出版，能够吸引更多才华横溢、富有创造力的新军投身我们的出版事业，使中国出版人的文化守望薪火相传，为推动社会主义文化大发展大繁荣建功立业。

2009 年 7 月

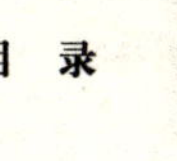

目 录

第二辑 “文艺编辑学”随想

第三辑 审读意见举例

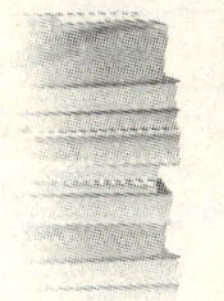

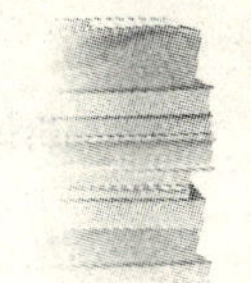

近半个世纪的文学缘
——代序

一晃已到古稀之年。

回首往事，从新中国成立初期开始，我喜欢上革命的新文学。1955年考入四川大学中文系；1959年毕业分配到北京，在中国作家协会所属《文艺报》编辑部从事编辑工作；直到1978年到人民文学出版社，迄今与文学结缘半个世纪，从事文学编辑出版工作约四十年。在工作中，不断学习，不断实践，常常有些想法，有些感悟，多与同仁们商讨和研究，结合工作从事写作与总结，虽然说不上有多少创意或贡献，但在各个不同的编辑岗位上，还是尽我所能，努力去完成相关各项工作任务。

几十年的文学编辑生涯，使我深深感到：应该感谢文学，感谢时代，感谢社会，也应该感谢编辑部。因为融入新时代、新社会和新文学的编辑出版事业，常常会令人有兴奋和幸运的感觉。

编辑是“杂家”

在编辑工作中，多次听老编辑说：编辑是“杂家”。编辑要有一定的专业和专长，同时，在该领域里知识要广泛，不可过分专一，以致知识面太窄，工作时捉襟见肘。当然，也有人说：最好的编辑是专家和杂家的结合，即在本专业领域中，既是某方面的专家，又是兴趣广泛、知识广博的能人。这样，在本专业领域的各种工作都能拿得起来，干得顺畅，不会感到隔膜和陌生。就中国语言文学专业来说，综合大学里中文系培养的就是这类具有语言文学领域各方面广泛基本知识的人员。学习内容以中国语言文学为基础，包括古今中外语言文学及有关于诗歌、散文、小说、戏剧、随笔、小品以至通俗文学、民间文学的广阔知识，近些年还增加了关于现代传媒如电影、电视、新闻以至信息网络等方面的内容。

中文系毕业后，到报刊或出版社工作，具体岗位都是有不同分工的，越是专业的报刊或出版社往往分工越细。“文革”前七年，我在中国作家协会所属《文艺报》编辑部，当时分为理论组、评论组、艺术组和秘书室(分管编务、资料和日常办公事务)。我最初在资料室工作的一年，为各组及整个编辑部提供资料服务。后来，主要在理论组负责“批判地继承古代文艺理论遗产”专栏、关于美学问题讨论及一般理论批评的组稿、审稿和发稿，约有四五年时间。中间，曾在评论组分工小说评论、“新收获”栏目等的部分稿件；参加过第三次全国文代会、培养青年作者会议及作协参与组织的其他专业会议的简报工作和组稿工作，还为作协的整风、批判和《文艺报》发表专论、社论或某些讨论会、座谈会准备有关资料。1964年作协整风后，《文艺报》为加强文稿的把关、避免工作失误，成立了一个发稿组，在主编、副主编的直接领导下，我与另一位同志除日常工作外，同时参与每期的发稿、校对直至最后到印刷厂直接签发出版的全过程，约有一年多时间。后来，还协助艺术组工作过一段时间。可以说，在《文艺报》编辑部门的各类工作，我大多曾经参加过，只是各占时间长短有所不同。

“文革”后，我到了全国最大的文学专业出版社——人民文学出版社工作。这里，编辑专业分工更加细密：设有外国文学、古典文学、现代文学、当代文学和美术等编辑室，还创办四刊一报，即《当代》、《新文学史料》、《新文学论丛》、《外国文学季刊》和《文学故事报》(两三年后，后两种刊物停刊)。后来，又陆续创办《华人世界》(后更名《海内外文学》)、《中华散文》、《中华文学选刊》等。开始，我在现代文学编辑室理论组做编辑。不久，任副组长，参与大型理论期刊《新文学论丛》的筹办及理论书籍的编辑出版工作。同时，在大型文学期刊《当代》杂志筹办阶段，也曾协助做过部分工作。1983年，我被评为副编审，担任现代文学编辑室第一副主任(主任一职空缺)，负责全面工作，同时兼任小说南组组长。1987年调任《新文学史料》副主编。1989年又调到当代文学编辑室当主任，被评为编审。其间一段时间，负责终审过《文学故事报》的文稿。

1992年调《当代》杂志当副主编，后任常务副主编。总起来说，在现当代文学各编辑部门，包括三刊一报，我都先后干过一段时间。在工作后期，有关社领导似认真又似开玩笑地对我说："没想到，这些年你在文学出版社现当代文学的各个部门几乎都干过，也都干得不错。"仿佛是哪里需要，就到哪里去。具体工作不断变换，真似成为了一名"杂家"式的编辑。

这种"杂家"式的编辑，在实际工作中往往是非常需要的。1979年的一次经历就给了我许多的启示和教益。

那次，是理论组派我出差宁沪一线组稿，主要为《新文学论丛》和正在筹办的"论丛丛书"组稿。当社长严文井、总编辑韦君宜等领导同志知道这个情况以后，他们特别嘱咐我，到上海一定要去看望巴金。拜访巴老的目的，主要是向他索要他正在香港《大公报》陆续发表的《随想录》，同时，也要他的散文、小说等其他书稿。这显然超出了理论编辑的分工范围。

原来，巴金《随想录》的发表，在海内外思想界、文化界引起了强烈震撼，上上下下议论纷纷，引来了许多不同的观点和意见。当时，诗歌散文组的季涤尘等同志与巴金早有联系。但值我出差之际，社领导还如此嘱托，使我感觉这次组稿任务的重大。同时，自然促使我更多关注文化思想界的有关动态，让我思想更活跃，眼界更宽阔。因此，到上海后，我即专程去到巴金家里，郑重地转达了文井、君宜等同志的意思。我们的热情和诚恳，得到了巴老的首肯。后来，《随想录》连续五本著作顺利地在人民文学出版社及时推出。事实证明，这部著作不仅是时代精神和世纪良知的光辉代表，它的思想艺术价值和社会历史意义是难以估量的，而且，它创始了一种新的文体——巴金文体。这是在传统散文、随笔、小品文基础上创新、发展而来。它平实而深邃，述真情、讲真话且直面历史痼疾，鞭辟入里，揭示伤痕，不留情面，锐利而深刻，是可与鲁迅杂文比美的一种真正的文学。

这件事，给了我深刻启示：编辑自然需要有一定分工，每位编辑在自己分工的范围内应独当一面，负起责任，不致有误，同时，还需要宽阔的视野，发展的眼光，不能局限于一隅，这对于真正做好编辑工作显然是十分重要的。可以说，在日常编辑工作中往往随时需要我们当"杂家"。

当代文学是“牡丹花”

由于最初我工作在《文艺报》，到人民文学出版社开始也是做理论组的编辑，自然我脑子里常常是理论批评一类的习惯思维。但是，工作不久，领导上便让我负责整个编辑室的工作，而且重点兼任小说南组组长的编辑任务，显然是以组织和出版长篇小说为工作重心。后来，有一段时间，虽然分别管过通俗文学(《文学故事报》)和《新文学史料》等方面的文稿，但很快又回到主管当代文学编辑室和《当代》杂志的工作，所以，我主要是搞当代文学，尤其抓优秀长篇小说的编辑出版工作。

那个时期，编辑室里有三个分管小说的编辑组，即小说南组、小说北组和小说北京组，共有编辑约三十人，都是组织出版小说书稿的。每一两位编辑分管某个地区(包括省、市)，负责那个地区的小说组稿与出版。比如，一两位编辑负责上海及苏、浙地区，另一两位编辑负责云、贵、川三省等等，同时有一位组长或副组长分工管理或协调那一两个地区的工作。有时工作需要，工作范围也会有所交叉合作。

那时，人民文学出版社于 1979 年在国内率先创办大型文学期刊《当代》杂志，以“贴近现实，贴近时代”为办刊思想，广泛联系作家，及时刊发优秀的中、长篇小说和报告文学等新创作，对于富有时代精神、及时反映社会现实生活的新创作，更是隆重推出。如王蒙的《布礼》，陈国凯的《代价》，郑万隆的《年轻的朋友们》，刘绍棠的《瓜棚柳巷》，蒋子龙的《赤橙黄绿青蓝紫》，张贤亮的《龙种》，韦君宜的《洗礼》，郑义的《老井》，张炜的《秋天的愤怒》等中篇小说；冯骥才的《雕花烟斗》，叶文玲的《心香》，邵振国的《麦客》等短篇小说；莫应丰的《将军吟》，古华的《芙蓉镇》，秦兆阳的《大地》，张锲的《改革者》，焦祖尧的《跋涉者》，苏叔阳的《故土》，柯云路的《新星》，刘心武的《钟鼓楼》，周而复的《南京的陷落》，陆天明的《桑那高地的太阳》，张炜的《古船》等长篇小说；理由的《她有多少孩子》，杨匡满、郭宝臣的《命运》，鲁光的《中国姑娘》，何启治、刘茵的《播鲁迅精神之火》，胡平、张胜友的《世界大串连》，赵瑜的《强国梦》，霍达的《国殇》等报告文学和陈祖德的传记文学《超越自我》，都是首先在《当代》发表出来，继而在社会上产生广泛影响的。

那时，韦君宜等老同志反复告诉我们：当代文学创作是文学出版中的一朵“牡丹花”。因为，尽管古今中外各类文学书籍我们全都出版，但就我们这辈人来说，对我国文学出版事业真正做出开创性首要贡献的则只有当代文学创作。中国过去的优秀文学创作和世界各国的文学名著，那是前人或外国人的功绩，我们是捡现成的，拿过来整理或翻译就可以出版。只有当代文学创作才可以说是我们这代人对人类文化事业的新贡献。

在当代文学创作中，又应当首推长篇小说创作；它是文学创作中的重中之重，往往标志着一个国家文学创作的最高水平。就文学出版社的编辑来说，最大贡献常常即表现在对优秀长篇小说的组稿和出版上。因为，其他文学形式，如诗歌、散文、报告文学以及中、短篇小说和戏剧等等，最初发表大多是在各个报刊上，出版社编辑仅仅是从那些已经面世的作家作品中遴选结集成书出版，首发则功在各报刊，那是他们对文学工作的成绩、对社会的贡献，出版社编辑的作用自然居于次要地位。

在人民文学出版社，大家一贯重视对当代长篇小说的组稿和出版。往往在作家刚刚冒头，发表出有一定特色的中、短篇小说或其他创作时，编辑就主动与作家建立较密切的联系。所以，当作家创作出第一部长篇小说时，大多会较早想到交给人民文学出版社的编辑。“文革”前，除中国青年出版社、解放军文艺出版社和当时唯一的大型文学刊物《收获》首发过少数几部长篇小说以外，其他绝大多数长篇小说皆为人民文学出版社首发。我在人文社工作的二十年时间里，我们经手编辑出版的长篇小说约占“茅盾文学奖”获奖作品的一半以上(近些年仍大略保持这个比例)，计有魏巍的《东方》、莫应丰的《将军吟》、李国文的《冬天里的春天》、古华的《芙蓉镇》、张洁的《沉重的翅膀》、刘心武的《钟鼓楼》、陈忠实的《白鹿原》、阿来的《尘埃落定》、王火的《战争和人》、宗璞的《南渡记》、刘白羽的《第二个太阳》、刘玉民的《骚动之秋》等，除最后两三部外，其他都是作家的第一部长篇小说创作。

在人们长期以来的习惯认识中，牡丹乃国花之首。在文学出版事业中，首推当代文学，同时又以长篇小说置于当代文学第一重要的位置，便是基于上述的认识和考虑。

为了有力地促进和鼓励作家及其创作，人文社先后多次举办“人民文学奖”“《当代》文学奖”“春天文学奖”“《当代》文学拉力赛”“《当代》长篇小说年度最佳奖”等多种评奖活动，给作家们以具体的支持、鼓励和帮助。

我在当代文学编辑室和《当代》杂志工作期间，有几部长篇小说书稿的组织出版就是贯彻人文社一贯的编辑出版方针的。

在抗日战争胜利50周年的前后，我们接受出版王火的《战争和人》与周而复的《长城万里图》两部长篇小说，其规模和思想艺术分量在描写抗战题材的文学创作中都是空前的。《战争和人》拟写成三至四卷，一二百万字，《长城万里图》拟写成五至六卷，三百多万字。它们都是多侧面、全方位地表现抗日战争，包括国共两党各方面的人物和事件以至国际范围错综复杂的各种关系，以全景式的艺术结构来反映。两部小说，从写作到出版均花了十几二十年时间。事后证明，这两部以历史唯物主义观点全面描绘伟大抗日战争全过程的现实主义巨著，不仅具有深远的历史价值，而且具有强烈的现实意义。两部巨著出齐以后，均获得了多种重要奖项，《战争和人》曾居于“茅盾文学奖”的榜首，《长城万里图》曾名列“五个一工程”奖的序列之中。这是于砚章、刘海虹、王笠耘等多位编辑及整个编辑部门共同努力的心血结晶。

在1989年的那场风波之后，时任中央文化部部长的王蒙请求辞职获得同意，准备集中精力从事写作。可是，在某些人的眼中，仿佛他常常代表着那些时代弄潮儿的某种思想观点，有人甚至写文章将他作为指摘的对象。这时，一些怕麻烦的编辑便多多少少冷淡了正在积极投入长篇小说创作的王蒙。我觉得，王蒙是当代文学中不可忽略的一位作家。因工作关系，我便几次走访了他，表示我们愿意出版他的新创作，包括他已写和正在写作的中、短篇小说集及有关创作谈，特别希望他正计划创作的“季节系列”长篇小说能陆续交给我们。我及时向社领导陈早春、李曙光等同志汇报了有关情况，并请主管我们编辑室工作的副总编辑李曙光与王蒙直接见面约谈，然后在编辑室又先后指定彭沁阳、王晓等同志随时具体联系。在我们多位编辑积极、诚恳的努力下，王蒙最终答应将其著作一部接一部地给人文社出版了，其中大部分还优先在《当代》杂志发表出来(《当代》是由汪兆骞具体联系)。“季节系列”以小说形式，连续集中描绘共和国一代知识分子几十年的心路历程和坎坷人生，给我们提供的丰富人物形象和多样生活景象，获得了文坛内外的众多好评和肯定。

就是这样，我们每年至少推出一二十种新创作的长篇小说，充分地体现着人民文学出版社着力抓当代文学创作，特别是把长篇小说创作作为重中之重的编辑出版思想。因此，人文社出版的有关书籍，一直是当代文坛和文学研究部门备受关注和重视的对象，这也是我们对社会主义文化建设引人注目的积极贡献的一个重要部分。

写作是“总结”、是“促进”

在《文艺报》工作，常有采访任务，需要写报道；编辑部及中国作协召开讨论会、座谈会，也需要整理简报或综合报道。当时，主编张光年(光未然)、副主编侯金镜、陈笑雨(马铁丁成员之一)、冯牧等，都是著名作家、评论家。他们常写评论、社论或专论，在《文艺报》及各报刊发表。他们在编辑部总是积极支持年轻编辑多动笔、多写作，认为这是做好编辑工作十分重要的一环。因此，从那时开始，逐渐促成了我一边做编辑工作，一边进行研究和练习写作的习惯。

严文井与胡德培(1999 年)

到人民文学出版社工作时，社长严文井、总编辑韦君宜以及秦兆阳、楼适夷、牛汉、绿原、孙绳武、屠岸、李曙光(黎之)、孟伟哉、陈早春、王笠耘等领导，都是能编会写的作家、编辑家。他们很快推我到了负有一定责任的编辑岗位上。要做好工作，便需要多思考、多总结，要不断提高和锻炼自己的眼光与能力；结合编辑工作的写作，便自然成为思考和总结，并成为锻炼和提高自己编辑工作水平和组稿预见能力的一个重要方法。

在较长一段时间里，我的学习和思考结合工作集中在两个方面：一是研究当代中国文学的发展态势；二是探讨艺术创作规律。

要了解中国当代文学的发展态势，主要是通过对当前作家作品的细致分析，并参阅中外文学发展历史，尤其是结合大量现当代文学进行纵向或横向等各方面的比较研究，从而透视当今文学可能会有的某些前进迹象和发展趋势。由此，我写了《当今文学的过渡特征》《长篇小说的结构艺术》《多卷集创作变异论》《抗战文学的新发展》等论文(后收入人民文学出版社出版的《瞩望星河——近二十年中国长篇小说艺术》一书)。同时，分析研究创作艺术的某些具体规律，写作了《艺术规律探微》的系列文章(先后出版两本集子)。进一步，便试图把具体作家的具体情况放在整个社会历史和创作发展环境当中进行比较，在一定程度上能够把握某些作家的创作发展状况，预示他们在一定时期的创作潜力以及可能创作出达到什么样水平的作品来。在这样一些比较研究的基础之上，对于那些有潜能的作家，我们便尽量提前向他们约稿，与他们交朋友，了解他们的经历及文化艺术修养等等，进而帮助他们挖掘创作潜能，及时启发和鼓励他们写作长篇小说。人文社比较成功的一个例子，是韦君宜组织张洁写作《沉重的翅膀》的经历。

1978 年，早在张洁刚刚写出《森林里来的孩子》获得全国优秀短篇小说奖的时候，韦君宜作为评奖委员就发现了张洁的写作才能。当认识并深入交谈后，韦君宜觉得张洁很有可能写出较成功的长篇小说来。于是，韦君宜当即鼓励她，并直率地向她约稿。在韦君宜的启发和帮助下，张洁于 1981 年写出了我国第一部以改革为题材的长篇小说《沉重的翅膀》，被公认为是一部有独特见解和生活底蕴的优秀创作，后来获得了“茅盾文学奖”。我们从韦君宜等老编辑的成功组稿中得到不少启示和教益。

再一个例子是我们组织宗璞写作《野葫芦引》的过程。宗璞是著名哲学家冯友兰先生的女儿，毕业于清华大学外文系，家学渊源，学贯中西，早在 1957 年即发表短篇小说《红豆》而闻名于世。我与她在上世纪 60 年代初期曾是《文艺报》编辑部的同事，一直关注她的创作，1978年她发表《弦上的梦》不久，我写过评介她创作的文章。她家上下几辈人及其亲属多系知识分子，她早就有描写知识分子生活的长篇小说的计划。因此，我们社组织的创作活动便不断邀请她。我曾多次与她交谈、约稿，她总是诚恳地表示首肯。有一次，她动情地对我说：我很感谢你们人民文学出版社。当我写作短篇小说的时候，让我参加一次你们组织的创作座谈会，我写出了《三生石》等中篇小说；后来，你们又组织了一次长篇小说创作座谈会，促使我开始写作酝酿多年的长篇小说《野葫芦引》。同时，她十分肯定地表示：我写成了就会交给你们的，不会给别的出版社。经历二十年艰苦的创作，《野葫芦引》的前两部《南渡记》、《东藏记》(王小平、杨柳等任责编；后两部拟名为《西征记》、《北归记》)已先后出版，并成功获得"茅盾文学奖"。2001年，宗璞在《衔一粒沙再衔一粒沙》的一篇文章中说："这部书二十年前就是人民文学出版社约稿，从老一代韦君宜等领导到现在的领导都很关心。80年代初，君宜同志对我说，'你现在到了可以写长篇的阶段了'。现在想想，这真是一句不简单的话，对于一个作者，她可以看出你现在到了可以写长篇的阶段。一位出版家关心着作者的发展阶段，是何等的眼光和气度。……在这样长的日子里，有时完全看不到交稿的希望，而人民文学出版社从来没中断和我的联系，他们耐心又细心，让我感到的只有关心而没压力。……稿子交给他们，我完全放心。"

正是这样，人民文学出版社分管当代文学的编辑同仁们，从老一代编辑到现今一直注重研究文学发展趋势和具体作家的创作艺术特征，从而及时联系并有效地组织他们创作出优秀的作品，为促进我国当代文学的发展和繁荣不断贡献着力量。

探讨"编辑学"

我较长时间担任编辑室主任和刊物副主编，随着国家改革开放和当代文学的发展变化，编辑人员的变动也较大，常常感到新毕业的大学生或从别部门调入的人员，要很快适应并融入人文社当代文学编辑部门这个集体，是需要必要的培训或磨合的。过去，大学生到了出版社，总是先让他们到校对或出版部门熟悉一年半载才去各编辑室工作。“文革”后，免除了这个熟悉过程，新来的人就直接到了编辑室。当时，社里曾集中办过培训班，搞过编辑月会，编辑室里也请一些老编辑进行过传、帮、带。总之，都是为了使新编辑较快地熟悉有关情况，与老编辑及整个编辑部门配合默契，共同做好工作。

当时，新闻出版部门对有关“编辑学”展开了研究和探讨，我结合编辑工作实践进行思考，也试图总结出某些带有普遍规律性的问题。1987年我在《编辑之友》杂志连续发表“与年轻编辑谈心”的九篇文章，1988年在《编辑学刊》杂志连续发表七篇文章，在《中国出版》、《新闻出版报》、《新闻出版导刊》、《文艺报》等报刊亦先后发表一些有关编辑与“编辑学”的文章。

我探讨“编辑学”的文章，谈到关于组稿、处理来稿、写审读意见、与作者交往、改稿、定稿、校对及出版等涉及编辑工作全过程的各个方面，同时，就文学编辑的基本语言文字训练，需要学习和思考的各方面，如何提高编辑素质和敏锐的眼光，以及编辑的品格和编辑部内部的团结协作等等，也谈了自己的感受和看法。在编辑部里，我比较注意将老编辑的经验和自己的想法贯注在日常工作流程之中。这样，既对我自己的工作又对团结编辑同仁们共同做好当代文学的编辑出版工作起到了积极作用。

这里，再就几个方面的工作来谈谈。

一、广泛联系作者。

在人文社，大家经常提到韦君宜的一句名言：“对于文学出版社来说，作家是我们的衣食父母。作家不给我们提供优秀作品，我们就‘巧妇难为无米之炊’。”所以，我们做当代文学书籍的编辑，总是很早很早就及时而广泛地联系众多的作者。

仅举1983年秋天，我与刘炜、张佳佩两位编辑出差湖南、湖北组稿为例。这两个省份，是刘炜分工联系、组稿并处理有关来稿的地区。此前，她已多次去过两省，作者情况基本熟悉。此时得知作为组稿重点地区的湖南要召集作家们开会，我们决定赶去赴会。会上，可以见到湖南各地的主要作家，包括平时难以见到的个别偏远地区的作家，真是一个好机会。为了在短暂的会议时间里与更多作者交谈，决定请分工江西等省的张佳佩一道，我以室主任兼组长身份一同前往。会上，我们与湖南

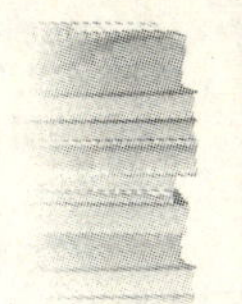

各地作家频繁接触，多次交谈，同时专门拜访省文联主席、著名老作家康濯，请他就全省作家状况、培养青年作家及创作的提高与突破等问题谈了半天时间。会后，又随岳阳市文联主席罗石贤去岳阳，见到当地一个青年作者培训班的众多基层作者。这样，我们对湖南全省创作状况便有了较全面而深入的掌握。

其他地区我们也采取多样的方式去广泛接触和了解作者，这是能够较有把握地及早发现重点作家、拿到优秀创作的起码条件和基础。

二、研究作家状况。

在广泛联系和了解作家情况以后，主要是为了既不漏掉有才华的作家，又能准确掌握不同作家有可能发挥创作才华的时机，及时组织和帮助他们写出具有相当生活内容和艺术特色的作品来。就湖南省来说，我们出版莫应丰的《将军吟》、古华的《芙蓉镇》，曾获得“茅盾文学奖”。后来，还拿来了周健明、罗石贤、金振林等人的优秀作品。就全国来说，人文社能够一直保持出版当代文学书籍的较大优势，除了“品牌效应”，就不能不说是我们对作家的认真研究和有效的组织工作所取得的重要成果。

研究作家状况还有一个重要方面，即当某位作家正在创作峰巅之际，往往也是他向下滑坡之时。20 世纪 80 年代中期，有一位正当走红的作家，一部中篇小说获得不少好评，人文社的老编辑家秦兆阳在肯定这部作品的同时，指出了他创作上好几条重要的不足。我们研究后也感觉到：这位作家正处在走上高峰开始滑坡的时刻。而此时一些出版社正纷纷向这位作家约稿，甚至出现有人出“高价收买”的情形。于是，当分工联系这位作家的编辑感觉有些争不过人，向编辑室汇报时，我当即向这位编辑说明我们要保持冷静的分析和正确的态度，不必付出太高的代价去争抢这位作家的书稿。事后证明，我们当时的处理是恰当的。那位作家从巅峰状态很快下海经商，再也没有写出较好的作品来。

正确分析和把握作家状况，使我们的组稿既能准确、及时地抓住重点作家的书稿，又能在新的市场经济条件下不盲目追捧，冷静对待一时走红却缺少某些底蕴的作家作品，使编辑力量发挥在组织到更多有价值的新作家新作品方面来。

三、发挥团队作用。

历史证明：一场战争的胜利，是统帅与众多士兵(包括广大民众)共同战斗而取得的。现代企业的成功，是决策人与他身后众多人士协力合作的结果。换句现代的话来说，都是发挥团队的作用。一个出版社里各个编辑室及编辑之间的团结协作十分重要。在同一个出版社各编辑室及不同编辑之间，由于种种原由，有时可能出现不团结少协作的情况。编辑经验告诉我们：在人民文学出版社各编辑室及编辑之间，一方面分工较细，另一方面也常常工作上有互相交叉的情况。这时，互相通气，联手合作，为出版社的整体利益，大家协调一致，才能产生巨大的工作效益，取得重大的成果。

我在当代文学部门工作期间，深深感到组织出版陈忠实的著名长篇小说《白鹿原》可说是编辑团结协作最典型的一件事。

当时，当代文学编辑室的小说编辑和《当代》杂志的有关同志，从领导到具体编辑，都先后与陈忠实有着较密切的联系。陈忠实那时只写过一些中、短篇小说，出过几本书，但集中时间写作长篇小说还是第一次。他走出西安，躲避到农村写作期间，我社的编辑都不断地与他有书信来往和其他联系。他写作煞尾时，我们即得到了信息，当代文学编辑室的高贤均与《当代》杂志编辑部的洪清波立刻准备出差川、陕一线组稿，便携手先去陕西，及时拿到了《白鹿原》的原稿。两人在去四川的路途中，流水线似地一口气读完了全稿，均同声叫好。回到北京后，便立即推荐给领导批准出版。这部优秀的长篇小说，除了作家陈忠实的创作之功，从编辑部门的组织出版过程来说，是经过高、洪二人及刘会军、朱盛昌、何启治、常振家等好几位编辑多年联手合作、发挥团队作用，才取得最后成功的。《白鹿原》出版后产生了巨大轰动效应，文坛内外反应甚好，并很快发行达到七八十万册，后来还获得了“茅盾文学奖”(发行数已达110多万册)。陈忠实非常感激我社的有关同志，一定要拿出几万块钱来酬劳以表谢忱。我们社里坚决予以婉拒，而陈忠实感情诚挚，态度坚决，我们一再表示不能接受，他依然坚决不答应。看来不接受那是万万不行的。这时，只好双方商量决定：用这笔钱建立一项优秀编辑奖励基金。

编辑团队发挥的力量是巨大的。不仅会显示出智慧、才能，而且具有超人的能量和吸引力，使作家感觉到这些编辑是很亲切、热情的，是很看重他、尊重他的，是非常值得信赖、可以依靠并能获得真诚帮助的。这样的编辑队伍，编辑形象，他们所体现的精神和品格，自然是会感染人、鼓舞人，在推进文学事业发展上是会很有希望的。

回首几十年从事文学编辑工作的经历，我常常感觉编辑集体充满团结友爱、互助合作和真挚情谊的宝贵，那种氛围是能够促人成长、催人奋进的。虽然我的具体工作岗位变换较多，在不同部门工作过，但一直与同仁们携手协力，并得到领导和同仁不少支持和帮助，今天想起来仍然觉得温暖。我想，这是一种缘分。

我于 1982 年加入中国作家协会。1992 年，国务院颁发给我政府特殊津贴及证书，以表彰“为发展我国新闻出版事业做出的突出贡献”。尽管我心里也想到工作中曾有的缺憾和不足，但能得到社会的这种肯定以至荣誉，亦使我备感欣慰。

2006 年国庆节前夕

本文原载《出版史料》2007 年第 1 期，后收入人民文学出版社 2007 年 4 月出版的《文学缘》一书

第一辑

给年轻编辑

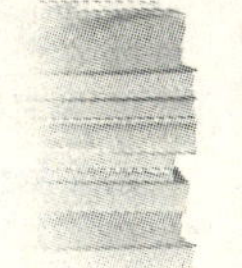

组稿是关键，需要审慎

俗话说："巧妇难为无米之炊"。组稿，是磨面选米，采购各色蔬菜；米面蔬菜是否新鲜，成色如何，是决定饭菜能否味美可口的基础和条件。

又如缝织嫁衣。衣料质地优劣，花色搭配是否适宜，乃是决定嫁衣质量好坏的重要条件。组稿，也是编辑出版优秀书稿的关键所在。

因此，作为一名编辑，必须千方百计地争取组织到具有高度的思想理论水平和优美的文字表达能力的质量优异的文章或书稿。这是编辑工作中最重要的一环。

那么，怎样才能够组织到优秀的文章或书稿呢？

一、准备工作

组稿的准备工作，最重要的一点是制订计划、确定选题。

计划决定方向，选题决定目标。计划和选题决定之后，就必须认真研究选题，寻求完成选题的途径，搜集并熟悉有关选题的资料，了解与选题有关的问题。

比如，关于文学方面的选题。广义地来说，对当前文学现状的了解和研究，都是我们开展组稿工作前应当具备的知识基础；熟悉并掌握有关情况，可以说是我们做好组稿工作的前提和条件。特别是对文艺理论批评文章或书稿的组织，对长篇小说、对报告文学或传记文学的组稿，更必须掌握较多的有关信息。总之，下列两点是大家应当注意的：

一是熟悉情况。对当前文艺理论批评的发展状况及有关问题，你有了较清醒的认识，事先知道哪些问题该多讲，哪些问题该少讲，哪些问题读者正有兴趣，哪些问题已是老生常谈，不同的问题应该从哪些不同的角度去深入阐述或剖析等等，才有可能在同类选题中择取质量较好的文章或书稿。同样，对有关描写对象不熟悉，对有关历史资料不掌握，对有关出版信息不了解，你怎么能够抓到较理想的报告文学或传记文学呢？就是对于长篇小说的组稿，你也必须先熟悉不同地区的创作发展情况，了解创作队伍现状，掌握一定的组稿线索，才不会瞎碰乱撞，成效极微。

二是避旧选新。同类的选题，你所组织来的稿件，必须注意选取新角度、新观点、新例证、新的叙述方法，给人一种新鲜的感觉，才能吸引读者。不要重皮子话老说不完，都是老掉了牙的内容，那样，就会使人看而生厌了。但哪些是旧的？哪些是新的？你就必须有个充分的了解和研究了，有关问题的发展状况和出版信息你掌握得愈丰富、愈是多方面则愈好；只有掌握了已有的情况及现状，去组织稿件才会弃旧图新，心中有数。

比如组织几篇文艺随笔的文章。这类文章，总的要求都是要密切结合当前创作状况和文艺思想实际。可以说，什么时候创作问题和文艺思想问题都是层出不穷的。文艺随笔可谈的题目很多，写法也各不相同。一般来说，组织这类文章并不太难。但是，要组织到真正写得好的、发表出来能够产生较大影响的文章，就实在太不容易了。60年代初，人们在谈论创作上的中间人物那段时间，《文艺报》编辑部在研究选题的时候，有同志一下子就看到了中间人物是“不好不坏、亦好亦坏、中不溜儿的芸芸众生”；有了这样明确的认识(简直可以说是独到的见解和精辟的概括了)，于是，《文艺报》很快就发表了那么一篇著名的随笔(这竟成了后来反复点名批判的“靶子”了)。这可属于影响深远的一例。这种切合时宜，非常及时，抓问题准确、独到的文章，不是紧密注视文艺现状、把握创作问题的症结所在，那是根本不可能很快抓出来的。

又如，粉碎“四人帮”不久，《人民文学》编辑部拟发几篇报告文学作品。当时编辑研究了有关情况，搜集了有关资料，才确定要请人写写陈景润。然后，请徐迟(他一接触也很有兴趣)写出了《哥德巴赫猜想》等作品，发表后在国内外产生了广泛影响。这不也是事先掌握动态、熟悉情

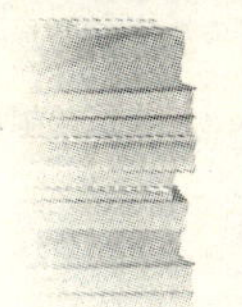

况才取得组稿的好结果么?!

再如，经过十年浩劫，大家都对那个荒唐的年代在进行反思，并准备用文学艺术的形式来加以反映。但是，到底如何反映？应该掌握一个什么原则，注意一些什么问题？1978 年底前后那段时间，人们对“文化大革命”的评价仍然是一个十分尖锐的问题，大家的分歧还相当大，认识还很不一致。人民文学出版社的编辑对此专门作过认真的思考和讨论，对“文化大革命”及其伤痕文学取得了一些基本的认识和看法，所以，才能具有胆识和魄力地较早组织了一批反映十年动乱的长篇小说，突出的有:《将军吟》、《冬天里的春天》、《芙蓉镇》、《生活之路》、《破壁记》、《代价》等等。这些作品先后出版后，起到了相当强烈的社会效果，产生了较好的作用和影响。

不久前，《人民文学》的编辑同志了解到一个读者信息，即相当多的人对真实地反映当前社会问题的纪实文学比较感兴趣，于是，他们便确定了具体题目，研究了具体问题，请刘心武先后写出了《5.19 长镜头》和《公共汽车咏叹调》，均产生了相当广泛的社会反响。

由此可见，组稿的准备工作是否充分，认识是否明确，有关问题是否作过认真研究，必要的材料是否多方搜集，对于能否组织到思想新颖、观点明确、内容扎实、质量优秀的文章或书稿，是具有非常重要的作用和意义的。

二、物色作者

有了好的选题，没有恰当的作者去完成，选题就不可能实现。

物色作者，关键是准确地寻找合适的人选。

在工作中，一个选题的组稿，往往不都是我们碰到的头一位作者就一定能够圆满完成任务，而是两位、三位，甚至第四位作者才实现我们的目的。为了较少周折，少费时间和精力，尽可能圆满地完成选题计划，较快地找到合适的作者，我以为应该注意以下几点：

首先，作者要具备能够完成该选题任务的学识和水平。

学术上，不同的作者各有专长，但不一定都能够较好地完成你所拟订的那个具体选题。比如，几年前，有一个出版社较早地就确定了一个

《青年文学手册》一类具有相当规模的选题，这是广大文学爱好者迫切需要、十分符合市场要求、一个非常及时的选题。该社编辑选择了某院校的几位作者来编写。但是，由于有的作者专业知识面较窄(又一时找不到别的人来替补)，与此书需要古今中外十分广泛的文学基础知识的要求有相当的距离，掌握有关名家、名著、名词的典型资料有一定困难，因此工作起来很不顺手，编写中便耽误了较长一段时间，此时社会上已陆续出版了好几种同类书籍，该选题最后只好流产。这是选题任务的繁难程度与作者对象的知识基础存在距离而误时误事，致使选题落空的例证。换句话说，就是编辑没有准确地物色到合适的作者而造成了意外的事故。

又如，不久前，人民文学出版社出了一本《文艺信息学》。这是近几年在我国兴起的一门新学科。能够完成这门学科出书选题的，必须是既熟悉各方面文学发展状况，又对新近流布我国的信息学有所研究和了解的作者。文艺学方面的老专家固然知识广博，但对新兴学科不一定十分熟悉。所以，这样的选题，由陈辽这位既有相当经历和学识，文思十分活跃，又对信息论、系统论等新学科有较浓厚兴趣的中年文艺理论家来完成，自然是比较合适、比较理想的。这里，主要看合适不合适。合适，即是选得准确；不合适，则是选得不准确的。

其次，要了解作者的时间和精力，有没有按期完成选题计划的可能性。

有的作者，对于完成你的选题计划虽然合适，但他日常工作任务繁忙，或者身体精力不足，或者在相当一段时间里有别的研究兴趣，那么，你找他组稿就不一定合适；如果组了稿，也很可能延误计划，耽搁选题。

这种情况，主要是对一部分老专家、老学者或担任重要工作的同志来说的。比如，60年代初期，我在《文艺报》担任编辑工作期间，刊物曾主办了一个“批判地继承古代文艺理论遗产”的专栏，准备组织一批对中国古典文学和古典文艺理论批评有研究、有影响的学者专家撰文，如郭绍虞、刘大杰、林庚、杨晦、游国恩，吴组缃、唐弢、王季思、楼棲、周振甫、周汝昌、马茂元、廖仲安等等，但他们各有不同情况，或年老力衰，或身有重任，如果不根据具体情况而强求一律，那么，组稿任务就很难完成。我们分析了这些具体情况，就根据实际状况，采取分时间先后，谈不同问题，或长或短，或专文或漫议等多种形式，陆陆续续地组织文章发表，不是采取一刀切的办法，因而就较广泛地动员和团结了一批这样的作者为这个专栏撰文，比较圆满地完成了任务。

再次，有些比较繁难的选题，一两位作者去完成困难较大，则需要找到一个合适的集体来完成。

比如，人民文学出版社新出的《宋文选》，是需要大量资料和人力、时间的一个选题，而且，在国内过去没有出过这样的文选，新编需要剔选得当，择取适宜，只是一两个人的功夫要较快地完成这部书稿是不大可能的。因此，出版社就找到了这方面较有基础和条件的四川大学中文系古典文学教研室来选注。他们花了两年左右的时间便较好地完成了这部书稿，出版后颇受好评。

还有这样一种情况：在一个临时组合的集体里，常常需要有在其中发挥中坚力量的作者人选，有关选题才可能顺利完成。这可以举《中国现代文学史》为例。这个选题，是当时教育部批准的高等学校文科教材，必须按期保证质量完成出书任务。这是一个死任务，到期学生等着教材上课。但是，编写组是临时从有关兄弟院校抽调出来的教师组成，各有教学任务等等原因，初稿分头草成后，修改、定稿任务落到了严家炎等少数人身上。严家炎一直搞现当代文学的教学及研究工作，知识相当广博而又扎实，对工作兢兢业业、一丝不苟。本书最后统一修改工作由他全面负责。他集中了半年多的时间，住到出版社招待所里，一方面与有关同志紧密配合；另一方面着手查阅资料以致重新编写、改写或修改加工，好些章节是重起炉灶撰写的。他费了很大的力气，才终于完成了这部近百万字、三卷集的现代文学史的编纂任务。这部书第三卷发排的时候，原来的主编唐弢(当时正犯高血压病)向编辑部坚决表示，无论如何一定要将严家炎的名字放到主编的位置上去。这便是人民文学出版社出版的《中国现代文学史》初版第三卷为什么从前两卷一位主编的名字改排为唐弢、严家炎两位主编的缘由。严家炎等人在编写中所起到的中坚和骨干作用，是这部书稿保质保量、按期完成的一个重要因素。

最后，还要谈谈：学术性的论文和专著，选注或编撰等一类选题，一般可以先有计划再去物色作者，那么，文学创作一类的选题能否按一定的题目去进行组织呢？

一般来说，创作主要是根据作家本人从生活里得来的感情、意愿和兴趣，情动于中、兴之所至、不能自抑而撰写出来的。如果作家没有一定的生活、思想和感情上的准备，有时很难主观地事先规定一个题目，而让作者去按题作文。

比如，以前曾经流行一个时期的领导出题目、让作家与群众“三结合”去写的做法，不过是大家都已知道的“从概念出发”、“主题先行”那一套东西，自然是出不了好作品的。但任何事情都不可一概而论，说得太绝对，具体地还要看到底是什么样的创作。仅从具体的方式方法的角度来说，比如，上面谈到的关于陈景润的报告文学，关于《5.19 长镜头》一类创作，不也是编辑部先有选题，然后再寻找合适的作者来完成的么？目前正在勃兴的传记文学创作，也大多可以采用出题组织稿件的办法去完成。例如，关于著名画家徐悲鸿的传记文学，人民文学出版社的编辑了解到郑理有这方面的兴趣，便组织他写出了《笔下千骑》这部书稿(此书业已出版)。这类做法，似也不必一概排斥，全盘否定。

自然，像过去曾经不止一次试验过的那样，有哪个矿山，哪个工厂，哪个农村，哪个部队，什么事情需要宣传和推广，就派作家下去深入生活，然后，当作硬性的政治任务，让作家必须写出反映所去那个部门的长篇小说之类，事实证明，那类做法是失败的，不可取的，我们当然没有必要再去效法。

总而言之，根据选题要求，密切注视并研究有关作者队伍的现状，掌握并分析他们不同的具体情况，对于尽可能准确地挑选某项具体选题最为合适的作者，是完成选题任务的必备条件。反之，就会延误选题计划的实现，致使选题流产或落空。

三、具体组稿

组稿时，要从具体书稿的具体要求出发，按照编辑最后所选定的具体作者的具体情况，来决定应该采取什么样的具体的方式、内容及办法。

一是方式。

是写信，还是打电话，是托他人代为组稿，还是自己登门拜访等等，都要根据不同的选题要求、编辑本人与作者的关系、作者对整个编辑部的感情等不同情况来酌情决定。什么方式能最好地达到组稿目的，即以采取什么方式为宜。

胡德培与陈忠实在北京(1993 年 7 月)

编辑如与作者关系亲密，互相常有来往，估计他完成某个选题任务没有什么问题，甚至此选题内容在过去的交谈中或许早有议论和交流，则常常只需要采取一种最简便的方式，或者打个电话，或者写封信，就可以及时地组织到稿件。这种情况，是要靠编辑平时广泛交往的功夫和编辑与众多作者颇有交情才能达到的。特别是某些急要的稿件，此种方式及此种交情显得极为重要。表面看来，他十分轻易地就能拿来编辑部非常需要的稿子，但对一些年轻的生手来说却是很难拿到的。尤其是某些杂志或报刊部门非常需要这种富有特殊活动能力的编辑。一些编辑部门的老同志常有这种本事，所以，是值得我们很好地学习并敬重的。

大多数稿件是要编辑亲自拜访作者。要与作者仔细交谈，谈选题要求，谈具体设想，互相交流看法，首先力争作者能答应撰稿。然后，共同编织写作提纲，约定完稿日期，稿件具体编排方式、规格、字数甚至稿纸大小等等，务求将有关问题尽可能想得周全、细致和具体。有的稿件走访一次还不行，那就得走访第二次、第三次，直到最后能够拿到稿子才算组稿完结。

有一部分选题，还需要请他人代为组稿。这是因为被选定作者的特殊情况，为了更好地实现组稿任务，有时需要请作者的亲朋好友、有关部门、有关领导出面，或者请本编辑部的老编辑及编辑部领导出面。这种书稿，大都是某种特殊重要的或有某种疑难问题的选题，或者作者对象是大专家、知名人士、重要领导，他们工作繁忙，一般编辑与他们直接谈稿有所不便，这就需要请熟悉他的人(如亲属、朋友)，或者有一定身份的同志(如其他有关部门的有关领导或本编辑部的领导同志或老编辑)出面代为组稿。例如，人民文学出版社很早就拟定了要出周扬同志的文集这个选题，但周扬同志一直没有答应。后来，社领导韦君宜、李曙光等同志直接出面，通过周扬同志的秘书谭小邢同志，又请中国社会科学院文学研究所负责同志许觉民等及中共中央宣传部有关方面共同努力，反复磋商，周扬同志才答应由社科院文学所的同志负责搜集、整理经编选注释小组讨论编定，有些文章鉴于发表时的历史情况由他在文后加附记，然后再交人民文学出版社出版，这才实现了多年来出《周扬文集》这个愿望。

二是内容。

一方面，是选题本身所要求的内容，即文章或书稿内容，要向作者介绍情况，提出具体要求。另一方面，更为重要的是，相当一部分作者往往是你向他谈文论艺，引起他对某个问题的浓烈兴趣，你们相互引为“知音”以后，他才答应去完成某一个方面的选题的。

在《文艺报》上，这方面的例子很多。比如，某些言论性文章、文艺随笔及某些评论、随感等，大多是按照这些方面的选题，在与作者交谈的过程中才确定下来的。因此，这类文章显得思想活跃，紧密配合现实需要，切中当前创作中的时弊或问题。

1982年夏天，党的十一届七中全会召开前后，为了总结新时期的创作成绩，回顾文学发展的经验教训，人民文学出版社想编那么一本书，对新时期文学创作的繁荣昌盛和创作思想的空前活跃的主要方面有个概略的反映。这时，编辑在与《文艺报》编辑部的彭华生、北京社会科学院文学所的钱光培等同志的交谈中，互相启发，谈得十分投机，后来便决定请这两位同志合作选编了《新时期作家谈创作》一书，出版后果然得到社会上的欢迎和好评。

从文学创作方面来说，这方面的例子也不少。比如，在文艺界有相当影响的苏叔阳的《故土》就是这样实现的。因为，原来苏叔阳是写话剧和电影剧本的，几乎没有发表过什么小说。但是，人民文学出版社的编辑同志在与苏叔阳的接触过程中，发现他有可能创作长篇小说，于是便主动与他谈起并鼓励他给出版社写本长篇小说。他开始颇感意外，十分踌躇，但经过慢慢地交谈，从文艺谈到生活，从他的剧本谈到他脑子里新的构思，编辑根据他所谈的内容及设想，又跟他较深入地交换意见和具体分析，觉得他完全有可能将已有的构思加以适当的改动和补充写成一部长篇小说。这时，编辑部主动邀请他参加出版社组织的“石骆驼笔会”。于是，苏叔阳的第一部长篇小说《故土》很快就诞生了。

三是眼光。

对一位编辑来说，就是要有一定的预见能力和学识水平。

一方面，要看得准，对于有实力的学者或作家要紧紧抓住。这一点并不难。因为，他们大都是在自己工作的那个领域里已经相当有名气、显示出潜力的作者。这时候，编辑们往往一哄而上，纷纷向他组稿，所以容易引人注目。难是难在当这些作者刚刚冒头的时候，你就能一眼看准，很敏锐地发现他，并组织他写稿。这就需要编辑具有一定的战略眼光，富于远见卓识了。

无论是创作或理论研究中都常有刚刚冒出头角的年轻人才，他们是这方面的苗子，往往代表着事业的未来。当他们还没完全站立起来，或者知名度还很小的时候，优秀的编辑往往很早就会注意到他，并且支持他，帮助他，与他建立起亲密的关系和友谊。这样，当他写出第一部著作或第一部创作的时候，最大的可能是给你而不是给别人。在近些年来长篇小说创作的组稿工作中这种情况尤其多见。

张洁，以短篇小说《从森林里来的孩子》、《爱，是不能忘记的》而赢得了众多读者。当她正在发表一些散文、短篇小说和个别中篇小说的时候，编辑根据对这位作家的了解和研究，较早地就找她谈了有关长篇小说的创作计划。后来，她很快就创作出了反映当前现实生活和改革潮流的《沉重的翅膀》。这是颇有眼光的先期组稿所取得的成果。

刘心武，是以短篇小说《班主任》震动文坛，接着又有中篇小说《如意》和《立体交叉桥》引人注目。依照他的创作轨迹和发展趋势，编辑多次找他组稿，安排了他第一部长篇小说的创作计划。后来，他果然写出了反映八十年代北京四合院市民生活的《钟鼓楼》。这也是富有“提前量”的早期安排赢得的战绩。

《沉重的翅膀》和《钟鼓楼》都是人民文学出版社编辑们动手很早组织到的书稿，是作者本人创作的第一部长篇小说，同时并列在第二届“茅盾文学奖”的光荣榜上。在文学创作领域里，许多作者的第一部长篇小说就是在编辑们先期组稿、预列选题、富于远见的计划安排中一部接一部地诞生问世。人民文学出版社出版作者的第一部长篇小说，约占近几年来该社所出这类书稿总数的百分之六七十。这似乎是带有一定规律性的文学现象，对编辑们的眼力和水平也是一个检验和鉴别。

在当前各出版社、各报刊竞争激烈，都想组织到更多更好的文章或优秀书稿的情况下，编辑的学识、眼光及活动能力迫切需要提高。同时，在竞争和变革迅疾的形势面前，对每一位编辑自然也是一个考验和锻炼的好机会。形势十分明显：在具体组稿的时候，谁有远见卓识，谁能团结作者，谁的方式灵活，谁的办法适宜，谁自然就会成为组稿竞赛中的优胜者。

四、研究提纲

提纲如何，大致上就可以看出将来书稿的内容和面貌。提纲，犹如巧妇采购米面或衣料的品种、成色与质料，这是做饭或做嫁衣异常重要的一步。因此，对待提纲的审阅和研究，应该特别审慎而周密。

理论学术著作，要注意章节的逻辑次序，层层递进，还要注意各章节之间的关联和相互照应，既要有效地继承前人的研究成果，又要尽力地避免陈旧与重复，着力于鼓励新颖的学术观点和独到的见解阐述。对某些新的观点和学说，只要持之有故，言之成理，有一定理论的阐释和立论的充分根据，就应允许它的存在，并且尽可能帮助它论述得更为充分、更为完善；对某些自认为不正确的学术见解，事先可以努力说服作者，如果不能说服，也不必一律强求作者删除……总之，编辑的意图是为了选题任务的圆满完成，愈理想、愈完美地达到目的则愈好。

一般来说，老专家多年研究而成的学术著作，社会上已有定评的一些观点和见解，编辑在写作提纲上主要是尊重作者，即使有某些自己不同意的论点，也不必说服作者修改。因为，学术界早已熟知或公认，出书宜保留原貌。当然，对其中某些见解也可以适当指明或补充一些自己的看法，但必须谨慎从事。

对待年轻学者的著作，要反复、耐心地帮助，尽可能与他们一道去

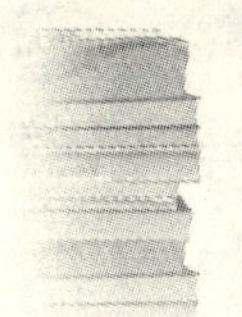

理清理论脉络，分清层次，突出重点，合理安排。我在经手编辑《精湛的史诗艺术》(吴功正著)与《论艺术的特性》(杜书瀛著)的时候，为了使一本书的分量更重一些，既去掉不必要的论述重复和例证罗列，又加强理论上的系统性和完整性，便依照两位年轻作者已发表的一些论文的基本观点及理论逻辑，分别采取通信或面谈的方式，先后多次进行磋商，交流看法，确定最后方案以后，他们都作了大量的修改和补充，该删节的也作了删节，然后才改成出书的。

关于文学创作的书稿。我们在接触作家的时候，常常有人来找你谈他的艺术构想，说故事、谈艺术，也就是讲他的写作提纲。对于小说创作，重点是弄清结构、人物和主题，从主要方面与作者交换意见；太具体的细节或情节安排，则不必过细，因为动笔时还可能出现许多变化。交谈中，对于那些独异的构思，具有特色的叙述，当作者把握不准、内心未定的时候，要多做鼓励和肯定。这样，往往能够写出较好的作品。比如，《芙蓉镇》写作之前，古华还是文坛上不大知名的一位作者，当时正在中国作家协会文学讲习所学习。他来编辑部谈他的想法，内心里是没有把握的，构思并未完全成形，但他讲述的故事很有特色，对主人公命运的坎坷富有深切同情，对生活感受深刻；编辑耐心地听他讲完之后，就鼓励他写，让他以女主人公为中心，写出湘南地区的地方特色。其实，这就是研究作者的写作提纲。最后，他终于写出了这部荣获首届“茅盾文学奖”的作品。

当然，小说创作跟理论著作不大一样的是，小说创作往往构思时的想法与写出来的东西差别甚远，出入很大，而理论著作大体上就是写作提纲那个基本范围。固然也可能会有一些地方出现突破和变化的，但一般来说，常常变化不会很大，因为一个理论观点的形成或更替不是那么容易的。而小说创作构思的变化则往往出现前后迥异的情形。所以，比较起来，理论著作提纲的审阅和研究可以细一些，观点越鲜明、越细密越好，而小说创作的提纲则不宜过细。自然，作者本人常常想得很多很细，但编辑对作者的要求过分细致，过分具体，便容易束缚作者的手脚，使他创作想象的翅膀难以腾飞，创作才能不易自由发挥。因此，编辑向作者提建议时，较多从大的方面给作者点醒就行，以抓住关键，指明方向，坚定信心，鼓励情绪为佳。

传记文学创作的写作提纲与一般小说的写作提纲又有些不同。因为传记文学是有具体描写对象的，主要事迹和资料是已有的，这类写作提纲可以研究得较细一点，包括主人公在关键时候的主要作为及其细节皆可以列述，主人公与有关人物的复杂关系也不宜忽略。有时为了使传记文学突出某方面的特色，还可以从不同的角度去谈，建议作者采用多种不同的手法以显示某种特色。这后一个方面，当然只是向作者提出希望，不必要求过苛，以让作者有更多的自我发挥的余地。

对古籍的新编、集成或选注一类书籍，其编著提纲主要是看选目是否适当。比如，不同时期(或同一时期)不同作者的不同代表作，注意不要漏选某方面有独特特色的作品或文章，在该书篇幅和具体要求所规定的范围以内，尽可能做到比较完善和妥帖。对提纲主要是取舍增删、缩小扩大之类的问题。有时，为了使书稿具有某方面的特色，可以加强和突出某些方面的选目等等。

中外作品或论文选编一类书籍，有时编选提纲也是很有讲究的。比如《新时期作家谈创作》一书。开始，选编者所列的篇目浩繁，包括小说、诗歌、散文、戏剧、报告文学、儿童文学、科学文艺等作家、评论家的各类文章，这样丰富是非常丰富，但各类文章不均衡，排列起来有些杂乱，篇幅显得太臃肿，过大、过长，因此决定删减。先是删除了评论家的文章篇目，又去掉了影响较小一点的创作谈，仍然显得头绪纷繁，有些庞杂和凌乱。后来，在一大堆篇目中终于理出了一个头绪，首先决定了一个总的原则，即集中选编有关小说创作谈方面的文章；其次，再把这方面的文章分为三个部分来排列：第一部分是具体作品的创作经验谈，从新时期文学一开始最有影响的关于《班主任》的创作谈排列起，到其他短篇小说，然后中篇小说，最后长篇小说，以历次在全国获奖的优秀作品创作谈为主；第二部分是结合自己的创作实践或当时其他创作谈小说创作理论问题的，即综合性论文；第三部分是作家们谈论小说创作的一些书信(这类书信，是新时期发展起来的一种文体，往往谈得很随便、自然，有作家真实的思想，有对创作真切的意见，还时有创见，对于小说创作具有颇大的影响和作用)。由于思想明确了，选编提纲立刻就显得颇有条理，颇有特色，因此很快便编纂成书出版了。

五、约稿合同

约稿合同，是为了保障作者及约稿者双方权益的一种合同书。对双方来说，都需要合情合理有利。

编辑按照合同规定，签署之前可以着重向作者说明下列几个问题：

(一)书稿的发表权问题。订合同，就是决定此稿只能给约稿者发表或出版，作者应当保证此稿不得另寄其他出版单位或期刊。这是合同对约稿者权益来说最重要的一条。如果没有这一条，约稿合同就失去了存在的意义。按规定，此合同具有法律意义。如作者不履行合同，一稿多投，给约稿者带来损失，约稿者有权向作者索取适当赔偿。

(二)交稿日期问题。约稿合同上要写明某年某月交稿，这是为了编辑工作的计划安排。但同时应根据具体情况，交稿时间上可以有些伸缩性，即适当提前或推迟。这是一般情况。有的稿件，有较强的时间性，约稿时必须非常明确地告诉作者是什么原因，以免失约，造成不必要的损失，以致不得不终止合同。此种情况，常常是赶某个纪念日或节日，或某个政治性的日子，配合某个政治性的行动以及需要携带出国访问或参加某项书展等等，总之，出书日期是定死了的，不允许延缓，那么，要求作者交稿的日期必须准时或提前，不便推迟。

(三)讲明审稿及出版时间，保证作者权益的有关问题。一是编辑要根据本单位的条件和可能，一是充分考虑作者的心情及其实际利益。作者交稿后，一般来说，总希望快点审稿，有意见快点修改，同时早些见书，早些得到报酬等等。在这里，需要特别注意的是，切不可忽视作者的意见和作者的利益。在条件允许的情况下，要尽可能考虑并满足作者的要求。做到这一点，作者才乐于与你合作，与你签订合同。这也是编辑能够早日拿到书稿的一个保证。如果忽视了作者的权益，只单方面考虑编辑部的权益，有时可能导致工作的全盘失败，作者不愿与你签订合同等等。

(四)要明确认识约稿合同的严肃性。除了作者不履行合同，将书稿交其他出版单位或期刊发表，将赔偿约稿者损失外，编辑部门不履行合同，也要给予作者一定赔偿(给约稿费或一定的基本稿酬)，有时还会失掉一部好的书稿。同时，如履行合同，稿件达到了出版水平，又将按计划预付作者一部分稿酬，并保证著作的出版。因此，约稿合同的签订与否，必须十分审慎，不可轻率从事，一定要经过领导部门和领导同志的认真研究，然后再作出决定。

六、保质保时

组稿之后，还要随时注意与作者不断保持联系，以期按约定时间能够及时拿到符合质量要求的合格文章或书稿。

为了书稿质量确有保证，在写作提纲商定之后，常常还要帮助作者寻找或搜集一部分文献、资料，补充必要的图片、索引、附录等。有的作者另有日常工作，写作时间很没有保证，有时需要向有关领导部门代他说情、请假。有的专家学者年老力衰，便要找人协助整理或编写(这些人可以是亲属、子女、学生或编辑等)。有的还需要帮助解决作者一段时间的食宿及写作环境等问题。

初稿写成以后，为审稿和出版等环节工作的方便，有的原稿要请人誊清或抄写等。

总之，能够保质保时而且按计划地拿到文章或书稿，此时，编辑的组稿工作才算全部完结。下一步，便是审阅稿件的工作了。

1986年10月26日

本文原载《编辑之友》1987年第2期，后收入书海出版社1988年7月出版的《编辑工作基础知识》一书

来稿是财富，不是累赘

当编辑，首先碰到的一件事情便是处理来稿。

可惜，有的青年编辑认为：我们刚走上编辑岗位，水平亟待提高，但成天埋在水平不高的来稿堆中，只能使我们的鉴赏水平和判断能力越来越低。

半路改行做编辑工作的同志觉得：我原来专业不对口，工作不对路，已经耗费了许多时间，现在还让我阅读这些琐碎的来稿，不是瞎耽误工夫吗？

因此，他们便把一般来稿当做工作中的一种负担和累赘，处理时常常不耐烦，甚至感到腻味。

其实，他们并不理解来稿的重要。如果一个报纸、期刊或出版社，完全没有来稿来信，说明它与读者没有丝毫联系，读者对它漠不关心。社会发展到今天，断绝一切信息来源，可以说，任何报刊或出版社都是无法办好以至无法维持下去的。大多数来稿确实水平不高，一般难以选用。但是，不能选用的来稿，并不等于毫无价值。细心的编辑，往往可以从中发现许多新的信息、新的思想、新的问题，甚至能够进一步明确如何办好报刊或出版社的方针，捕捉到新的线索，寻找到新的作者，组织到新的文章或书稿。这对于维系一个报刊或出版社强大的生命活力，赢得广大读者的欢迎，是十分重要、十分珍贵的。

先说吸收新的信息，发现新的问题。

稿件来自四面八方，出自不同地域、不同岗位、不同文化、不同观点的作者的手笔，聚集于同一张办公桌上，如向编辑“汇报”思想，如与编辑促膝谈心，发表各个人的不同见解，这些不同层次、不同角度的来稿，其信息量是很广、很大的。尽职的编辑非常善于掌握并吸收这些新的信息，为自己做好工作创造更多有利的条件。

20世纪50年代末，我初到中国作家协会主办的《文艺报》编辑部理论组工作。每个月从数十上百件一般来稿中，使我对当时文艺理论的研究现状及大家所关心的问题，很快就有了一个概略的了解。对于一个从大学中文系毕业走到实际工作岗位上的年轻人来说，我觉得这是一种极好的学习机会。来稿，可以说是我从书本到工作实践跨进的一座桥梁。这里主要就是指能够及时而迅速地掌握大量文艺界新的信息。这时，在老同志的帮助下，我从来稿及有关资料的学习中，较快地就熟悉了关于批判地继承祖国优秀的文艺理论遗产问题，关于生活与美学的关系问题，关于创作与生活的关系问题，关于作家世界观的改造问题，关于正确处理及描写人民内部矛盾的问题，关于新英雄人物及社会主义新人形象塑造问题等等。结合有关问题，我如饥似渴地翻阅或重读了有关书籍，写作了好些篇文章，均先后在报刊上发表出来。我觉得，这个时期，对于一个年轻的文艺编辑来说，实在是获益匪浅的。——《文艺报》是文坛的喉舌和文艺界信息的窗口，所以来稿颇多，编辑们平时关心和讨论的问题也很多，议论纷纭，信息及时，因此，在《文艺报》工作过的同志，几乎都感觉到从那些普通来稿中、从编辑部同志们的切磋中受到了终生难忘的教益。

70年代末，我在人民文学出版社参加《新文学论丛》的筹办及创刊工作。这时，我们刚刚从极“左”思潮的长期禁锢下解放出来。是从读者的反映和来稿中，是从文艺理论批评工作者的要求和渴望中，才启发我们出版社来筹办这样一个文艺理论丛刊的。这个刊物的创办，读者、作者及文艺界所提供的活的信息，可以说是起了重要的促成作用的。创刊后，我们收到上海一位大学生的自然来稿。他提出了对新文学发展前三十年和后三十年进行比较论述的新看法，这可以说是及时地给我们传递了一个新的信息，即人们对于我国社会主义文艺繁荣表现出热切的关心，殷切希望认真总结一下新文学发展的历史经验，以促进文学事业及文学研究的迅速前进。我们及时处理并刊发了这篇文章，以期引起大家的重视和进一步的讨论。果然，文章发表后，得到了文艺界的广泛关注和热烈

讨论，刊物在读者及文坛中形成了较大影响，赢得了大家的支持和好评。可以说，这是来稿促进了刊物与文艺界及广大读者的紧密联系，来稿是刊物能否办好的一个重要因素。

现在，由于改革和开放的有力推进，社会发展异常迅速，日常生活中一个重要特点，就是大家愈加重视吸收并掌握新的信息(各类文摘报刊和选刊应运而生，即是应广大读者要求的结果)。作为一位称职的编辑，自然应当与众多作者和读者建立广泛的接触与联系，以便于及时获得各类信息，适应编辑工作新的需要和发展，其中，认真处理来稿，并善于从来稿中吸收营养和智慧，亦是一个十分重要的途径和现实的需要。

再说捕捉新的线索，寻找新的作者。

好的编辑，能够从一般来稿中发现新的组稿对象，捕捉新的作品线索，从而寻找到优秀的新作者。优秀编辑大多是发现人才、培养人才的伯乐。许多杰出的人才，都是通过编辑的慧眼，首先发现，获得肯定，然后他们才从普通人中脱颖而出的。因此，在大量普通的来稿中，常常埋藏着将来的专家、学者、作家、评论家的幼苗和许许多多新著作、新作品的种子。

远的，如后来成为著名数学家的华罗庚，他年轻时通过自学、钻研，写作而成的第一篇论文，就是由当时中国科学社主办的《科学》杂志的编辑首先选中发表的。处女作问世后，才被清华大学数学系教授唐培经、熊庆来所看中，从而受到了社会的重视。在文学界，这类事情就更多了。例如我国现代著名作家，茅盾的处女作《幻灭》、巴金的处女作《灭亡》、丁玲的处女作《梦珂》等，都是由叶圣陶的发现并首先肯定之后，在他编辑的大型文学刊物《小说月报》上刊发出来的。丁玲在晚年还无限感激地说，要不是叶圣老发表她的第一篇小说，也许她就不会走上文学的道路了。

近的，如冯骥才的处女作《义和拳》、古华的第一部长篇小说《芙蓉镇》等创作，皆是由人民文学出版社的编辑首先给予适当评价，并及时出版后，才获得读者的承认和好评的；《十月》杂志的编辑，从成堆的来稿中选用了陈世旭的第一个短篇小说《小镇上的将军》，从而把作者推上了文坛；《北京文学》的编辑最先肯定了张洁的处女作《从森林里来的孩子》，使文坛多了这样一位女作家……这些作家，后来在各种场合多次获奖，现在已为文艺界和广大读者所熟知，有的甚至已成为世界名人，但是，他们的成长与编辑锐敏的眼光、准确的判断和及时的推荐，显然是有密切关系的。

这样的作家(或学者)，往往就是这家报刊、出版社的“基干民兵”和重要的撰稿者。以后，他们有了新作，便会首先想到这家报刊、出版社和那些值得尊敬的编辑同志。

人民文学出版社近十年来出版的长篇小说中，其作者百分之六七十是第一次撰写这类大型创作的。现在，其中相当一批作家已为大家所熟知，但他们自己仍称作是该社的“基干民兵”。原因是他们的第一部长篇小说是由该社编辑最先发现并肯定后，或提出改写意见，或提供写作条件，或帮助反复修改，或动手润色加工，才得以公开面世的。这样的作家，大多十分重视这种情谊，很讲究文德，所以，他们有了新作，总是自然想到首先交给人民文学出版社。这是该社近些年来每年均能保持出版二十部左右长篇小说，并且能够较好地保证质量，具有相当的社会影响的“秘密”之一。

我们的报刊、杂志和出版社都应该有这么一批“基干民兵”，才能在宣传、出版战线立于不败之地，为我国社会主义文化建设作出自己的可贵贡献。要做到这一点，则首先必须不放松每一个新的线索，不断地寻找并发现新的作者，这可以说是一条重要的编辑工作经验。

还有，从来稿中可以积累各种思想资料，促进自己的学习和研究。

作家、学问家，在生活中必定是个有心人。从生活中学习，是最切实最有效的一种学习方法。编辑日常生活的一个重要方面就是处理来稿。来稿中有各种活跃的思想，有许多可供你学习和研究的资料和问题。因此，老编辑们常说：有心的编辑不必到深山探宝，作者们从东西南北送到你桌上来的稿件里，往往就有许多闪光的思想宝藏和知识宝藏。

人民文学出版社的老编辑王笠耘，积三十多年做小说编辑之经验，写作了《小说创作十戒》一书。在《草原》发表时，即获得了广泛的好评，全国数家期刊转载；经过修订、增改，由中国文联出版公司出版，市场上立刻脱销，只好一印再印；后来，人民文学出版社又请作者修订后再版，该书进一步赢得了读者的高度评价和肯定……近些年来，谈文学创作的理论书籍受到如此欢迎，实在是罕见的。此书引述的大量资料及有关艺术问题，大多是他在编辑工作中读来稿时所积累的。书中涉及的存在这样或那样创作问题和艺术瑕疵的小说创作稿，以及由这些创作问题启发他阅读中外文学名著的兴趣，引起他对有关创作艺术问题的思考，显然皆不是从一般文学原理教科书中所能见到的。他从有修改基础或没有修改基础的大量来稿里，从初学写作者或知名作家的作品中共同存在的创作问题出发，把小说创作艺术表现方面具有普遍性的十种"常见病"，归纳为"小说创作十戒"，给创作者们以警诫。抓问题很切实，有理论有实际，特别具有针对性，使人读来感觉亲切而解渴，可以引发人对创作实际问题的探索和深思。因此，它赢得广大读者的热切欢迎，那是可以理解的。

鲁迅先生曾经说过，"青年们往往爱问：'小说应该怎么写?'我们曾见到过各种答案，但总是不得要领。因为创作是并没有什么秘诀的；或叫他们多看大作家的作品，也大多不能让文学青年们满意，因为读者很不容易看得明白，往往也就难于真正领悟"。所以，鲁迅指出："在学习者一方面，是必须知道了'不应该那么写'，这才会明白原来'应该这么写'的。"(《不应该那么写》)这是学创作、做文章的经验之谈。

编辑从许多不成熟的来稿中，可以从中知道什么样的创作是失败的，"不应该那么写"，从而积累经验，扩展学识，在不断地与作者的交谈和切磋中，慢慢悟出一些十分切实的"应该这么写"的道理来。这是作为文学编辑的一种特殊的基本功，是在文学课本上很难学到和体会到的创作艺术经验和文学基本原理。

善于学习并积累这些艺术经验和基本原理的优秀编辑，其中很多人就有可能逐渐成为较好的研究家、学问家，甚至因此走上了文学创作的道路。比如，大家熟悉的茅盾、叶圣陶、郑振铎、邹韬奋、巴金、孙犁、柯灵等人，他们皆做过长期的案头文字编辑工作，这对他们后来的研究和创作，无疑皆是产生了某种特殊的功效和作用的。

我在编辑工作中，亦常有这方面的体会。近几年来，文学迅速发展，表现形态千变万化，正是从一些可用和不可用的来稿中使我较快地敏感到当前文学发展的动向，于是才着力于研究文学发展趋势及艺术创作规律方面的有关问题，从事理论与实践相结合的归纳和总结，陆续写出于若干篇大大小小的文章和"艺术规律探微"的随笔，并且目前仍在结合工作将这个问题继续深入地探索和研究下去。我觉得，这对我学识水平和工作能力的提高，无疑是起了相当大的促进和推动作用的。

所以，我认为，如果将来稿当成累赘，不理解它对编辑工作的真正价值和意义，无异于不识真珠，不善学习，不懂生活，对编辑工作缺乏革命主人翁的感情，那是没有做好编辑工作的基本素质的。

1987 年 5 月 31 日

本文原载《编辑之友》1987 年第 5 期

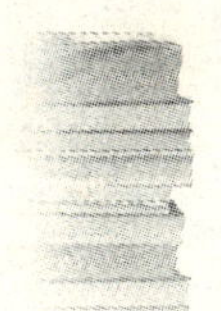

看稿笔记是工作，也是积累

编辑，编辑，既要编，又要辑。而其工作中最重要的一环，就是做案头文字工作。因此，不仅脑要勤，而且手也要勤。要心到、口到、手到。“剪刀加糨糊”，这是用脑，也是动手；修改、润色、删削、加工、整理，要心到，也要手到；做笔记，积累思想资料、生活知识，提高文字素养、艺术修养等等，都是勤于动脑又勤于动手的。我觉得，从一定角度来说，要想做一个称职的编辑，这一点与勤于动腿、跑作者家里、到处组稿等相比，显然是更为重要而必须具备的素质之一。

记得我刚做编辑工作不久，就发现一些老编辑有一个良好的工作习惯：做看稿笔记。凡是稿件的内容，包括思想、观点，优点、缺点、结构、文字等等，皆一一记下来。如果是创作类的稿件，还记主要故事、情节发展、人物关系、场面和生活描写，以及细节真实与否，矛盾的发生、发展与解决，高潮与低潮、开头与结尾等等，总之，只要是值得肯定的优点，有待补充、修改的弱点，或是需要删节、改写的缺点，都认真做好笔记，以备整理审稿意见、向领导汇报、与作者交谈时的随手翻检。这是做好工作所必需的。

我曾问过不止一位老编辑，为什么看稿笔记要做得这样详细？他们常谦虚地回答：“主要是脑子不好使，而做得详细些可以帮助记忆。”自然，这是一个方面的道理。比如，一部几十万字、上百万字的长篇小说，谁看第一遍时也是很难记得那么多、那么详细的，特别是原稿中存在许许多多这样那样的问题，你不随手记下来，难道等到需要谈意见时再去翻原稿吗？而有了看稿笔记，就可以基本依据原来读稿时的记录，逐条谈自己的看法；根据看稿笔记所记下的疑问，必要时再翻阅一下原稿，这就基本可以对全稿做出一个比较全面而准确的判断；如果你记下了对某些情节或细节的看法，那更可以直接谈出具体的修改和加工的意见……这是事半功倍，工作效率显然是高多了。

工作时间长一些，我也学着老编辑那样做看稿笔记，才逐渐较深入地了解到看稿笔记中原来有那么多学问。

概括起来，看稿笔记的主要意义(或者说它的用处)集中在两个方面：一方面，是不断积累和扩大作者对象，在来稿中发现新名字，同时在全国各报刊上寻找并进一步了解这些新作者的水平和实力，根据工作需要，将其中符合组稿要求的作者补充和增加到自己所在单位的组稿对象名单之中。这是通过看稿认识、发现并积累新作者的一个方面。另一方面，是本文将要着重研究的，即看稿笔记的具体做法，也是它最主要的方面——核心内容方面。我想从下列四个层次来加以剖析和说明。

首先，要特别重视第一印象，即阅读第一遍时的自我感受。

吃糖，第一感觉最甜；观花，第一印象最深。阅读文艺作品，第一遍的印象是最宝贵的。看第一遍稿时，常常感触最敏锐，印象最新鲜。就如作家们每到一个新的地方去参观访问，往往会产生许多新奇的观感和想法，写出一篇一篇诗歌和散文，但长期生活在当地的人，却常常会有熟视无睹、视而不见的情形。

编辑读稿时，有两大忌：一忌大而化之；二忌马虎懈怠。这两种现象又多系孪生姐妹：看稿时懈怠，必然马虎，不谨慎、认真，就常忽视稿件的优点，将有价值的稿件丢弃了，埋没了，或对稿件的缺陷看不清楚，花费了很多功夫，改出来仍然水平一般或不能用。这当然有编辑水平问题，有工作作风和工作方法问题，但更重要的是责任心和工作态度问题。工作上不认真负责，对稿件懈怠、拖拉，马虎从事，或者作风上太粗、太鲁，不求甚解，不善设问，不懂装懂，不愿求教别人，对稿件粗枝大叶，大而化之，那就很可能使自己的感觉不准确，出现判断性错误(这与某些对稿件“仁者见仁，智者见智”的现象是两回事情)。只有端正作风和态度，编辑读稿时才能保持新鲜的感觉和正确的判断。

所以，编辑首先应及时而真切地随手记下自己读第一遍稿时的所感、所想、所思、所虑，包括自己的假设和大胆的建议，这对于做好编辑工作是相当重要的。

其次，要记稿件的缺点，也要记优点。

记缺点，是为了准备退稿，为了能在与作者交谈时、写审读意见时举出充足的理由。但缺点常常与优点共存，构成同一事物的两个方面。看稿，要不遗漏稿件的每一个缺点，也要足够重视它的优点。准备采用的稿件，指出诸处需要增删、修改的同时，肯定并重视优点，是为了给作者精神上以鼓励和支持，让作者能够进一步扬长避短，这样就可以使稿件特色更加鲜明，质量更臻完善。即使准备做退稿处理的稿件，也应适当肯定其优点，这是实事求是的态度，也是对作者必要的尊重和礼貌。所以，做看稿笔记，优点和缺点都是不可忽略的。

今天我们看《林海雪原》，它是一部备受读者欢迎的优秀长篇小说。可是，当人民文学出版社的编辑最初审读其原稿时，它却是既具有故事引人、富于传奇色彩等明显的优点，同时又在语言、人物、结构等方面存在着重大缺陷。因此，编辑在指出作者应当如何对原稿进行修改，甚至亲自动手一字一句加工、润色的时候，便努力弥补其种种不足的地方，而使它的优点更加发扬光大，这就有力地提高了原稿的质量。

《红岩》也是一部相当激动人心的长篇杰作，但是，它最初的原稿，其优点和缺点都非常突出。一方面，英雄们的斗争事迹十分悲壮动人，这构成了作品的基础。但同时，小说又太拘泥于生活的本来面貌，缺少艺术的概括和集中，人物和事件不够典型化。针对原稿的优点和缺点，中国青年出版社的编辑具体帮助作者一次又一次地予以修改、加工，提高了稿件质量，使这部作品出版后在群众中影响深远。

这里，首先是要看准真正的优点和缺点，并认清什么是主要的优点和主要的缺点。看得准不准是关键，分得清不清是要害。上述两部小说，在最初的原稿上，《红岩》素材的动人心弦，《林海雪原》故事的生动诱人，是它们的最大优点，也是作品能够获得成功的基础，但《红岩》如何增强对生活的概括性和典型化，《林海雪原》人物和故事怎样更具完整性和有机性，则是需要大大提高和加工的主要之点。如果对一部作品某方面的特色重视不够，或者忽视了它的一般化或其他方面存在的缺陷，往往就会使这部作品导致失败，让编辑事倍功半甚至前功尽弃。

可见，读第一遍原稿时，编辑敏于发现稿件的缺点，并重视它的优点，对一部稿件的处理常常是具有决定性作用的。

再次，要注意整体，也要注意细部。

整体是事物的全局，但整体又是由细部组成的。总体上看是完整的，而从局部上看可能还会有某些缺陷；或者一些细部富有特色，而整体上却不一定完美。

读一篇文章，看一出戏，翻阅一部书稿，总是先有一个一个局部，然后集中起来才会有整体印象。所以，首先不要放松每一个细部的阅读，将细部的长处与不足及时记录下来，然后才会对整体有较为全面较为深刻的观感和印象。细部记录材料充实，观点鲜明，整体自然就会明朗、清晰；反之，看稿时马虎草率，细部模模糊糊，那么对整体的结论就很可能产生偏颇，甚或完全是错误的。对整体的偏颇或谬误，又将导致对局部认识的片面和偏见，以致歪曲局部的真正实质和本来面目。

比如，一位汉族作家去写少数民族地区的生活，往往会有这样的情况：其历史背景、故事情节及语言表述等大的方面，总的看来也许大致不差，但是，有关少数民族人民的生活和斗争等外部状况的描绘可能会多于内在特质的反映，人物的外貌或许像少数民族，但其气质、性格及思维方式则可能会更像汉族。可见，大的历史背景和生活面貌的再现，还须以具体细部的真实描绘来加以说明和证实，否则就会是空虚的、不成功的。

所以，整体与细部的关系是一个辩证统一的艺术哲学问题，同时也是具体稿件中经常遇到的一个实际问题，是每个编辑需要随时注意把握的。

最后，读完全稿后要进行综合分析和整理。

从工作的角度说，所有看稿记录都是为了最后的分析、整理，以便形成一个完整的看法，求得对稿件的准确判断和妥善处理。

对看稿笔记进行综合分析和整理是非常必要的。因为读第一遍稿时，随手记下的一些想法和印象往往是零碎的、枝节性的，为了将思路梳理清晰，最后一道清理、归纳的工夫是必不可免的。只有将看稿笔记的具体记录与思考过程的整体印象融会起来考虑，才有可能比较准确地看清全稿的主要长处和短处，从而决定是采用、退修，还是不用。可以说，看稿笔记是准备，是条件，是基础，而最后进行综合则是编辑下决心，以确定对稿件的基本意见和修改时的主要方针。所以，看稿笔记在处理稿件过程中是具有相当重要的意义的，特别是在处理多卷集和大部头书稿的过程中，当编辑完整(不遗漏)而全面(优点与缺点、长处与短处和主要应该加工什么地方等)地向作者谈及对书稿的意见时，这种笔记起着相当关键的作用，因此，看稿笔记的作用是不可忽视和低估的。

如果编辑是个有心人，具有比较开阔的眼界，对于事业能从一定战略意义上进行长远考虑，既为了认真做好工作，处理好每一件来稿，又为了工作和事业的需要，从学术上、理论上、思想上、艺术上以至生活上等各个方面，不断扩大自己的视野，那么，看稿笔记正是向来自各方师友学习的好机会，正是自己不断积累不断提高的一个重要途径，这是结合工作而进行学习的一个极好方法，能够从中吸收自己成长所需的各种养料。大河不择涓涓细流，才能汇集滚滚波涛；高山不拒微微尘埃，才会成其巍巍险峰。编辑就要像海绵那样，善于通过工作吸收一点一滴有益的东西，那么，前途就一定会是远大的。

1987 年 11 月 27 日

本文原载《编辑之友》1988 年第 2 期

审稿意见是小结，也是措施

看稿，如大夫看病之“望、闻、问、切”，审读意见，便是编辑人员经过综合审视(甚至运用“化验”、“透视”等各类“诊疗”手段)，进行分析和判断，然后针对“病情”所开出的一份“处方”。在这里，采用各种方法“切脉”、看稿，是条件，是基础，然后，才是对稿件作出全面判断，提出小结性的意见(具体的处理方案或修改原则)，这是决定如何处置稿件的重要一步。

有经验的老编辑一般都很重视这一步，因为这决定着稿件能用与否和能改与否，或者确定稿件如何增删、修改的关键一步，在一定程度上，它决定着这个稿件的成败和优劣。所以，老编辑此时总是反复思索，处理也非常审慎。有的年轻编辑，或因经验不足，或因态度粗率，不大懂得这一步的重要，有时不够慎重、认真，没有经过深思熟虑就草率做出处置，没有充分的根据和理由，甚至仅凭某种主观感觉(不愿查阅有关资料或书籍)或按个人兴趣与好恶就轻易决断，这样有时就难免将幼苗错当成杂草，把珍珠混同于鱼目，这也是经常可能发生的事，我们应当尽力予以避免。

因此，首先应该端正编辑的思想作风和工作态度，增强责任感和文化素养，此外，还有个思想方法和具体做法的问题。

那么，要怎样才能写好审读意见呢？除了认真细致地看稿和做好审读笔记，并全面而充分地掌握稿件的具体情况之外，我觉得，还应该注意以下几个问题。

第一，主次适宜。

看一部稿件，首先应捕捉它的主要特色或主要缺陷，这是决定一部稿件水平高低和质量优劣的关键之所在。

有主才有次。找到了稿件的主要特色或主要缺陷，才能提纲挈领，围绕中心，将其梳理出来，条分缕析，以使主要之点更加突出，更加清晰，更加容易把握，那些围绕主要之点及由主要之点派生出来的种种特点或问题，就是稿件中次要的问题，也是应当给予适当注意的。

比如，有一部描写我国南极考察队的小说，摹写南极风光颇具异彩，能增加人们的见识，但是，也许由于作者在南极逗留时间较短，或者由于其他种种缘故，因此，作者构思的故事情节比较简单，缺少曲折和变化，揭示人物的内心世界不够丰富，显得过分单一，使人觉得小说缺少真实感人、扣人心弦的艺术魅力。显然，这部小说先天不足，主要是生活上的缺陷问题，这是关键。围绕它所产生的故事单调、人物苍白、环境枯燥等等，皆是由主要之点派生出来的，而且这些都是无法克服的“不治之症”。所以，小说只好婉退——最后采取的决定性处置措施。

另外一部作品，初稿时故事不够完整，时间跨度较长，情节结构显得分散，主要人物也写得不够突出和鲜明，显然是艺术的概括和集中方面的问题未能很好解决，因此在艺术表现上存在着一系列明显的缺陷。这是很容易被编辑忽视和否定掉的一部小说。但是，一部作品缺点明显并不可怕，而关键在于它是否有突出的特色。具体到这部作品，有经验的编辑正是由此看出，作者对乡村小镇的生活相当熟悉，对湘南地区浓烈的生活气息的把握能力和表现能力也较独特——这才是它的主要之点和值得重视的方面。因此，编辑们讨论后认为，这部作品是可以改好的，是可以突出它的主要优点而克服它的明显缺陷的。于是，便与作者反复交换意见，使作品的主要特色逐渐鲜明起来，艺术布局和整体构思更臻完善，努力克服并改掉了小说中存在的一个个问题。这就是古华在人民文学出版社出版的第一部长篇小说、后来赢得了首届“茅盾文学奖”的《芙蓉镇》。

可见，抓住主要之点，对一部稿件的判断是十分重要的，进而才能在纵观全稿、明确一个主导思想的原则下分清稿件的主与次，提出比较准确而中肯的审读意见。这样，工作起来就能够应付裕如，并且可以大大减少失误。

第二，抓住关键。

在一般情况下，一部稿件的主要之点也就是问题的关键所在。指明它的主要之点，也便是它需要突出、加强和着重润色、修改的地方。理论著作大多如此。

比如，一部阐述艺术典型的文艺理论专著，涉及典型的有关问题自然成为该书的中心之点，全书的所有章节，皆要围绕典型这个中心加以分析和阐释，诸如典型的形成、典型的种类、典型的社会意义、典型的艺术价值等方面的内容。为此，凡是涉及对其书稿的评价问题，以及提出具体的修改、加工的意见，都要以此为准——无论它是剖析欠深，还是论证不足。

创作亦有这种情况。

比如，有的小说故事曲折、情节诱人，这是其主要特色，但它存在的关键问题却常常是故事曲折得过分离奇，情节安排得不尽合理。因此，修改时既要使它故事发展更加娓娓有致，又要力求尽情尽理、真实可信，这样才能产生更加动人心弦的艺术魅力。

这是两者一致的情况。年轻的编辑也比较容易掌握。

但是，在另外一些情况下，这两者也有并不一致的情形，问题往往要复杂得多，常会使人一时难于把握，此时只要稍不留心，缺少反复揣摸和认真思索的过程，就会出现某种迷惘和失误。在创作艺术表现方式上常常会出现这样的情形。

比如，有这样一部作品，写前几年我国农村改革初期的现实生活，其中心点是想强调改革的重要性和必要性。这个创作的主旨是很值得表现的。作者有一定的艺术表现能力，也比较熟悉农村生活，具体的生活描绘写来相当生动而幽默，是比较吸引读者的。但是，由于当时我国农村新政策实施不久，许多事物刚刚出现某种新的趋势，其发展大多还未见成熟，所以，作者捕捉的生活较多表面现象，抒发的也多是一般感触，还缺少深层的开掘和精到的分析。在这种情况下，就不能只看作者对生活的熟悉和一些真切生动的艺术描写，而立刻对其加以肯定(年轻的编辑往往就在此处产生迷惑和误断)。因为，生活正在发展，而作品的关键之处，却还需要等待生活本身较充分地发展之后，再补充以更多的素材，才有可能获得成功。有实践经验并有相当生活经历的编辑，大多就会等待时机成熟之后，再帮助作者修改、定稿。

再如，有的作者生活经验丰富，而艺术规律把握得不好，这时出现

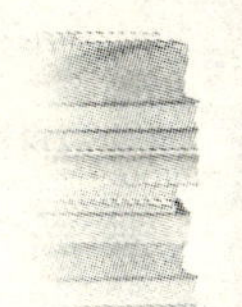

的情况常常是，故事真实而引人入胜，但艺术的概括和加工却有欠缺，结构也不紧凑，情节发展如流水账，按时间顺序拉得很长，显得相当拖沓、松散。有的作者有一定艺术经验和文化素养，对所写的生活亦相当了解和熟悉，但存在着从一般概念去演绎生活的毛病，而对典型形象的深入描绘却不足，因而导致抽象议论和自我感受占据了主要地位，使作品缺少动人的艺术感染力……凡此种种，均需要按照具体情况具体对待，才能有针对性地去处理好每部书稿。

可见，抓住关键是极重要的。补足关键之处，对于提高一部书稿的学术理论水平或思想艺术质量常常是具有决定性意义的。

第三，详略得当。

抓住关键，并不等于抓住了一切。关键犹如钥匙，但构成一把开启灵活、运用方便的钥匙，它每一处的凹凸、深浅，每一部位的粗细、长短，都必须恰到好处，无论是哪一个细节出了毛病，或松、或紧、或宽、或窄，与锁有不太合缝之处，那么，这把钥匙就会失灵而不中用，以致报废。因此，抓住了稿件的关键之后，每一处需要修改的地方，还必须有具体而详尽的意见，以便作者动用刀斧，删削得当，或者经过修饰、润色、补充、增改，以添新色。

比如，一部有关改革题材的长篇小说，生活气息浓郁，艺术描写真实，但存在的关键问题是作者观察生活的视角有些陈旧，思想观念有些落后，与今天的时代环境和改革现实有一定距离。明确了这个关键只是明确了一个原则，而具体修改应从哪儿入手呢？有人主张要作者补充生活，有人认为故事须得变换，有人觉得环境气氛需要加强，有人提出艺术上应多吸收外国现代派的表现手法……经过反复衡量和斟酌，最后找到了要请作者着力修改和补充的主要之点：应从人物的观念和气质上着手，将人物头脑中新旧交替、新旧融合的剧烈冲突与复杂矛盾充分地予以展开和多方地加以揭示。在提出修改意见的时候，上述关键之处的一般原则只要概括而简明地给以提示就可以了，而对于有关人物的观念与气质的增补删改、矛盾的揭示、冲突的展开、新质与旧质的具体表现及其程度深浅的把握等方面，则必须提出尽可能详细而又具体可行的意见，甚至某些故事情节的先后次序、轻重缓急都要替作者想到，做好适当安排和周密处置，这样才便于作者掌握，便于作者动手修改，从而达到预期的目的，使作品的思想和艺术水平提到一个新的高度。有经验的编辑在提出具体处置措施的时候，往往能够拿出很好的建设性意见，以至可以为稿子增添色彩，甚至起到画龙点睛的关键作用；而缺乏经验的编辑在这方面会感到束手无策，或者仅限于谈一些抽象的原则性的意见，但具体的实质性的意见就很难提得出来，或者出的是一些不大准确的点子，甚至可能出些错误点子，使作者左右为难，不知所措。在这方面，年轻编辑要审慎从事，认真思索，不断积累经验，虚心向老编辑学习。

可见，对书稿所提出的意见的详与略是很有学问的。什么地方该详，什么地方该略，应有一个原则。这个原则，就是能够使稿件的质量水平真正提高一步的具体步骤和措施。

第四，照顾细节。

文学作品作为一种艺术产品，要尽可能完美，并要力求做到消除和避免一切纰漏。因此，除了主要方面和关键部分要尽善尽美以外，细节部分也是不应该忽视的。

比如一部长篇小说，洋洋数十万言，前后照应是不能不注意的。大的方面，如果前边的故事情节线索中涉及一种改革措施，那么，作品中的各色人物必然会由此而产生出各种看法，以至议论纷纷，心态各异；其后，克服了种种障碍，经历了种种挫折，最后大约总有一个或成功或失败或有待于人们继续努力的结局。如果前面没有提起，中间的议论及后面的结局就会无源无根；或者虽曾提起却没有过程，便显得突兀而轻率；或者有开头和中间两部分而无结局，似又显得不了了之；或者仅存其中一项而缺其他两项，却又无有力的艺术说明给予填补——如此等等，皆会导致照应不周、前后失调情况的出现。我们在考虑审读意见的时候，自然应当注意这些前前后后、上上下下各方面的问题，并尽力补其不足——当然，随着近几年文学艺术的迅速发展，作品在结构形式和表现手法方面早已是形形色色，变化无穷，我们切不可按照某种固定的思维程式或表现方式去束缚作者创作才智的发挥，但因果关系、辩证法则、唯物主义、审美价值等等原则、规律方面的东西还是应当遵循的。我想，这就是万变不离其宗吧，即艺术本身的内在规律是任何作者也无法违背的。我们与作者交换意见时，可以在规律、原则的大前提下，密切注意纠正作品中各种细节的缺陷或矛盾，这是每个编辑都应该尽力做到的。

至于作品中一些细小的方面，诸如故事情节的错乱，事件发生时间的混淆，人物年龄大小的前后不一致，客观环境变换时的矛盾，还有涉及个人脾性、爱好、观点、习惯等特征所出现的不协调、不统一，以及某些数字和场景道具等知识性常识性的讹误或差错等等，看似微小，但有时竟关系重大，至少它们的存在会使艺术品出现瑕疵。所以，我们在提出意见时均应特别仔细。

理论稿件也须注意类似情形。如观点的论述不够严密，前后竟至意见相左；或明明说要在后面再详加阐释的，到后来却轻轻一笔带过，甚至于彻底忘掉而根本不再提及；或前后举例重复；或同一个意思来回说个没完，车轱辘话一大堆等等——这些从表面上看似乎是枝节问题，但在一定程度上却会影响到稿件的质量和完美。

还有一些稿件存在各种各样的语病问题，即在语言文字的运用和表达上，有的叙述不够顺畅，有的用词不够恰当，有的语意不够明确，有的逻辑自相矛盾，有的前后缺乏照应和重复啰嗦，等等。对于这些毛病，作为文字编辑，我们所写的审读意见，自然是不可忽略和马虎的。有时，语言文字方面出现的种种欠缺，在一部稿件里已不是枝节问题，而成了至关重要的大问题，而且这种情况并非罕见。

总之，编辑的审读意见，即是对一部稿件处理时提出的具体措施，是要请作者配合一起来做的，那样才能使稿件质量得以提高，趋于完美。所以，审读意见的重要性和严肃性是毋庸置疑的。有的年轻编辑为了偷懒或者省事，认为审稿过程中发现的各种问题及其相应处理意见全都记在脑子里了，无须一一写在纸面上，到时候就会全都交代给作者的。这显然是既不利于编辑工作也不利于个人提高的做法，是应该予以纠正的。因为，对书稿的意见是代表编辑部的集体智慧，同时还有个业务工作存档和考察编辑人员的问题。所以，我们应该重视并抓好编辑审读意见的写作这一环，它是提高书稿质量和培养编辑人才的一项重要工作与重要措施。因此，应当要求编辑人员认真负责地写出审读意见，既不马马虎虎，也不草率从事，这是一个编辑工作制度问题，也是一位优秀编辑起码应该做好的。

1988 年 1 月 30 日

本文原载《编辑之友》1988 年第 3 期

改稿是协助，不可代庖

除一些无须修改的稿件外，其他所有稿件在决定选用后，编辑都面临着一个如何与作者谈意见，如何对文稿进行修改的问题。

在对待原稿修改的问题上，现在的年轻编辑中，主要有两种值得注意的倾向：一是拿着一篇（或一部）稿件任凭个人的主观意志大改一气；一是不耐烦给作者改稿。

前者，在一定情况下，是编辑工作积极和主动精神的表现，是应当肯定和需要保护的。但是，往往同时表现出年轻编辑的某种主观意气，而且这种主观意气经常发挥得过了分，变得有些自以为是甚至武断专横，再加上年轻编辑经验不足和少年气盛，改稿时便有可能扭曲作者的原意，闹得与作者关系不和，有时还可能由于知识方面的欠缺而改得不通，闹些笑话，以至于闯下大祸，改出政治上的问题，使得编辑部与作者关系紧张及至破裂。这是工作上需要警惕的。

后者，往往是懈怠、懒惰或放任自己的表现。我们主要应采取鼓励和帮助的态度，有时也需要一定的劝诫和批评，要使年轻编辑逐渐培养和锻炼出独立工作与个别处理问题的能力。但问题也不可一概而论。从主观上说，有的是有顾虑，不知如何下手。这种情况好办，年轻编辑只要肯学习，慢慢熟练起来就会逐渐改进的。有的是嫌麻烦，甚至有“替他人做嫁衣不如自己当新娘出嫁”的心理，这是编辑在职业道德和工作态度方面的问题。从客观上说，有的是觉得专家或作家难伺候。有的一方面知道对专家或作家应当多尊重，尽可能遵照他们自己的本意不作改动或少作改动；另一方面却不知道如何正确贯彻编辑部的意图或充分发表自

己的意见，处理不好这方面的关系问题。这也是工作上需要注意的。

总之，一些年轻编辑在对待原稿的修改、处理和与作者的关系的问题上，有的认真，有的粗率，有的显得拘谨，有的表现主观，有的觉得不大改一通显示不出自己的水平，有的又显得马马虎虎或满不在乎，等等。在对待改稿的问题上，编辑的态度和表现是各不相同的。

我们知道，稿件本身的情况是形形色色、千差万别的。对待原稿的修改，既要遵循一定的编辑方针、编辑原则，又要尊重作者的意见、作者的原文，因此，在实际工作中具体处理起来是相当复杂的。所以，编辑对待改稿工作必须审慎从事，工作态度要认真，考虑问题要周到，文字处理要慎重，具体改动要细致，这是每一位编辑、特别是年轻编辑应当加以重视的。

我认为，要做好改稿工作，下述两个方面是应当做到的。

一方面，是改稿前的准备工作。

改稿前，最重要的是准备意见。这个意见，包括初审、复审至终审的意见，以及讨论时大家的口头意见，经手的编辑要将这些意见归纳、总结，梳理清楚。

对于具体稿件的意见，大体上可归为四类：

一是原则性意见。牵涉到政治原则、党的方针政策、国家机密、涉外及边界问题、民族关系、宗教问题等，在文艺作品里则大多是从政治思想内容方面表现出来。这些原则问题，编辑部都必须明确坚持。

二是知识性意见。关于社会人生、科学技术、历史地理、文化体育、医药卫生以及有关统计数字等各类知识，如有谬误，也需要一一更正。尤其是今日科学技术日新月异，新的知识大量引进，社会政治经济千变万化，所以，涉及知识性的问题，现在显著增多。

三是一般性意见。除去上述原则性的问题以外，其他大多属于一般性问题。诸如，某些提法的分寸，论证问题的深浅，表现程度的高低，分析说明的发挥等等。在文艺作品里表现为人物姓名、年龄、身世的不统一，情节结构的不够清晰，细节的重复，时间、季节与周围环境的矛盾，有些语言的冗长等等。这类问题发现多少，皆可一一提供给作者参考，请作者根据自己的条件和能力进行修改，改到什么程度算什么程度，不必强求一律；有时作者坚持某种意见或想法，亦可保留原意。总之，这类一般性意见，不能像原则性问题那样一律坚持更改，而应当采取灵活掌握、相机而行的做法。这样，可以避免主次失当，轻重不分，影响改稿质量，或者在小问题上与作者争执过多，耽误时日。

四是技术性意见。如体例、注释、引文、索引、图片、文字、逻辑、修辞，以及发稿中的若干附件的规定或统一格式等。有的牵涉质量；有的影响美观；有的为了排版方便；也有的涉及工厂或出版社的规格要求问题，其中，必须统一的要统一，需要改动的就改动，可以商量或变通的地方则可酌情处理。

作为编辑，根据自己的经验和水平，发现的和想到的意见都应该向编辑部和作者提出，为的是协助作者将文章或书稿的质量提高一步，改得比原来更好，而不是越改越差。因此，在准备具体的修改意见时，头脑中时刻应当想到，改稿这一环，尊重作者是关键。因为所有的意见都必须通过作者，然后才能修改和最后定稿。所以，改稿既要以稿论稿，提出中肯而切实可行的修改意见；同时，也要了解作者的情况，注意与作者友好合作，以期共同努力，使任务得到圆满完成。

另一方面，是改稿时的具体处理。

明确了要修改哪些地方，又经过与作者认真切磋和平等协商后，具体处理时大体上有下列四种情况及其相应做法：

第一，要请作者动手修改的。

这多涉及一些大的原则性的意见，如需要与中央的方针政策或政治原则相一致，涉及论证和观点的补充、完善，整个文稿结构的变更，章节的重大变化，书名或标题的改动，文字的大段压缩或删节等大的方面，一定要请作者亲自修改。这是编辑工作的严肃性，也是尊重作者的做法。如果作者因身体状况或其他原因不能亲自动笔，可请他的亲属或助手代笔，再请作者过目、审订。有的时候也可以在作者同意的前提下，由编辑代劳，但修改稿一定要请作者仔细斟酌并认可，特殊情况下还要请作者签名，表示同意这些改动。

最后所说的特殊情况下的做法，多数情况下是不必要的。但这也是老编辑过去曾有过的经验教训。据说，有一部长篇小说，原作者擅长讲故事，情节写得生动有趣，十分吸引人，内容也很有意义，但作者当时的文化艺术修养不足，对于驾驭这样一部长篇巨制确有困难。作者为了使这部小说尽快面世，当时完全同意编辑所提出的意见，并表示一切信赖编辑，让编辑全权修改。于是，编辑受命对小说进行大的情节结构方面的调整和具体的文字加工工作，花了很多的时间和精力，下了很大的功夫才把这本书搞出来了。小说出版后，曾轰动一时，作者名声大震，于是渐渐忘记了原来对编辑如何地千恩万谢，口口称颂的情景，当有人对这部作品中存在的一些问题提出批评时，作者竟将一切错误归罪于改稿的编辑。这种作者，当然是极少数的，不足为谈。但作为编辑工作的细致和周到来说，修改稿未请作者签署同意，则是手续上不够严密而造成的不幸结局。

第二，与作者商讨后，要由编辑动手修改的。

除了上述情况以外，很多时候编辑是可以征得作者同意或接受作者委托而修改原稿的。比如，一些观点的统一，一些论据的查考，一些知识性问题的核对，个别章节或段落次序的更动和调整，部分文字的压缩或删节，以及上述知识性意见和一般性意见中的多数情况，都是既可以由作者修改，也可以由编辑动手，或者由双方共同商讨然后分头进行的。所以，由原稿到排成铅字出版，是作者与编辑共同协作和辛劳的产物，这是我们普遍常见的情形。

年轻的编辑，有时因为急着发稿，于是就认为让作者去改动反而费时费力，不如自己动手来得迅捷，因而常常不与作者商量或者商讨不够，显得对作者不太尊重。这是应当尽量防止和避免的。或者缩手缩脚，怕将文稿改坏了，招来内外埋怨，不如交给作者；而有时则马虎发稿，想省时省力。在这里，畏首畏尾的顾虑应当打消，马马虎虎的态度应当改正。同时，也应该明白：编辑工作本身要求我们认真、努力地做好案头工作，想图轻巧不费力气，是根本搞不好编辑工作的。

第三，完全可以由编辑做主进行修改的。

这主要指技术细节的处理，文字讹误的更正，简化字、异体字的规范和统一，数字的正确使用，注释、疏证、校勘的排列格式和字体等方面的处理，以及各出版单位逐渐形成的某种固定样式或风格等等，编辑可以按照国家统一的规定，不同文稿和书籍排版的要求以及本出版单位的一贯做法去进行加工、处理。

对于上述三种情况当中涉及的需要修改加工的地方，如果作者愿意自己动手去统一和改正的，只要作者具备一定的条件，而且时间上也许可，是可以让作者自己去修改和定稿的。这也是十分正常的，而且常常效果更好。

第四，因为客观需要和某些具体情况而由编辑动手修改的。

因时间紧迫、版面局限或其他种种缘故而由编辑直接修改加工稿件的情形，常见于报纸和期刊的编辑工作之中，而书籍出版当中则较少见。

为了突出某种宣传或政治需要，有些文稿发表时，要强调某一方面的内容，删削另一方面的内容，或另改标题，以突出某方面的要求，如文艺评论、涉及社会生活的言论、读者来信等等；或者，因版面限制，随时删去某些部分，这在报刊发表的文章中是常见的。也有因为作者文稿的一部分与客观上的某些事实不大相符，而另一些内容却有相当价值，需要发表。这种情况，或者将那些与事实不大相符的地方加以补正，或者删去之后，将现实需要的部分发表出来，这也是常常要编辑临时动手修改的。

原则上讲，对文稿的改动，最好事前跟作者商量商量，以征得作者的同意为佳。但是，报刊常因时限很紧，有时甚至在拼版时还需要砍掉若干字数，若全都要事前征得作者同意，是根本不可能的。这样，编辑只好事后向作者加以解释，请求谅解了。

基于上述种种，编辑的任务主要是删节或压缩。这里，有一些情况则是我们应当加以注意和力求避免的：一种是可能引起争论的观点，千万不可擅自更改；一种是不符合本刊编辑方针的观点，你可以不发表，但不能为发表而乱加变动；还有一种是，切切不可未经作者同意而在原稿上随意增添某些观点或看法。如果说，编辑因版面和时间等限制，压缩和删削了一些内容或文字，作者大多是可以谅解的话，那么，编辑擅自更改、乱加变动和随意增添的部分，均因改变了原稿的本意，而不能被作者所原谅。有时，还可能由此而引发一些不必要的学术纠纷或人事纠纷。所以，年轻的编辑在这些地方是应当特别注意和警惕的。

总而言之，除了最后一点，由于报刊工作的特定条件和特殊原因以外，在一般情况下，原则上对原稿的改动都应得到作者同意，最好是作者自己动手改稿，编辑只是提供修改意见，与作者商量，协助和促进作者将原稿的质量提高一步，为原稿增添新的色彩，使之更加趋于完美，

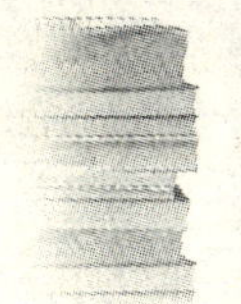

编辑在作者改好以后，只做最后的一般发稿技术处理，而绝不能越俎代庖，代替作者对原稿大动刀斧。对编辑来说，应当既尽到自己的编辑职责，又充分尊重作者。对作者来说，这是自己应有的权利，也是自己理当承担的义务。编辑与作者，共同的目的则都是为读者服务，为社会主义文化宝库增砖添瓦，贡献力量。

1988 年 3 月 24 日

本文原载《编辑之友》1988 年第 4 期

定稿是加工，不是校对

在这里，我不想从定稿、加工的本质意义或加工稿件的内容方面去说，只想讲讲年轻编辑在定稿、加工中常犯的一个毛病：表面上看，是将定稿、加工错当作了校对去处理。我认为，也可以从另一个角度去认识，即上述现象是不了解编辑加工中的两个原则：一个是实用性的原则，一个是美观性的原则。

有些年轻编辑，包括从别的行业“半路出家”新转到编辑工作岗位上来的一些中年同志，在对文稿进行修改加工时，常有采用校对符号的情况，结果把稿面搞得一团糟。请看下面的例子——

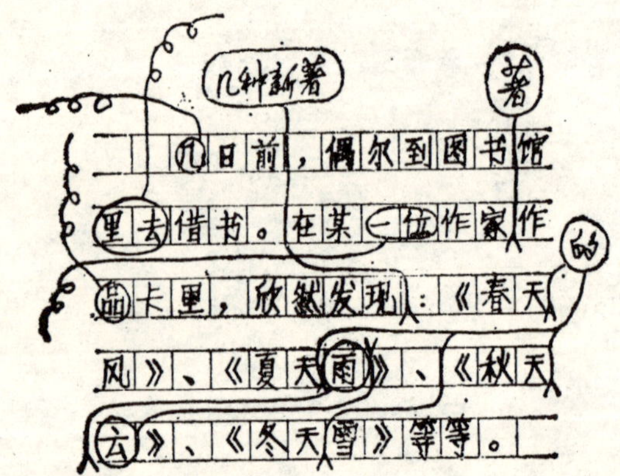

从上面这个例子的编辑处理上，我觉得有以下几点应当在这里说一下：

一、需要删去的字句，要用红墨水笔涂去，不要用深色的钢笔或圆珠笔涂抹，更不可用毛笔蘸墨汁涂成一团黑(由于不美观，不整洁，因此作者最好也不要这样改稿)。这是编辑改稿的起码要求。因此，编辑用红墨水笔改稿，原稿上作者的字迹仍然可以分辨出来。这样，编辑的修改与原稿文字的同或异就一清二楚，便于比较和对照，便于总结或检查编辑工作的成绩与失误。

二、红笔涂去的字句，不要再勾画出一条表示删除的校对符号；需要在原稿上增加或改正的字句，要尽可能在行间或就近加改，而不要采用校对符号，并且将要加改的内容拉出去很远。

上面第二点是编辑加工与校对时显著的不同之处。

那么，为什么校对时要明显地往外拉一条长线呢？这需要了解排字车间工人的劳动情况。排字工人排出来的，是一块块活字的版样，这些版样依次排放在架子上。你要增、减或改动，工人就得在那密密麻麻的版样上找到需要修改的具体地方，然后将那一个个小小的活字用镊子夹出来(删)、塞进去(增)，或夹一个出来、换一个进去(改)。这是一个相当费眼力而细致的活，稍一疏忽，就可能出差错。如果你在校样上一个个小字间或行间去增、删和改动，由于字间、行间都太窄，因此写字既不方便，也不显眼。这不仅要大大增加工人工作时的繁难程度，降低工作效率，而且也极易漏改。因此，校对时用红笔往外拉一条长长的线，就是为了使排字工人能够一眼看清哪儿需要改动，以避免遗漏。

为什么原稿上又要避免往外拉长线呢？这是为了美观和保持稿面的整齐。如果原稿上到处往外拉线，甚至线条互相交错，就会扰乱工人的视线。同时，这也是为了工人工作时的便利和实际需要。因为工人拣字时，是左手拿着原稿和盛铅字的手盘(手托)，而用右手拣字，并依次将其放入手盘里，然后再拼成版面。在这种情况下，为了拣字拣得准确和操作上的方便，往往将稿纸按字行加以折叠，以便于夹在指缝间，每次只能露出几行字来，然后这样一字字、一行行往下看，往下拣。如果改稿时上下左右往外四处拉线，工人排字就必然要经常停下来，随着你往外拉的线头去找改动的字句，这多么费事！且不说影响排字的工作进度，还容易造成疏漏，同时也会破坏排字工人的工作情绪。这便应了一句俗话：你不给人方便，自己也就不会方便。你校对起来自然增添很多麻烦，工作量加大不说，版面质量也就更难保证了。

所以，在原稿的修改加工当中，编辑一定要尽可能就近地改，删去的字句也不要往外乱拉长线，用红笔涂掉就可以了。

另外，如果需要增加的字数较多，最好是另用稿纸誊抄，中间增添页码；如不另外誊抄，也要工整地抄写在原稿旁边的空白处，不要另加纸条贴在稿纸的外边。

在稿纸四周另贴纸条，不仅影响原稿的美观，而且比那些往外乱拉的线条更容易出现差错。前面已经谈到，拣字时，排字工人手持的稿纸需要来回折叠，这样一来，你另贴的纸条很可能在这种操作方式中被遗漏掉。如果侥幸不被漏掉，则是你“节省”下来的一点时间，成倍地加在了排字工人的身上，使其加添了额外的负担。而且在以后的几次校改中，还不免增添麻烦，显然是费时费力的。

如果认真纠正在原稿加工上的一些不正确的做法，那么，上边例子的编辑加工正常的技术处理应当是这样的①——

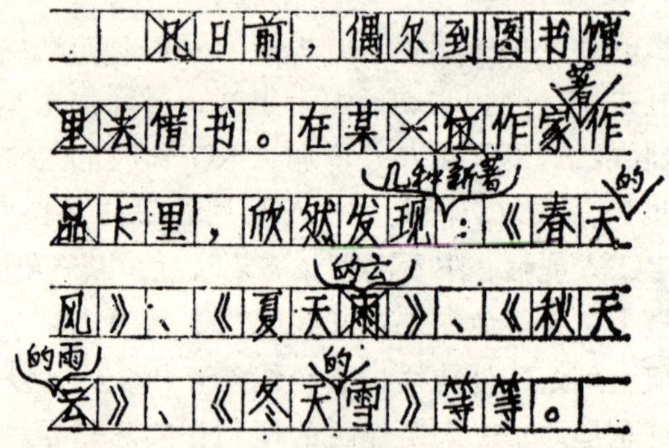

由此可以看出，采用正确的定稿加工办法，尽管改动的地方可能很多，但由于原稿上的蓝色笔迹与加工过的红色笔迹区别非常明显，它照样能够达到整洁、清楚和一目了然的效果。同时，强调采用这种方法改稿，是因为这里还涉及编辑定稿工序与拣字、拼版及校对工序的衔接问题。编辑应该考虑到，你手中的稿件还要经过后面一道又一道的工序，才能使原稿变成铅字印成的出版物。如果原稿当中出现疑问，存在问题，乃至有人为设置的某种困难或障碍(如前面所说乱画长线等改稿做法)，

① 本书由于条件所限而不便采用套红印刷，故而在此图例当中，我们用“×”符号表示涂红，格子外的字词改动亦表示系红笔所致。——编者注

便会给工作带来损失。由此可以看出，定稿的整齐、洁净和完美与否，也是对编辑的思想修养、工作作风和业务水平的一个检验。

愿我们的年轻编辑能够时刻严格要求自己，从一开始从事编辑工作就养成良好的作风和习惯。

1988年3月21日

本文原载《编辑之友》1988年第5期

要有广泛的兴趣和钻研的毅力

人们常说编辑是杂家，这是指编辑应当具有广博的见闻和知识。这种要求是由编辑的工作性质所决定的。由于组稿和来稿的内容广泛，编辑必须不断组织、出版新的书刊去满足广大读者多种多样的求知欲望，以适应并跟上社会的前进和科学文化的发展。因此，在这种情况下，就必须要求编辑的知识要杂一些。而要做一名称职的编辑，就必须从社会生活、文化知识方面不断地学习，不断地充实。

现在有的年轻编辑，在本职工作上只希望“挣钱要多，工作要少，玩得要好”，或者不务正业，热衷于编外工作与“第二职业”，个别的甚至“入魔”、“走穴”，去捞外快。虽然本文不直接论及这个问题，但要提醒大家注意的是，为了能认真地做好编辑工作，就必须坚决排除这类影响和干扰，以求得工作及业务学习上的迅速成长和进步。

当前，年轻编辑在对待本职工作及有关业务学习方面主要有两种倾向：一是情趣相当广泛，而且不断变换自己的学习内容，既富于年轻人的活力，又表现出某种见异思迁的不稳定性；一是专注于自己原来所学习的某个专业(或是毕业论文或是研究生专业)的那一方面，集中于一点，而不顾及其他，甚至有的直接为补充和扩大自己原有论文的内容，以作为毕业后的进一步的深入研究，并急于写成某种专著。这两种倾向，一个失之于泛，一个失之于偏，都是不利于年轻编辑迅速补充知识、熟悉本行业务、做好编辑工作的。

比如，有位从事中国当代文学书籍编辑工作的年轻人，一阵子热衷于四处找票，看内部观摩的外国电影；一阵子又兴趣甚浓地喜欢着摄影艺术，积极参加各类摄影比赛或展览；一阵子则又将兴趣转向了音乐，并迷恋着西班牙古典吉它的演奏……这种情况，如果是编辑的一种业余爱好，那是无可非议的，而且是应当鼓励和支持的。这类爱好，如果占用时间太多，甚至占用了一部分工作时间，因为作为编辑需要广博的知识和具有广泛的兴趣与喜好，我觉得，尽管具体时间安排上有所缺陷，但从整体上来看，却也是可以理解并且不必多加限制的。因为，上述一类爱好，同那些与文化艺术和编辑工作丝毫没有一点关系的爱好，如打牌、喝酒等一类的嗜好，是有不同的，是应该区别开来的。——当然，从更广的意义上来看，作为文学编辑，要熟悉和了解各式各样的社会生活和人物活动，上述兴趣和爱好对于处理某些方面的稿件，做好编辑工作，也不是完全没有一点助益的。但是，就每一位具体编辑的本职分工和精力、智能来看，在有限的工作时间内，当然不宜分散精神，志趣过于广泛，甚至广泛得与本身业务工作没有什么关联，丝毫不着边际。那样，必然是会妨碍编辑迅速熟悉本行业务、进而精通本行业务的。

要克服这种偏向，年轻编辑就必须首先弄清自己所分工的本行业务范围，同时对本行业务的有关各方面要分出轻重缓急，根据工作需要及本人情况，一一逐步予以熟悉、补充和钻研，这样才可能较快地成为本行业务上熟练的编辑。举例来说，作为一名长篇小说的编辑，本行最直接的业务知识主要是了解和掌握有关长篇小说创作情况、创作发展，评价长篇小说的思想、艺术水平的基本标准，有关组稿对象的情况，本出版社和编辑室对这类书稿的最低选稿标准(即可以作为出版物的起码水准)，以及可能碰上的有关问题的处理方法等。具体做法可以分为三个方面来说：一、在编辑室内部的学习和把握上。可先找一两部本社出版的水平最低的书稿来读，具体地分析和把握选稿标准，并请老编辑尽可能详细地讲讲处理这种书稿时碰到过哪些具体问题，如何解决这些具体问题，他们有些什么具体的做法和想法等。二、在具体组稿和出书工作上。可随老编辑一道，具体参加一两部新书稿从组稿到出书的全过程：怎样物色合适的组稿对象，怎样与作者谈构思提纲(或故事梗概)，怎样对初稿进行处理及如何与作者交换意见，如何对审读意见、修改建议及编辑部讨论意见进行综合处理，怎样帮助作者具体修改，怎样对书稿进行加工、定稿及出书过程中各种问题的处理等等。通过上述两个方面，已经有了一些具体鉴别和实际处理问题的体验与感受，但并不等于完全熟悉了有关业务工作，因此，还要注意第三个方面，即根据自己在实际工作中所得到的体验和感受，并充分吸取别人工作中的经验和教训，随时将有关长篇小说思想、艺术质量的具体把握加以集中和归纳，努力从实践到理论上作出总结(最好能具体写出主要的几条)，以利于自己尽快地全面熟悉并把握住该项编辑业务。这是一种情况。

另外一种情况，即只抓住一点而不顾其他的倾向。例如，一位文艺理论读物的编辑，在大学里是专门研究美学的，于是一来到工作岗位上就一头扎进美学的圈子里，潜心研究美学史及有关名家的学说。一位中国古典文学读物的编辑，一心只是钻研唐代诗歌，对古典文学专业的其他方面则不感兴趣。这样，深则深矣，作为文学研究所的研究人员是合格的人选，但作为某个专业的文学编辑却显得过分偏窄了。因为，要做好文艺理论书稿的编辑工作，必须对文学艺术各门类创作及其有关规律都要有广泛地接触和了解，只一头扎在美学理论里，必然会对其他方面有所偏废，即或偶尔顾及也会十分匆忙和草率，所以，这是不利于做好本职工作的。而做一名中国古典文学读物的编辑，自“诗三百篇”以来直至明清文学则都不可偏废，如废弃某些方面，怎能做好本职工作、完成出书任务呢？

那么，年轻编辑要怎么样结合工作进行业务学习，使自己尽快地掌握本行业务，熟悉本职工作，当好一名优秀的编辑呢？我认为，从编辑学习、提高的普遍规律来说，至少在以下几个方面是应当注意的：

第一，学与用的问题。

今日的文学编辑大多来自大学中文系。他们在学校所学习的知识，一方面是比较广泛、比较系统的，另一方面又是比较固定、比较死板的，与具体工作中千变万化的运用自然存在相当的距离(甚至有时产生某种隔膜)。就以文艺理论读物的编辑来说，他工作中所接触的稿件至少具有三个特点：一是对文艺思想、文艺现象的新的展示和总结；二是面对文艺创作实践不断发展变动的现实；三是采用异常广泛而丰富的理论观点和不同角度，对诸多文艺现实问题进行各种不同的阐释和深入的剖析。无论是中文系毕业的大学生，还是文艺理论专业毕业的研究生，尽管已经系统地学习过有关的专业知识，甚至对某一领域有专门的研究，但他们从事编辑工作后，所接触的每一篇(部)稿件，其中所论述的具体问题、所阐发的具体观点，绝不会是课堂上或教科书上现成的东西(如果是现成的，那稿件自然就毫无价值)，常常总有些新颖的观点和看法，甚至完全是提出一个新的体系、一种新的学说。所以，对于每一位刚刚跨出校门的年轻文学编辑、特别是文艺理论编辑来说，都必须从头熟悉有关编辑工作内容，重新学习本行业务知识，而且还有一个赶快熟悉并掌握当前文艺创作现状的问题，深入了解和研究有关文艺问题与文艺争鸣的热门话题等等。一句话，新到编辑岗位的年轻同志，都有一个结合工作重新学习的问题。

第二，理论与实践的问题。

学校的学习，为了使学生迅速增长知识，大多着重于知识的系统性和理论性，运用归纳和总结式的语言居多，而对于具体创作实践的具体探讨和解析则较少，对于正在发展变化中的创作思想、创作实践问题的接触则更少，所以，毕业后走上编辑工作岗位，成天遇到的都是具体作品及其中存在的实际创作问题，比如从事各类体裁读物编辑工作的文学编辑就都是如此。这样，年轻编辑自然就面临着如何将课堂所学习的知识和理论运用于工作实践中的一系列具体问题，如具体选稿标准、具体组稿原则、具体修改方案、具体加工范围等，都需要恰当地运用所学到的知识和理论，以进行具体的指导和分析。工作中这种恰当的结合和灵活的运用要想达到较为熟练的程度，也有一个相应的过程。这里，关键是在实践中学，再通过实践进行总结，以提高并指导下一步新的实践，这样才能使自己的编辑工作渐次出色起来。

第三，学习和积累的问题。

年轻编辑要尽快熟悉本行编辑业务知识，善于学习与积累便是重要的桥梁和基石。

首先是向有经验的老编辑学习。从他们言传身教中的一言一行，具体处理编辑业务工作时的一点一滴，领悟其精髓，感知其要领，抓住主要原则，把握具体关键，并且要善于思考和总结，最好能够从中举一反三，触类旁通，由此及彼，从某一点而推及其余。有的年轻同志总以为老编辑知识“老化”，他们的一些经验也大多已经过时，因而不理解向老同志虚心学习的重要性，往往错过了好些增长才干和知识的机会，那是非常令人惋惜的。

其次是要抓住时机，随时总结自己在编辑工作中的切身感受和体验。这种切身感受和体验是很重要的。书上得来终觉浅，实践才见真功夫。别人的经验再丰富，那都是别人的；自己的体验和感受，哪怕是极微小的点点滴滴，那也是自己的。因此，及时而敏锐地从自身实践中经过思考和总结，同时融入别人的某些经验和智慧，加以消化、吸收、融会贯通，那样，自然是会日增其智、月积异才的。

还有是要重视学习方法问题。方法好，可以事半功倍；方法拙，则会事倍功半。比较法、推演法、重复法、积累法等，都是可以运用的。但我在这里要着力推荐一种方法。这种方法，也是大家常用的，对编辑的工作学习是十分有效的，即点面结合法。那是要抓住当前工作中迫切需要的，或者是大家关心的工作中的某一个焦点，或者是人们争论的某一个“热点”，或者是来稿中不少人反复谈论的某一个问题，或者是创作上不断出现的某一种现象，作为最近一个时期深入学习和钻研的重点，应当花相当多的时间和精力，甚至可以广泛地找一些有关的资料和书籍来参考着学习，而其他的问题则作为较次要的普遍关注和学习的问题，相对来说，花的时间和精力自然较少一些。对那些现在放到次要位置上的问题，可以先记下要点作些广泛的积累和了解。

这里，关键在于处理好业务工作重点问题和一般问题的关系。众所关心的、工作中迫切需要解决的问题，作为一个时期的重点问题来深入研究自然是对的。但是，每一位编辑的具体分工及每日所面临的具体问题是常常变化而有所不同的，比如一位作者来到编辑部等着要听意见，或者某部书稿领导急等着听你的汇报，那么，你就必须立刻处理这样的稿件。而这样的稿件中存在的问题往往并不是你近期内作为重点要熟悉要解决的问题(即使稿件中的问题与你正计划研究的问题刚好巧合，但也不可能等着你研究好了再来进行处理)。这时，你就必须暂停原来的计划，而将手边亟待处理的稿件拿来认真研究。对待这类工作，此时也不可马虎从事，或者推给别人。所以，称职的编辑首先考虑的应该是工作。没有兴趣的工作也要当作任务而坚决、认真地去完成。结合学习，那就需要兴趣的广泛，而且兴趣可以根据工作的需要而随时变迁。同时，一有可以机动掌握和运用的时间，又能够很快回到自己钻研的问题上来。

广泛的兴趣和钻研的毅力要巧妙地结合。这种意志和毅力的培养是很重要的。在一定程度上，这是一种以工作为重而不怕干扰，却又能持之以恒、锲而不舍的良好的品质和精神。决心要做一名优秀的编辑，就应当着力培养、锻炼自己的这种品质和精神。

1988 年 8 月 16 日

本文原载《编辑之友》1988 年第 6 期

写作是思考和总结的一种特殊方式

编辑主要是做组织和文字工作，是一种复杂的脑力劳动。需要活到老，学到老，工作到老，勤奋到老。不仅要手勤，腿勤，还要脑勤。要善于学习、思考和总结。而学习、思考和总结的一种特殊方式就是勤于写作。

我们常常看到，许多头发花白、满面皱纹的老编辑，伏在案前，成天地写，成月地写，一年一年地写，腰弯了，背驼了，患了眼疾，得了脑病，他们仍然整天埋头于编务和写作……那种动人的形象，感人的精神，实在令人钦佩，催人奋起。

这些老编辑整天写些什么呢？除了修改和润色文稿是经常性的工作以外，他们从事的写作，主要在三个方面：

一是工作本身需要的写作，即所谓编辑应用文的写作。如调查报告、选题建议、编辑计划、组稿方案、征稿启事、审读报告、修改意见、内容提要、出版说明、编辑体例、编者的话、作者介绍、工作书信等。

二是结合工作总结、业务研究的写作。如责任编辑对所编图书向外界的介绍文字、出版通讯，对有关业务范围的图书(包括本社的和外社的)的推荐评论，对有关业务工作内容的研究成果，对编辑工作经验的总结介绍等。

三是专题研究论文及其他写作。可以涉及本行编辑业务工作范围内的各种问题，也可以涉及更宽泛的其他专题内容，可以是单篇文章，也可以是专门著述。

上述第一方面，是对每一位编辑人员的最起码的写作要求。第二方面的写作，只要稍作努力便可以做到。第三方面的写作，就需要编辑作较大的努力了，甚至是需要怀抱某种理想和追求才有可能达到的。一般的编辑人员在某些问题上也不妨去试一试，涉猎一番。真正想做一名优秀的编辑，对于这一方面写作的努力，自然应当具有更大的勇气和决心，以至需要一个人的献身精神和毕生孜孜不倦的追求。这种追求和努力，对于迅速提高业务水平、做好编辑工作是会大有助益的。

从现有情况来看，编辑人员中能够达到前两个方面写作要求的比较多(如严格一些说来，真正较好地达到第二方面写作要求的优秀编辑也不是太多的)，而能够做到第三方面写作要求的则如凤毛麟角，更为少见了。在这里，有个历史的背景情况需要说明：即“文化大革命”前相当长一个时期，有一种瘆人的舆论，认为编辑人员从事写作(包括第二方面写作的部分内容，特别是从事第三方面的写作)，就是不务正业，就是发展个人，就是“个人主义膨胀”，“走白专道路”等等。这种观点，与当时的政治运动、文艺政策方面盛行的极左路线是紧密联系的：一方面，强调“以阶级斗争为纲”，认为只要一抓“阶级斗争”，就一切都“灵”了；一方面，强调“驯服工具论”，领导上叫干啥就干啥，编辑人员很少有个人的意志、愿望和追求。在当时的这种社会大背景之下，编辑队伍与其他文化工作队伍一样，许多人丧失了自己的个性与尊严，个人的才智受到了严重的束缚、压抑以至摧残，一写作就有被扣上想“个人成名成家”的某种政治“紧箍帽”的危险，一有运动就可能找出你的文章来批判，真使人动辄得咎，动弹不得。所以，许多编辑人员那时就曾发誓：以后再也不搞写作了，以免招灾惹祸。这种情况，确曾大大束缚了文化生产力的迅速发展，影响了编辑队伍的健康成长。

今天，编辑人员从事写作，有时仍会感到某些阴影的存在。有的人习惯以阴暗的眼光看人，有的人喜欢以嘲讽式的态度待人，当然也有的显露出某种“红眼病”式的嫉妒等。这是一类。另一类，是有的编辑人员懒于动笔。这也许与某种阴影有关，心里仍存有余悸。有的是习惯动口不动手，写起来总感觉不如动嘴来得痛快。这与文字编辑工作显然是不相称的。再一类，则是个别人忘记了编辑职责而专事写作。他们平时将工作扔在一边，临到发稿时乱抓一气以应付“差事”。这些现象，在今日的年轻编辑中都或多或少地存在，在个别人身上有时还比较突出。这当然是不利于做好编辑工作的。

到底应当如何对待编辑人员从事写作的问题呢？我觉得，可以从认识、态度及方法等几个方面来谈。

首先要明确认识。

写作，是文字编辑工作应有之义，是完成本身工作任务的一种迫切需要，而不是额外负担。如果编辑不会写作，不会用文字来表达，不能以文字的形式将自己对选题、组稿、审读加工及出版、发行等各方面问题的意见加以归纳和总结，将自己对图书的思想内容与艺术质量的高低优劣予以评论和介绍，那他就不能算一名合格的编辑；如果对有关专业方面不能发表自己独到的见解，或者对有关的图书缺少见识，没有发言权，那他同样也不能算是称职的编辑。

优秀编辑应该精熟于写作之道，这是从事编辑工作的必备条件之一。要坚决清除极左的阴影，彻底纠正把写作当作个人主义、白专道路同义语的错误观点，勇敢地去追求，大胆地去研究，理直气壮地去写作。我们应当把写作提高到这样的认识水平：这是为了业务能力上的迅速提高，知识水平上的不断巩固、加深，为了认真做好本职工作，多出好书，为祖国四个现代化的文化建设做出贡献，总之一句话，是为了更好地为广大读者服务，为人民群众提供更好的精神食粮。因此，搞好写作是编辑人员的重要任务之一。我非常肯定并赞赏有的出版社采取这样的做法：即把写作这个任务的完成好坏，作为考核编辑业务水平的一个重要方面，在评定专业技术职务时当作鉴别编辑实际工作能力的重要内容，相应地，有的还对在报刊上发表文章宣传本社图书的编辑人员给予一定形式的奖励(自然有配合图书发行的任务在内)。这是值得提倡的做法。

其次要端正态度。

有了正确的认识，就有了抵御各种错误观点、错误做法的锐利武器和思想准备。同时，还有个如何将写作摆在适当位置上的问题。对于年轻编辑来说，当前主要有两种情况是应当注意克服的。

一是要克服懒散情绪。少数年轻编辑喜欢“口头汇报”，懒于动笔，有时连审稿意见都懒得写。如果要求他为自己所编的图书写篇评论，或者对自己所做工作进行总结介绍，要在社内或社外的刊物发表出来，那真是比扣发他的奖金还难受。这种感受，在过去的某些老编辑里也有类似情况。有人说："要我坐下来仔细地多读一两部书稿并不难，但要让我认真地写好一篇文章却感觉太为难了。"在过去，那是受了极左思想的长期束缚和影响，今天与从前不同了，领导上一般也是大力支持并鼓励大家写作的，因此，现在少数编辑懒于动笔的现象，更多的是由于个人的思想作风上存在的问题，以及受社会上"挣钱要多，工作要少，玩得要好"的不健康风气的影响。要想提高写作水平，真正当好一名编辑，就必须从根本上扭转这种懒散情绪。

二是要克服不顾工作任务、一味埋头写作的偏向。这种编辑固然不多，但每个地方只要有那么一两个，其消极作用却是不容忽视的。这种情况，不管出于何种动机，都会影响编辑部的正常工作，同时还会腐蚀干部的思想和作风，影响是很不好的，必须坚决克服和纠正。

有的年轻编辑是从业余写作走上编辑岗位的。他们能够坚持业余写作，这是很可贵的。但是，个别人在处理编辑工作与业余写作的关系上，有时处理不当，而使写作占去了太多的时间，以至妨碍了某些编辑业务内的正常工作。对于这种情况，一方面要善于保护他们的积极性，鼓励他们继续坚持业余写作；另一方面，也要帮助和引导他们摆好分内工作与各种写作的关系，要在首先认真做好本职工作的前提下，以不断提高自己的业务能力和知识水平，去促进写作。

第三要讲究方法。

紧密结合工作进行学习、钻研和写作，是编辑人员行之有效的一种主要方法。由于写作是围绕工作的开展而进行，因此，工作中众所关心的问题、亟待解决的问题、有待深化的问题，都能引起编辑人员学习和钻研的兴趣，这样，自然会使个人的知识水平、业务能力和工作效率大大提高一步。在此基础之上，我们再进行深入思考和及时总结，那么，必然会同时促进编辑人员写作水平、文章质量的猛进，这是相互依存、相互促进、相得益彰的。

结合工作开展写作，可以获得许多便利条件：一、信息丰富。编辑部内外的有关信息几乎每天都有，从四面八方不断涌来，经过你的大脑的储存、梳理、分流，常常能够产生意想不到的作用和效果。二、值得重视和研究的问题很多。大家关心的热门话题不用说了，可以积累起来有待将来深入探讨的问题，以及某些重要的理论问题、现实状况、实践规律和发展趋势等等，皆会纷至沓来，令人应接不暇。抓住问题，是进行总结与写作的重要前提和基础。三、有经常交流和切磋的良好机会。编辑部组织的或其他有关业务单位组织的座谈会、讨论会、信息交流会、问题磋商会，因工作之需而与外界的各种交往、谈话、讨论等等，都会使人有机会从中获得许多有益的启示和体会。这些便利条件，是做其他工作的人员较难得到的，即使偶尔得到也大多难于了解其中诸多关节之处和微妙所在，因而收获往往是远不如直接从事编辑工作的人员多。

因为每个编辑人员的具体情况不同，如个人爱好、文化基础、钻研兴趣、资料掌握以及切身体验等等的差异，所以，写作时如何与工作相结合，具体方式是千差万别的。但是，总括来说，不外乎三种类型：一、与编辑业务知识直接有关的，如对编辑学、出版学、版权学等学科理论问题和有关选题、组稿、审读、修改、发稿、校对、出版、发行诸方面业务程序及其规律问题的研究；二、本行专业知识范围以内的，如从事文艺理论读物编辑工作的，有关于文艺理论方面的研究课题，从事长篇小说编辑工作的，有关于长篇小说方面的研究课题，搞诗歌、搞散文、搞报告文学的，亦有关于他们各自方面的研究课题，每个专业有各自的特殊方面和特殊规律，也有的是同属于文学艺术这个大范畴之内的共同特点和共同规律的，都会有许多值得深入研究的方面和问题；三、本行专业知识范围以外的，有的与本行专业知识关系较近，有的则关系较远，如搞文学的去研究哲学、政治学、社会学、伦理学、民俗学、历史学等方面的各类问题。不管属于哪种类型的问题，也不管与本行专业知识关系或远或近，编辑人员为本身知识的深化和扩展，认真做些研究，开展写作，都是很有好处的。

许多老编辑的经验告诉我们，结合工作从事认真的研究和写作，对于一位编辑人员的健康成长和发展都是非常有好处的：它可以使编辑人员在政治思想、学术水平、语言文字等方面打好基础，可以提高编辑人员对有关业务工作及其各个程序的熟练程度，可以有效地扩大编辑人员的知识范围，可以使编辑人员成为某方面业务的骨干或行家里手等等。总之一句话，这样可以使编辑人员的业务水平和工作能力尽快得到提高，获得较大的成效。因为，这种研究和写作能够最充分地调动编辑人员的智能，使他们养成勤于学习、勤于思考、勤于总结的良好习惯。事实就

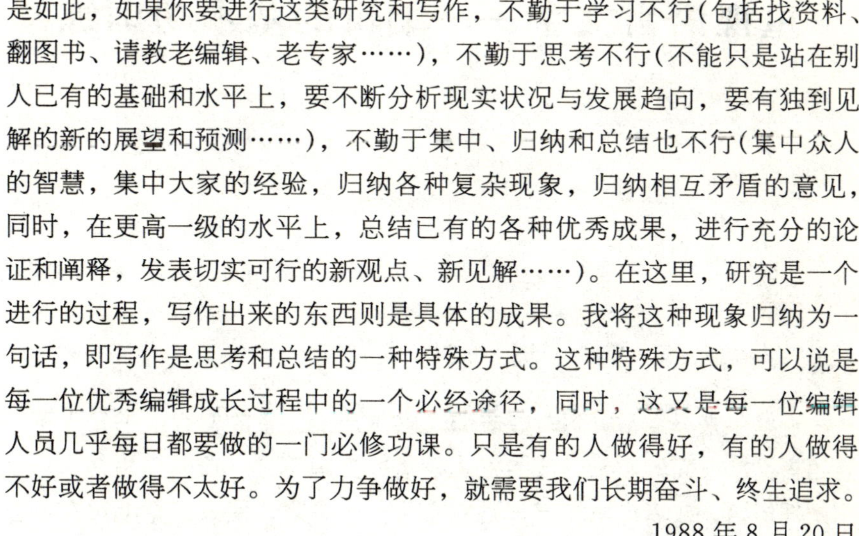

是如此，如果你要进行这类研究和写作，不勤于学习不行(包括找资料、翻图书、请教老编辑、老专家……)，不勤于思考不行(不能只是站在别人已有的基础和水平上，要不断分析现实状况与发展趋向，要有独到见解的新的展望和预测……)，不勤于集中、归纳和总结也不行(集中众人的智慧，集中大家的经验，归纳各种复杂现象，归纳相互矛盾的意见，同时，在更高一级的水平上，总结已有的各种优秀成果，进行充分的论证和阐释，发表切实可行的新观点、新见解……)。在这里，研究是一个进行的过程，写作出来的东西则是具体的成果。我将这种现象归纳为一句话，即写作是思考和总结的一种特殊方式。这种特殊方式，可以说是每一位优秀编辑成长过程中的一个必经途径，同时，这又是每一位编辑人员几乎每日都要做的一门必修功课。只是有的人做得好，有的人做得不好或者做得不太好。为了力争做好，就需要我们长期奋斗、终生追求。

1988 年 8 月 20 日

本文原载《编辑之友》1989 年第 1 期

重视语言文字——编辑的基本功训练

近些年来，经常听到一些老编辑感慨地说：有的文章或书籍太不注意语言文字方面的质量，或者疙里疙瘩，文理不通，或者怪里怪气，乱用鄙俚俗语，或者洋里洋气，语言欧化……总之，使人感觉编辑在语言文字上不过关，未能维护祖国语言文字的健康和纯洁。这种感慨是有道理的。语言上的疙瘩，文字上的不顺畅，好像是馒头、米饭里有沙粒似的，让人看着碍眼，感到牙碜。

出现上述情况，编辑当然负有不可推卸的责任。但究其原因，亦是多方面的。或许由于编辑部门管理不力，导致某些编辑思想混乱；或许由于轻视案头文字工作，对稿件马虎从事；或许由于编辑队伍中新旧交替，某些优良传统未得到继承和发扬；或许由于有的编辑缺乏经验等等。

就编辑人员本身的素质来说，出现这类毛病，主要表现在下列几个方面：

一、不懂装懂。有一位编辑，在某位作家的文稿上看到“如坐春风”一语，于是，不查典籍，不问他人，仅凭自己主观揣摸，便将“坐”字随手改为“迎”字，并且对这一字之改还十分得意。这是不懂装懂的典型事例。

二、马虎从事。如果说，上述失误中的编辑还是“认真思考”过一番的话，那么，在文字处理工作中，常常使文章上气不接下气，前后词意悖义，或者文气中断，词句散乱，失去章法等等，则大多是由于编辑工作上的草率、马虎所致。这类例证，在报纸文章拼版时进行压缩、删除的过程中更是常见。这里，有时间紧、版面挤以及夜间工作等原因，但从根本上来说，还是与编辑人员的基本功不过硬、工作不认真有关。

三、疏忽大意。有的编辑不是不懂得，而是由于工作中的粗疏而出差错。比如，一篇文章的排列顺序、用词造句、标点使用以及字号等的前后不统一；错别字、生造词句等的未得到改正；人物的姓名、年龄、口语和地名、数字以及某些贯穿全篇的习惯用语的前后矛盾或缺乏必要的交代说明等。这类错误，当然有编辑琢磨不够、核校不严及缺乏经验等原因，如果能够克服编辑工作中的疏忽大意，则往往可以予以弥补和改正。

四、随意乱改。这种情况造成的错误，在一般编辑工作中不是很多，但亦时有所见，它往往使文稿颠三倒四，零七碎八，或者作者的思想观点被扭曲，或者某些警言佳句被弄得失去了光泽，或者大段例证的删削令结语缺少根据……这些，都是作者较难原谅的。这种不负责任的行为(其本身也说明编辑素质太差)，是我们应当坚决禁绝的。

为了提高编辑人员的素质和修养，加强语言文字方面的基本功训练，是绝不可少的。对于年轻编辑来说，这种训练尤其重要。

我们应当从哪些方面去进行训练呢?

第一，要注意正确使用祖国的语言文字。这是对编辑人员的起码要求，从另一个角度去看，也可以说是对编辑人员的最高要求。一般来说，要达到这种要求不是很困难的；但若要达到完美的境界，又是不太容易的。语言文字上的较纯熟、练达的功夫，常常是需要一个人毕生的努力和不懈的追求。这种训练，必须从最初学习时就开始注意，严格要求，养成认真细致、一丝不苟的习惯，千万不可抱着漫不经心的态度。

要认真学习并掌握语法知识，注意约定俗成的原则。注重通畅、简洁和准确地表情达意。准确而符合语法，是语言运用的基本前提。同时，还要注意学习群众当中丰富而生动的语汇，并吸收那些能够促进祖国语言更加新鲜而充满活力的表述方式。当然，前者是起码的要求，后者则是使语言艺术发展和提高的一个重要途径。但是，打好语言基础是最重要的，否则，就谈不上更高的要求。某些年轻编辑容易犯的毛病正在这里。有的人连基本的语言训练的要求都没有达到，就随心所欲、肆意滥用，或望文生义，或生造词语，或编撰出一些连自己也看不懂的语句，使文稿中的某些词句出现诸如模棱两可、含混不清、艰涩难懂以至违反原意、前后矛盾之类的现象。这是十分要不得的。

第二，要研读典籍、名著。我国的许多典籍、名著，常常代表着祖国语言文字的优良传统，是祖国语言文字的精华所在。所以，为了打好坚实的基础，掌握祖国语言文字的传统与精华，如能反复研读和着力剖析一些典籍、名著的语言运用，一定会是受益匪浅的。

在那些典籍、名著中，有专门研究语言文字的，如《说文解字》等；有历史著作，如《左传》、《史记》、《汉书》等；有文学名著，如《诗经》、《楚辞》、唐诗、宋词、元曲中的名篇，以及《红楼梦》、《三国演义》、《水浒》、《西游记》等明清小说。对于这些典籍、名著，应该多读一些，并反复熟读其中若干种，研习其中若干段落，这不仅能够增长各方面的知识，而且能够在语言文字上慢慢地融会贯通、烂熟于胸，从而形诸笔端，使自己对祖国语言文字的运用达到一定的水平和火候。

一些年轻编辑，往往忽视祖国的典籍、名著，盲目崇拜西方，在语言文字上模仿那种蹩脚的“翻译体”，这将会有损于祖国语言文字的优美与纯洁，也是根本不懂得其他民族语言文字的真正精华所在的表现。

第三，要进行艰苦训练。多看，多读，多研究，多思索，还要多训练，多写作。语言文字方面的训练，不是一朝一夕就能达到熟练地步的，它往往是由多方面的因素与条件所制约的。哲学、历史、文学、艺术及科学技术等方面的知识，逻辑思维与形象思维能力，归纳和概括的功夫，以及生活常识等，都和语言文字的运用和表达有着直接的关联。

语言文字基本功的训练，主要包括三个方面：一是对基本语法的学习和掌握；二是对常用语汇及群众口语的搜集和运用；三是日常写作的训练。第三方面具有关键作用，因为它是一种具体的实践锻炼。只有通过这种实践，才能将自己的思想、观点、感情、愿望较好地表达出来。

写作训练，包括日记、笔记、札记、摘记、公文、应用文和文艺作品、学术论文等，不管是哪一种，只要持之以恒，认真对待，都会收到一定的效果的。

有的年轻编辑不太重视这类基本训练，往往好高骛远，以至眼高手低，说起来夸夸其谈一大套，写起来却显得别别扭扭不顺畅，以至于疙疙瘩瘩，不知所云，普通的用词造句也常出现各种各样的错误。这是必须努力克服的。

第四，要把握语言的内在逻辑。语言文字的通行和运用，人们的对话、讲演、叙述、描写、抒情、议论，总有一定的内在逻辑的规律的。这是学习、把握并使用语言文字时的一个关键问题。如果把握得准，理解得深，运用得熟，那么，在语言文字的具体处理和使用时，就会较快地熟练和习惯起来，而且能使之合乎规律，深含内蕴。

仅以闻一多先生在 1946 年 7 月 15 日著名的《最后一次的讲演》为例。这是在云南大学至公堂李公朴先生夫人报告李先生死难经过大会上的一次讲演。闻先生一开头就说：

这几天，大家晓得，在昆明出现了历史上最卑污，最无耻的事情！李先生究竟犯了什么罪？竟遭此毒手！他只不过用笔，用嘴，写出了说出了千万人民心中压着的话。大家有笔有嘴有理由讲啊，为什么要打，要杀，而且偷偷摸摸的杀！

这位无畏的民主斗士，敢于面对敌人的枪口，痛斥暗杀李公朴先生的罪行，其意义我们在这里不去多说，单就其语言文字的运用来谈，那样一句接一句，前后衔接，互相呼应，紧密的逻辑力量，掷地有声的词句，反复诵读，确实使人感觉内蕴丰富，语意深沉，铿锵有力。因此，追寻闻先生的感情和语意，他最后说出："我们要准备像李先生一样，前足跨出大门，后脚就不准备再跨进大门。"这便赢得了全场长时间热烈的掌声。——当然，这里不仅仅是简单的语言文字的准确使用，而且包含着一位民主战士的光辉思想和人格力量，是白色恐怖重压下进行英勇斗争的内心世界的自然流露，是用鲜血和生命写成的千古奇文。可见，掌握语言文字的内蕴和规律是非常重要的。

第五，要提高思想、文化修养。语言文字的使用，与使用者思想、文化素养关系密切。不可想象，一个没有相当思想、文化修养的人，能够在自己笔下写出晓畅、通达而具有一定思想意义的文字。思想、文化素养的提高，可以使人变得聪明而深沉，从而精神开阔，知识广博，灵感活跃，笔墨飞动。

思想、文化修养的内涵是多方面的。举凡人类创造的一切思想资料和文化资料，都是值得我们学习和掌握的东西。当然，不同专业的编辑，这方面的需要有所不同，学习和掌握的思想、文化知识亦可以有所偏重。

因此，某些年轻编辑单纯在语言文字上下功夫，而对思想、文化修养则重视不够，其结果便是在语言文字方面的训练常常不能达到理想的境界，这种现象，是应当注意改进的。

第六，要经常翻检工具书。这是编辑工作的特点。因为任何人都不可能掌握世界上所有的知识，何况人的记忆也会出现某种失误或差错，所以，各类工具书是绝对不可缺少的。有的编辑，或者凭着自信，或者因为疏懒，或者麻痹大意，或者查核欠周，使他们在处理文稿时，常常出现讹误与差错。这样，就需要编辑工作更认真、仔细一些才好。

关于语言文字基本功的训练，当然还可以列出其他一些方面，但总有某些基本的要求，即语言文字使用上的正确、通顺、畅达、简明是最起码的。而要达到这种起码要求，只能是兢兢业业，一丝不苟，严格认真，坚持练笔。

1988 年 12 月 22 日

本文原载《编辑之友》1989 年第 2 期

要画好“句号”——为了将来的工作

从来稿、组稿、看稿、修改、定稿、校读到出刊或出书，整个编辑出版过程，编辑人员在其中的作用是十分重要的。一篇文章或一部书稿问世后，编辑人员可以稍稍喘一口气了。但是，编辑工作本身还没有完结。一方面，编辑人员要为组织新的文稿或书稿继续工作；另一方面，就刚刚发表的文章或书稿来说，还有许多扫尾工作需要抓紧做好。这类善后的扫尾工作，也是非常重要而不可有丝毫疏忽的。

归纳起来，对于文稿处理的结尾工作，主要是在两个方面：

一类是事务性工作。

包括寄送刊载有关文稿的报刊或书籍，汇出稿酬，并及时与作者通信联系；有的作者需要增购报刊或书籍，也要尽可能及时办理；有的文稿有删节、更改或排版、拼版上出现讹误，亦应负责地向作者说明或致歉，取得作者的谅解。

如果作者的另一部分文稿未被通过或因其他原因未获发表，应认真地向作者讲清情由，交代原因，或同时将未发部分文稿退还作者，或征求作者意见后，再慎重地商量对这部分文稿最后的处理方式。

现在，一般报刊及出版社的编辑部门，总是在《约稿启事》一类文告上写明：来稿一律不退。但是，对于那些准备发表的文稿，或者专门组织来的文稿，实际上编辑处理时并不归入此列。因为它们显然不是一般来稿。所以，编辑部对这部分稿件总是认真审读，妥善处理，而且及时地把审读进展情况(如一审、二审、三审等)及结果告诉作者，与作者取得尽可能紧密的联系。这部分稿件的善后工作，编辑更要做得细致一些才好。

有的年轻编辑，对于做好这类善后工作不大习惯，认为这些事情十分琐碎，浪费时间，甚至觉得这是侍候人的工作，不愿意做，或者勉强做了，也是丢三落四，很不耐烦等等。这是要不得的。

一类是密切与作者感情联系的工作。

现在，有的年轻编辑往往以个人的好恶来对待工作。自己有兴趣的作者，常常表示过分的亲热；自己没什么兴趣的作者，则“公事公办”，甚或冷漠视之。因此，他们有时不是从工作出发，对于不断加强与广大作者经常性的感情联系，往往重视不够或抓得不紧，甚至放任自流。

作为一个有革命事业心的编辑，总是非常重视自己编辑部与每一位作者的感情联系。比如，适时地走访作者，关心作者的写作、生活及工作，为作者排忧解难，搜集或代借资料，提供一定的写作条件，请作者所在单位给予有效的支持和帮助等等(当然，这些事不一定件件都做；每件都做也不可能。但只要认真做好一两件，往往就能与一位作者建立良好的关系)。包括前面所说的那些事务性工作，在他们做来都是那么耐心、细致，处处带着对作者的亲切关心之情。那样，既尽力维护了编辑部的集体利益，又注意保护了作者的正当权益，同时，把事务性工作做得尽情尽理，尽心尽意。因此，这样的编辑很自然地而又是有意识地在这些工作中逐步增强了与作者的情谊。总之，作为一位好朋友与作者交往，情谊的真挚与诚恳是最重要的，这往往是编辑能够及时从某些作者手里获得迫切需要的稿件的最可靠的感情纽带和信义支持。

故此，有经验的编辑人员，常常把扫尾工作做得十分主动和自觉。他们认为，这虽然是一件工作的结尾，但往往又可能是另一件工作的开始。为了赢得作者的继续支持，为了编辑部或出版社发展的需要，他们总是期待能够与一位又一位作者进行长期合作，而且希望这样长期合作的作者越多越好。如果编辑部周围有那么一批愿意长期给予支持的基干作者队伍，并且围绕基干作者队伍周围又不断团结更多的作者，那么，一个报刊或出版社就会办得越来越好，越来越兴旺发达。要做到这一点，编辑工作人员与作者亲密的感情联系是头等重要的。

所以，在每一篇文章或每一部书稿的善后工作中，编辑决不可粗枝大叶，疏忽大意，以致影响或伤害作者的感情，而应该将善后工作当作

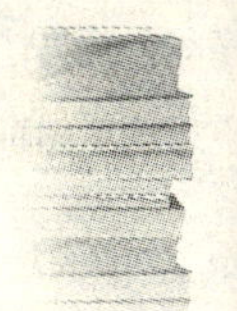

具有思想意义和长远眼光的工作来做。

总而言之，为了编辑部将来的工作，我们一定要十分重视画好这个“句号”。

1988 年 12 月 23 日

本文原载《编辑之友》1989 年第 3 期

首先当好责任编辑

我有幸参加新闻出版署直属出版社第四届优秀图书奖的评选工作，读到许多责任编辑的审稿意见。

大多数编辑在审读书稿时都很认真、很负责，在出书过程中做了大量工作，甚至做出了某种突出贡献。他们的审读意见写得得体、规范，看得出编辑工作的含量很大，从中也能看出责任编辑的工作态度、思想修养、业务水平和文字能力，是很好的、称职的责任编辑。

他们的审读意见，大多注意了这样几个方面：一、稿件及其作者的基本情况；二、对书稿内容的判断分析(包括政治原则、方针政策、思想内容、学术水平等)；三、全书结构安排、章节配置是否得当(如学术著作的系统性、逻辑性，文艺作品的故事情节、人物关系等)；四、文字表达能力(如语句、修辞、成语、典故及错别字等)；五、其他(关于引文、资料、人名、地名等)。既有对全书的总体评价和判断，又有分章节以至字句的具体辨析和指正，充分肯定其优点，具体指出其缺点与不足，以利于书稿的修改、润色和提高。中国大百科全书出版社还有个好的做法，责任编辑要将一、二、三审的意见综合处理，其结果用文字记录下来，存档备查。

同时，不能不令人遗憾的是，有个别责任编辑却不称职，甚至很不称职，连起码的审稿意见都不会写，或者说不知道怎么写。有人开玩笑说：这些年轻的责任编辑太急于想当总编辑了。也许他们看到有的总编辑不读书稿，在审稿意见上就写“此稿可用”，甚至简化为“可用”或“可发”两个字。因此，有的年轻责编写初审意见，总共只二三百字或三四百字，除了简单复述书稿内容以外，就是几句决断性的评语，如此书内容充实，有相当的思想水平和语言表达能力，可以说已达到了我社的出书标准云云——这种审读意见，责编真像代替了总编。对于这样的初审意见，复审以至终审不得不花更多的时间代替责编做工作，并写出较详尽的审读意见。如果复审和终审都很忙，甚至该社不能坚持三审制，由责编或责编后面的负责人随意处理，疏忽大意，照样空泛地写几个字就发稿了，那么，书稿中原来存在的问题就会原封不动地交到印刷厂付梓出版了。

后一种情况，尽管是少数，却是值得我们注意的。据统计，到2000年左右，我们“文革”前的大学毕业生就几乎全部退休了，而年轻编辑逐年更迭，半路改行当编辑的也时有人在，如果不是从编辑基本功开始训练，自然会有许多新编辑是不懂得如何当责任编辑的。然而，在整个编辑出版工作中，责任编辑常常起着十分关键的作用。有经验的编辑家认为，几乎所有的原稿都会存在这样或那样的问题，只有经过编辑的润色和加工，去除纰漏，更正失误，才能使原稿中的问题获得解决，使图书质量更臻完美。如果责任编辑不知其责任所在，往往会使整个编辑工作乱了套，丢失了最重要的一个环节，出现种种错误和问题。那样，自然就会贻害读者，并贻笑大方了。

我们撇开工作态度和业务水平不说，出现这种不称职或者不懂得责任编辑应该如何工作的现象，当然首先是编辑本身的责任。这样的人，从做编辑工作开始，就应该很好地进行编辑基本功的训练和学习，不懂的地方要多请教老编辑。努力掌握编辑专业知识，并结合工作多写读稿笔记和心得体会，要善于归纳和总结，以迅速提高业务水平和工作能力，使自己很快成为一名懂得专业知识的熟练的编辑。

同时，这也是编辑室主任和总编辑的责任。以前，一些老出版社曾经有个规定：新来的大学生或者从别的部门调来当编辑的人，一律先到本社校对科当一两年校对，然后再分配去做某种专业的编辑工作。这是一个很好的制度，是打好编辑基本功的重要措施之一。现在，出版社把编辑到校对部门训练的时间缩短了，甚至精简得没有了，同时又没有其他的编辑辅导学习，所以，出现越来越多的责任编辑不会工作，不会写审稿意见，编辑人员以及校对人员素质下降，编辑出版工作中也出现了

胡德培在四川作协座谈会上(1993 年 9 月 25 日)

越来越多的漏洞和问题，以至造成现今所谓“无错不成书”的谬误流传，也许就与上述情况大有关系。这是值得我们很好地总结和警惕的。

出版社要不断提高图书质量，多出精品，完成出版工作阶段性转移的任务，实现社会效益和经济效益的双丰收。21 世纪世界图书市场的大竞争，就是实力的竞争、人才的竞争。所以，从现在起，我们必须不断提高编辑队伍的素质和水平，以适应这个竞争机制和社会发展的需要。其中，使每个编辑人员都懂得如何当好责任编辑，这是编辑出版工作中必须严格贯彻执行的一条原则，是直接影响甚至决定着图书出版工作质量和水平的重要问题，是我们千万不可有丝毫马虎和疏忽的。

1998 年 11 月 22 日

本文原载《新闻出版报》1998 年 12 月 25 日

浅议编辑人员的培训

在考察和评审编辑职称的过程中，常常碰到一些从事编辑工作多年，但在基本的编辑素质方面却还存在某些欠缺的同志，实在令人喟叹不已。因此，近年来，有关新闻出版部门连续组织培训班，重视编辑人员素质提高的培训工作，是十分必要的。

根据这些年来我所了解到的有关编辑人员情况，下列三种人员的培训和提高势在必行。

一是参加工作不久的年轻编辑。

曾经有人认为，只要有一定文化水平，谁都可以当编辑。这是一种误解。其实，真正称职的编辑，必须具备一些特殊的基本功或基本素质。甚至，具有相当文化知识的中文系大学生或研究生，如果缺少编辑基本功的训练，常常是很难成为一名优秀编辑的。

就文学书籍来说，中文系学生作为一般读者，他们对文学创作或文艺理论图书，可能具有较高的欣赏水平和鉴别能力。但是，他们如从事编辑工作，有时即使相当认真，大多也很难具有老编辑阅稿中对错别字、病语、病句、版式设计、编排印刷等等方面那种特有的敏感能力和分辨能力。当然，更不用说在组稿、审稿、提出选题、计划安排等方面的才智和水平了。

二是“半路出家”的编辑。

这里，是指那些从别的工作岗位中途调入编辑队伍的人员。近些年来，人才流动，这类人员在编辑队伍里明显增多。

单就这些编辑中业务知识较好的一类人员来说，常常也可以见到其编辑基本功方面的严重欠缺。当过语文教师的人当编辑，其文字能力、欣赏水平等方面一般都是不错的，但在审读稿件、与作者交谈、提修改意见时，往往容易从一般文艺理论教材的常用概念出发去要求作品，敏锐地分辨并抓住稿件的具体特色，提出有建设性的修改方案等方面显得较弱。同时，有的人较难养成编辑的职业习惯，在校对功夫、编排设计等方面常常疏忽大意。喜欢写作或从文化宣传部门来当编辑的，有的艺术视野、艺术趣味较窄，具有过分偏于某些方面的艺术嗜好，缺少编辑的全局观点和编辑的工作能力等等。至于从非文化部门而转到编辑岗位的，这样或那样的编辑基本素质的欠缺，往往更加明显一些。

有的出版社领导颇有感触地说：凡是没有做过编辑工作的调到编辑岗位，都应该先从校对工作干起，进而了解审编、加工、设计、排版、装帧等各工序，补上编辑基本功这一课。我觉得，这种看法很有见地。

三是现职岗位不合格的编辑。

在现有一些编辑部门中，不合格或不太合格的编辑，确实存在。你只要看看他的审稿意见，看看他所责编的图书，他对组稿、选题及有关作家作品所发表的意见等等，就常常使人产生这类感觉。

这种不合格，与上述两种编辑有许多共同的地方。一般来说，主要是指编辑基本素质方面的不合格。从约稿组稿、审稿、选稿、与作者交往、谈修改意见，到具体责编、修改加工、编排出版等方面，都可以看到这方面或那方面的差距。

根据以上种种，从编辑出版队伍素质的培养，从完成编辑出版任务，从对祖国文化的积累和贡献，包括对广大读者负责，以及编辑人员个人职称晋升的顺利解决等等，都说明加强编辑基本功的培训是当务之急，应该引起有关部门领导同志及某些编辑个人的充分重视。

1992 年 6 月 24 日

本文原载《新闻出版报》1992 年 8 月 19 日

珍惜你的“第一感觉”

黎明的一抹熹微，清晨的一片朝霞，炎夏的一股凉风，初冬的一场冰雪，情人的初次见面，亲人的最后永诀，青年的第一次工作，孩子的第一天上学……这一些，霎时间的、短暂的、一晃而过的情景，对于每一个人来说，印象却往往是非常新鲜、非常深刻，并且长久难忘的。在日常的编辑工作中，我们能不能够抓住这种感觉，善不善于运用这类印象，常常是编辑思维训练、才智发挥和经验积累的一个方面，也是考察一位编辑人员工作好不好、效率高不高的重要表现。

有的年轻编辑，刚刚工作的时候，觉得编辑工作琐琐碎碎，杂乱无章，一时摸不着头脑，不知从何入手。

如果你真有“不知从何入手”这种情况的话，这里，我准备告诉你一种“入手”的办法。这就是：珍惜你的“第一感觉”。

这种感觉，人人都有；使之用于编辑工作，简便易行。关键在于，你要不失时机，敏于发现，紧紧抓住，并且善于将这种感觉有效地进行梳理、归纳和提高，使之得出明白、清晰而有条理的认识。那样，对你做好编辑工作肯定是会大有助益的。

我们应当如何看待“第一感觉”，并且怎样恰当地有效地用好这种感觉，使之有利于提高认识，总结经验，以促进编辑工作呢？我是长期从事文艺编辑工作的。这里，便从下列三个方面对文艺创作一类稿件试做一些剖析和阐释。

一、新鲜感与敏锐性

编辑接触一篇文章、一部作品、一本书稿，往往开始阅读时便会产生出一些新鲜的感觉、新鲜的印象、新鲜的认识。这就是我们常说的人的“第一感觉”。同时，有经验的聪明的编辑，常常一下子就能够发现这种感觉，并且立刻牢牢地抓住这种感觉。这是做编辑工作需要注意训练的一种敏锐性。如果只有新鲜感，而不能敏锐地发现并抓住它，这种感觉便会随之消失。所以说，这种新鲜感与敏锐性是相辅相成、共存共亡的。有些马虎的或者没有经验的编辑，他们读稿时，虽然也常有这样那样的感觉，但是，他们大多缺乏敏锐性，于是，便失去了及时抓住它的机会。因此，他们与作者交换审读意见时，就只能讲一些一般性的行话套语，而说不出什么新鲜的感受和独特的看法了。

实践证明，编辑的敏锐与聪明，大多来源于认真和勤奋。他们善于手脑并用。读稿时，每当产生一种感觉和印象，他们便同时采取一些办法来加深这种印象，提高这种感觉的鲜明性。比如，采用记读稿笔记或札记，用不同颜色的铅笔在原稿上做出各种记号或简要注明，找机会与阅读过此稿的编辑或对这位作者有所了解的同志交换感受和看法等等，以印证、加强或更改、修正自己的印象和感受。

就文艺创作来说。对稿件的这种新鲜感和敏锐性，并不是偶然产生的、没有根据的一种幻觉或灵感，而是与编辑此前的阅读印象相比较，与别的作品相比较，与别的作者相比较，特别是与相似题材、相似内容、相似艺术表现等等相比较，才得出来的一种相同或相异的感觉。这是艺术鉴赏与鉴别中的一种特殊的艺术感觉，只有身在其中，身临其境，与之融会一体，情感相通，思想共鸣，才有可能获得的一种良好的艺术感觉。

这种艺术感觉，在初步评判稿件的质量和水平时，具有特殊重要的作用和意义。这篇文章、这部作品、这本书稿质量的优劣，水平的高低，它与同类稿件比较来看，有没有价值，有多少价值，以及由此来考虑这份稿件应该放在什么位置，是用还是不用，是用在什么地方或以什么名义来用，需不需要修改或如何修改等等，皆是由“第一感觉”开始的。由“第一感觉”而触动编辑的思维和判断。疑义相与析，比较见真知。由感觉和印象逐渐进入有一定比较和分析的某种理解与认识，从而初步判定这份稿件的价值和地位，以至决定它的前途和命运(修改不修改、发表不发表)等等。总之，一句话，新鲜的敏锐的“第一感觉”，在编辑工作的艺术鉴赏和进一步的鉴别、分析方面，常常具有不同寻常的特殊意义，我们是绝不可以忽视和轻率对待的。

二、霎时间与若干年

一说起“第一感觉”，仿佛就是一刹那间的、匆匆忙忙的一种感觉。其实，在这种感觉中起作用的，竟往往是编辑人员若干年来的知识积累、艺术修养、审美能力和工作经验等等，才具有着决定性的意义。所谓“台上一分钟，台下十年功”，即有了若干年修炼之功，才会有一刹那的敏锐感觉和临场时的出色表演。

由于编辑人员具体情况千差万别，因此，对待一份稿件的态度自然因人而异。不同的编辑感觉的具体内容常常不同，所敏感的角度和范围也不大一样，有时甚至出现很大差异。

一位有经验的优秀编辑，往往善于调动自己过去所积累的各种知识，巧于运用，分类比较，将过去所学知识的广阔内容与当前面临的具体稿件的现实情况放在一起，鉴别出哪些思想内容是过去熟悉的，哪些思想内容是新颖、独到的，哪些艺术表现是陈旧、过时的，哪些艺术表现是新鲜、独创的，在分析和度量中才能进一步准确地辨别它的质量好坏，在比较和平衡中才能相当客观地认识它的水平高低，从而给予它符合实际的恰当评价和处理。

编辑凭着“第一感觉”，要对手里的稿件做到客观比较和准确鉴别，说容易也容易，说难也确实很难。容易在于：阅读一份稿件，谁都会有“第一感觉”，谁都可以根据自己的感觉和印象作出某种判断。但，实际上又很难。因为这种感觉和印象，必须有充分的知识积累和艺术修养作后盾，而知识是无边的，修养是无限的，分析和比较也很难做到尽善尽美，因此，谁又能武断地说：自己的感觉和判断就一定是非常客观、非常准确的呢？换句话说，编辑对一份稿件从感觉达到一定的认识是容易的，但要保证对此稿作出恰如其分的客观的科学判断，那就不十分容易了。那样，就要求一位出色的编辑人员，不仅是一位“杂家”，而且是一位艺术家、科学家。对艺术科学、艺术美学方面是卓有建树的专家、学者以及实践家。到了那时，你的判断和认识，就可能达到更高层次的一个科学水平，自然，对一些稿件的处理，也就会做到相当符合客观实际、相当准确地对待了。

三、总体性与细节处

编辑人员对一份稿件从“第一感觉”到一定的认识和判断，主要是从稿件的总体上来看的。同时，也往往注意到它的某些细节，有时甚至会对某一两个细节印象颇深，感触良多。

对稿件总体上的看法，是决定其弃取或能否修改的原则性意见。在这一方面，细节性的问题常常起着较次要的作用。但是，当编辑部决定请作者对这份稿件进行修改时，总体性的看法与细节处的意见则具有大体相同的意义，即大的原则性意见要作修改，某些细节处亦须加工或增删。这些修改意见，对于稿件最后能否选用，质量能否达到编辑部的要求，往往是同等重要的。

这些意见，因为基于对稿件的原始印象和“第一感觉”，因为这种印象和感觉的鲜明度和敏锐性，所以，这种意见大多不是浮泛的、空洞的、不着边际的，而是针对性很强，从原稿实际出发，感觉是敏锐的，判断是准确的，有的从方针原则的大处着眼，有的从具体细节的小处入手，往往能够提到紧要处，能够真正抓住原稿的关键和修改的要点，因此，这些意见对作者是实惠的、解决问题的。这种意见，哪怕有时提得相当直率、相当尖锐，因为对稿件水平的提高、质量的加强能够起到实际作用，对作者帮助很大，所以，作者是会欢迎的，是切实可行的。

为了充分准备这种修改意见，与作者认真谈好这种修改意见，编辑人员开始接触原稿，在写审读笔记和整理各种感受时，不仅要重视宏观的总体性的印象，而且要注意微观的细节处的把握。只有对总体性与细节处都有了全面的把握和认识，编辑人员才有可能对这份稿件作出准确的客观判断和公允评价，从而采取正确对待的措施和处理的办法。这样，对促使这份稿件修改得更好，以达到最令人满意的较高水平，便具有了

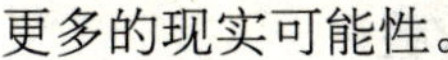

更多的现实可能性。

总而言之，编辑在阅读和处理稿件时，一切都是从“第一感觉”开始的。因此，要当好一名编辑，充分重视并珍惜你的“第一感觉”，确实是每一位编辑人员具体工作中的“开始曲”和基本功。

朋友，珍惜你的“第一感觉”吧！

1990 年 11 月 28 日

本文原载《新闻出版导刊》1991 年第 1 期

编辑要注意做人的工作

某文学期刊负责人，无故“毙”了一部知名作家的作品，而且外加了一句不轻不重的“政治评语”。作家们原来对这家刊物是趋之若鹜，主动送稿，甚至以在这个刊物上发表作品为荣。可是，那件事情发生之后，这个刊物的编辑去好几位原来曾答应写稿的作家那里索稿，竟连连碰壁，皆被“婉言推辞”。其中的因由，稍微敏感一点的编辑，自然都是可以意会的。

如果还需要我来“画蛇添足”，把这个事情说得再明白一点，这便是：现在的作家之间，大多关系密切，常有各种接触和联系，有的还称得上是“哥们儿”。“退稿”之事，他们自然早已“互通信息”。除了互相来往方便，现代化的通讯工具也很发达，往往一个电话就可以将一切情况立刻传达到千百里以外。所以，你本来是在处理某一位作家的某一部具体作品，实际上，你面对着的，绝不仅只是这一位作家，这一部作品，而是同时也面对着无数个相类似的以至不相类似的作家和作品。这种现实情况，对于编辑来说，实在是不可掉以轻心的。不然，编辑部就会因一部作品的处理失当，或得罪或伤害或丧失一大群作家，从而得不到他们的作品与支持。作家们对这个编辑部以冷漠的态度视之，不愿给予合作与支持，这个编辑部便等于自己孤立了自己，刊物当然也就很难办好了。

由此，我们理当得到一些启示。

首先，千万要掌握好党的方针政策，运用马克思主义科学原理和唯物辩证观点去慎重处理各种稿件、各种问题。

毛泽东同志很早就明确指示我们：“政策和策略是党的生命。”特别是经历过几十年我们党内“左”的或“右”的错误，对这个问题更应该时刻警惕。编辑部在掌握方针政策上的失误，往往最易伤害人心，丧失作者。只有严格按照党的方针政策办事，运用马克思主义科学理论和辩证唯物主义观点，深刻地总结并吸取我们党历史上的种种经验教训，谨慎地区别和处理好具体问题，准确地鉴别和分析具体作品，从实际出发，实事求是，才能团结众多作家围绕于自己的周围，以保证编辑部稿源丰富，质量优异，促进编辑与作家的协力合作，来共同办好刊物。

其次，要做到平等待人，尊重人格，特别是对待作家这类知识分子更应时刻注意这一点。

你当编辑，有那么一点权，对稿件能够决定用或者不用，可以“砍杀”甚至“枪毙”作品。作者有作品自然也有权给你，或者不给你，或者原来要给你后来又改变了主意，另给别的报刊。一篇稿件，你可以不喜欢以至不用，但不要随意贬损，更不要主观臆测，妄加政治评语。那是以权压人，以势欺人，在一定程度上甚至可以说是对作者人格的不尊重以至侮辱。那种编辑的官僚作风，往往最伤害作者的自尊心，最易弄僵以至破坏与作者的正常关系。我们理应特别注意。

其实，编辑与作者都是为了一个共同目的，即为办好刊物，出好书，繁荣和推动文学创作。因此，彼此之间是朋友，是同志，应该是平等的相互尊重的友好关系。这样，才能在艺术上互相学习、共同提高，有问题互相切磋、共同商量，从而不断增强作品的思想和艺术质量，携手合作，把刊物或出版社真正办好。

再次，要注意尊重知识，尊重人才，特别是对作家劳动的格外珍重和爱惜。

一般来说，稿件能够发表，编辑与作者的关系比较好处理。如果稿件不被采用，那么就需要编辑特别审慎地对待了。

据有经验的老编辑告诉我们，不准备用的稿件，当然可以退。但，退稿时千万要珍惜作家的劳动，对于所退的稿件、特别是那些篇幅较长的稿件和作家花费了大量劳动与心血的作品，其中的优点部分要给以充分的估价和足够的肯定。这一点，在对具体稿件的处理中，是十分重要的。

这样做，绝不是为了讨好作者，顾虑假的面子，而是抱着科学的实事求是的态度，认真地尊重知识、尊重劳动的做法。只要你把作家的主观构思、创作意图和艺术追求理解得比较准确，谈得比较恳切，那么，作者马上就会感到你读稿的认真，鉴赏的有水平，因而作者与你之间顿时便觉得亲近起来，不说一定能够获得知音之感，也大多能够在一定程度上取得某种相互理解和共识。这样，即使你后面谈出作品的某些弱点以至严重的不足，决定将稿件退还给他，他也比较容易接受，即便还有一些不同的想法，也不至于产生很大的抵触和反感了。这种关系，自然不会弄僵和搞得很坏了。

最后，编辑处理稿件和问题如果确有错误或不当之处，亦应当及时加以改正，做一些补救的工作。

有错就改，处理不当及时纠正，这是共产党人和正直的知识分子所欣赏和赞成的。即使时过境迁，那篇稿件不好再用，如善于向作者解释清楚或做必要的道歉，编辑与作者的关系也是可以重新修好的。因为，作家写出作品总是需要发表的，只要你态度真诚，真正尊重作家的劳动和人格，他的心理就会获得平衡，那么，期待他的继续支持也便有了可能。这里，关键是我们要处理得当，态度恳切，那样，与作家搞好关系，一般来说，也不是很难的。

当然，编辑要认真做到上述各点，也实在不是很容易的。这对于文学编辑来说，除了是一种对劳动态度的检验以外，还是一种对艺术修养和鉴赏水平的检验，同时，更重要的，是检测编辑对作者各个方面(包括生活、思想、性格、人品以至艺术水准等方面)是否有正确的认识和看法，是否能够很好地理解并把握住作者的心理。真正把人的工作做得好，做到家，那样，你才能够真正做到与作者情感相通，心心相印，使作家信你、服你、交你、认你。

所以，一位称职的优秀编辑，必须学会并充分注意做人的工作。每一位作者，都是一个活生生的、有思想有感情的人，而且他是有广泛交往和社会联系的人。你能认真做好某一位作者的工作，不仅对这位作者的成才和发展会有很大的促进与支持，而且对类似的一批作者自然也会产生影响，便可能进一步吸引和团结他们围绕于编辑部的周围，不断给予编辑部各种支持和帮助。这样，报刊或出版社的工作便可以做得更好，为办好期刊，多出好书，为推动我国社会主义文学事业的发展和繁荣，我们也就可以做出更大的贡献了。

1992 年 4 月 15 日

本文原载《新闻出版导刊》1992 年第 5 期

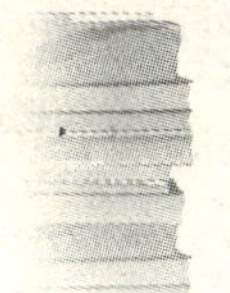

当前文学编辑的组稿和选稿

当前，我国文学发展沉稳、平实，缺少奇峰秀木和“轰动效应”。因此，许多文艺出版社或文学期刊，常常遇到组稿难、选稿难的情况，特别是为每期的重点作品和文章，为每年的重点书稿和长远计划，颇费踌躇和斟酌，真是往往难以决策和定夺。

根据最近几年来我和我的一些编辑朋友的工作实践以及所见所闻的有关情况，特将当前文学编辑在组稿和选稿中所遇到的问题和我们的思考归纳为下列几点，供大家共同研究和探讨。

一、抓住个性　突出特色

在符合党的政治原则和方针政策的前提下，文学编辑的组稿和选稿，要特别注意作家的个性和作品的特色。比如，作家在选材、风格、流派、语言等方面具有哪些独特的个性，或者他们的作品所具有的民族特色、地方特色，以及在生活上、思想上、艺术表现上的某方面的特色。对这种个性和特色，应该进行纵向的比较，即与过去的文学创作比较；更应该进行横向的比较，即与当今中外文学创作比较。在比较中，注意抓住作家独具的个性和作品中所表现出来的某种独异的特色。这一点，在近几年来我国文学创作来稿多数质量一般、水平不高的情况下，更需要编辑具备锐敏的眼光，善于分辨不同作家的个性，抓住不同创作的特色。这种编辑的特殊素质和鉴别能力，在今天显得特别重要。

就我经手较多的当代长篇小说创作来说。近年来，我们人民文学出版社当代文学编辑室在组稿和选稿上是这样具体安排和落实计划的：

一方面，我们紧紧抓住两部大规模、多卷集的长篇巨制，即周而复的系列长篇小说《长城万里图》(长达300万字以上)和王火的《战争和人》三部曲(总约160多万字)。这两部创作，具有显著的共同特色，即都是全景式地描绘整个八年抗日战争的宏伟历史画卷。这种全景式的长篇画卷，在过去反映抗战生活的文学创作中似未见过。过去多系描写某个战斗或事件，某个城市或乡村，某一个或几个中心人物的抗日故事，只是反映伟大民族解放战争的某个或某些局部斗争生活。显然，那样的作品与现今这两部创作比较，今作具有规模宏伟、反映全面、人物众多、背景广阔等明显特色。同时，这两位作家选取生活及艺术表现又有自己的鲜明个性：周而复是通过敌、我、友三方高层人士和抗日战争的重大事件去全面反映中国人民伟大的抗日民族斗争，王火则主要通过一家父子两代人经历抗战各个阶段而引起的思想和精神变化来全面表现抗日战争生活和我们民族历史的发展趋势。可以说，这两部书都称得上是具有相当高的审美价值和艺术特色的优秀长篇小说。因此，尽管这两部小说创作和出版时间延续较长，但我们始终不懈地坚定支持其出版发行。无疑，这是对编辑长远眼光的训练和考验，也是对编辑毅力和精神的磨砺。

另一方面，我们注意选取那些具有某方面独异艺术个性和特色的长篇小说作家和作品。这是在众多作家、作品和大量来稿中分辨优劣、审慎挑选的严肃工作。比如，李伯屏以一生经历和心血构思写成的长篇小说《魂梦》(作家完稿后几个月即病逝)，从一辆坦克5位乘员自抗美援朝到“文革”后几十年的人生旅程，形象地反映了我军装甲兵的成长发展过程，作家强烈的思想感情和丰富的人生体验，使作品具有了很不一般的思想艺术特色。姜树茂的《常乐岛》，通过几个独特的人物，把改革开放如何掀起僻静小岛的生活波澜和人们的思想蜕变，饶有情趣地展现出来。张长弓以老到、娴熟、炉火纯青的形象笔墨，蕴蓄深沉而又出于自然的艺术描绘，反映出改革中金矿错综复杂的现实矛盾和思想斗争，似浅实深，似虚实实，似假实真，似平易实难为，似简单实丰富，似嘲讽实血泪，似寓言实现实，其《追踪金的黎明》是有独到之处的艺术佳品。作为诗人的木斧，首创长篇小说《十个女人的故事》，以回族作家的身份第一次描绘我国南方回族人民数十年生活的形形色色和绰约多姿，其艺术描写和构思布局的特色也是别具一格的。

由于在众多作家作品中，挑选并抓住了某些独具特色和艺术个性的创作，所以，我们的一些书籍出版后，在目前文学平稳发展的情况下，也受到了文艺界及读者们的重视和注意，这实是对我们编辑工作的一种肯定和赞誉。

二、发现新作 扶植新人

文坛上不断涌现新的作家、新的作品，这是文学迅速发展而充满活力和蓬勃朝气的重要标志之一。近两三年中，前些年活跃于文坛的作家，由于各种原因，继续执笔写作者渐少，有的也许是必要的精神调整，有的也许正酝酿着更宏大的创作计划，故而当前报刊上常常出现一些新名字。这是新陈代谢的自然规律和文学发展的波澜起伏，是可以理解的现象。因此，当前文学编辑要想组织和选择到较有特色和新意锐进的创作，把目光更多注视到新的作家身上，追踪着新人的足迹，与文学界一些新兴作家建立密切联系，这便成为事业的需要和现实的要求。

我们人民文学出版社在编辑工作中，始终注意着年轻作家的创作状况。七八年前，我们出差南方，就结识了作家王川。他当时主要写中、短篇小说，但心目中已有一部酝酿已久的长篇小说创作计划，我们便毫不犹豫地向他组稿。果然，作家经过充分的准备和几年艰辛的写作，《白发狂夫》写成交给了我们。作家本来是从事绘画艺术工作的，由他来写他熟悉的著名画家的一生，从而反映那个曲折复杂的时代及社会生活，常常是相当深刻的。作品于去年出版后受到了王朝闻、冯牧等专家学者和众多读者的好评。王川，无疑是今日文坛上一个新名字。再一位是女作家李汉平。也是在七八年前，我们出版了她的处女作《梦·泪·梦》，在文坛崭露头角。她由一位杂志编辑成为专业作家。这几年经过学习、思考和艺术上的试验，她在创作上不断进行新的探索和追求，她的小说更加具有了独创的特色和抒情的风格。新近我们从她三四部新作中挑选《记忆门》来推出，显然对这位新作家的成长和发展具有重要意义。还有一位更年轻的作家——莫怀戚。他是近几年才出现在不多几个报刊上的新名字，但是，他所创作的社会心理推理小说却是别具一格的。我们组织并出版他的《大律师现实录》，即不是一般的道德、伦理题材，又不是中外常见的侦破、推理小说，而是从我国国情和生活现实出发，选择那些在公安机关不好立案，但又是社会生活中常常在一段时间里可能缠扰着人们心灵的相当常见的社会现象，诸如匿名威吓电话、弃婴收养问题、开快车吓人误伤等等，及由此引发出来的复杂人际关系和社会矛盾。作家在描绘故事发展的同时，塑造了一位聪明的业余律师的艺术形象。他引述古今中外各种观点及真事与传闻，头头是道地为当事人阐释、剖析、排忧解难，使有关人物心理获得平衡，精神得以安宁，最后解除了有关的矛盾和问题。这种小说，显然是具有中国特色和相当的独创意义的。

在组稿和选稿中，由于我们时刻注意发现新作、扶植新人，故而使我社的小说出版常有新的作家和作品，也使文坛具有了一股新的气息、新的色泽。

三、雅俗共赏　两个效益

从当前文艺书刊出版难、销售难的现状来看，出版社和期刊社要继续维持下去，不能不用一些心思考虑经济效益。但又不能仅仅看到金钱。我们必须首先注重社会效益，即文学编辑要有长远眼光，要为社会主义文学发展做出自己应有的贡献，我们从事编辑出版工作，不能愧对历史，愧对子孙。但是，我们今天的出版事业又必须继续存在和发展下去。所以，从当前文学编辑工作实际来说，我们在抓高质量的优秀创作的同时，也应尽力抓到一些雅俗共赏的作品，以求得两个效益同时皆好。

人民文学出版社近年注意组织和挑选了几部雅俗共赏的作品，即思想上、艺术上都具有较高水平，可能在社会效益和经济效益两方面都会取得较好的效果，如上述莫怀戚的《大律师现实录》便属于这类作品。刚拿到手里不久的、老作家马识途的《雷神传奇》，是以四川评书的形式来讲述当年大巴山红军的革命斗争故事，以及以作品情节引人、故事性强为创作特点的杨佩瑾，他新创作的长篇小说《黑眼睛天使》等几部小说，我们认为，均属于这类雅俗共赏、两个效益皆可以兼得的作品。

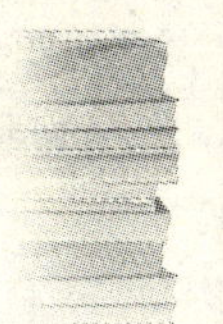

四、排除干扰　打消疑惧

应该说，我们今天的作家队伍思想艺术素质都是相当不错的，他们的创作水平比十年二十年前大多有明显提高。但是，毋庸否认，随着经济浪潮的席卷而来，在现今一部分作家中，有的信奉拜金主义，拿出一部作品便千方百计以高价“兜售”；有的以性、奇、险、怪去招徕读者，刺激读者；有的走后门，拉关系，请客送礼，甚至企图倚仗权势；有的设权谋，搞投机，迎合编辑部门的某种“需要”；有的为一部作品找两三个“婆家”，以抬高身价等等。这类情况，虽不是很多，但腐蚀力极强，有的报刊或出版社的少数工作人员也有意助长此类风气。当然，这类情况的发生有种种复杂的原因，我们要善于分析和辨别。但此风不可长，此风盛行是大大不利于社会主义文学的健康发展和繁荣的。

文学编辑应该拨开今日现实生活中的那些迷雾，排除种种干扰，打消在经济浪潮面前出现的各种疑虑，放开眼界，认清主潮，辨别真伪，在纷纭变化的文学现象和头绪繁杂的编辑实践中，不断加强和提高自己的编辑素质和修养，使自己神清目爽，眼光锐敏，便能够相当准确地去寻找并捕捉到那些闪射光彩的、具有真实价值的优秀作品。

1992 年 4 月 9 日

本文原载《中国出版》1992 年第 6 期

关于作者、编者、读者的杂感(五则)

读稿优先

也许是个人性格的关系，我在编辑工作中，从来不积压稿件，喜欢“先读为快”。把一切来稿都尽快处理完以后，再去做别的事情。包括我分工审理长篇小说书稿的工作期间，也做到了先读、快读来稿这一点。因为，我觉得，“巧妇难为无米之炊”，稿件是编辑手中的“米”；及时发现好“米”，下锅做饭就不成问题了。

也许是我常写点东西的缘故，比较能够体谅和理解一位写作者的心情。写作者完成一件作品(不管作品长或短、大或小)，都好似母亲分娩的婴儿，总寄托着一份关爱，一份情感；如果需要修改，也是“趁热打铁”的好。搁久了，“连黄花菜都凉了”，再炒那还有什么味道。

有一位德高望重的老编辑家说过：作家是编辑部的衣食父母。如果我们经常把作家的稿件晾起来，那么，反过来，作家也会把编辑部同样晾起来。那样，你怎么办好刊物？

在多年编辑工作实践中，我理解了一些老编辑与作家们之所以存在异常亲密的真挚情谊，其中，尽快地、认真地阅读稿件、处理稿件，充分尊重作家的辛勤劳动，这显然是十分重要的一环。只有相交而又相知，才能建立一种亲密关系。有了这种亲密情谊，在阅读稿件的时候，犹如友人就坐在你的面前，你就会带着情感、设身处地地去了解作家、理解作家所写的生活和人物，从而与作家有较多的共同语言，也才有可能取得作家对你的信任和尊重。以后，他有了得意之作，自然便首先会想到你。

编辑应当经常与作者们保持紧密而亲切的友好关系，这是刊物编辑部必不可少的一条生命线。可惜，现在有的编辑部，尤其是个别年轻编辑，旁骛太多，作风草率，看稿马虎，加上拖拉、迟缓地处理稿件，自然使这样的编辑丧失一些作者，也会使编辑部的信誉受到一定的损失。这是应该警惕并得到及时纠正的。

显然，读稿优先，是编辑品格、编辑作风的问题，也是一个编辑部、一个出版社能不能够不断拿到优秀稿件很关键的一个条件。

1997 年 12 月 10 日

本文原载《文艺报》1998 年 2 月 12 日

多读作品

有人认为，搞文艺评论和研究的自然应该多读作品，可是，在报刊编辑部和出版社当文艺编辑的则不同，我们整天看稿件都忙不过来，哪里还有多少时间去看那么些作品呢？

其实，要做好文艺编辑工作，特别是搞文艺报刊或图书出版的人，经常多读作品是非常重要的。因为，广泛地阅读各种作家、尤其是新作家的新创作，不仅可以增长见识，了解文艺现状，发现人才，及时推出新人新作，而且可以紧跟时代，把握当前文艺发展趋势，在对众多作家作品进行互相参照和比较中，迅速提高自己的欣赏水平、鉴别能力和编辑业务才能。这对个人、对工作都是大有好处的。

20 世纪 50 年代末到 60 年代初，我在《文艺报》编辑部工作。当时，领导上将全国各地文艺报刊分工给每个编辑阅读，发现优秀作品及时组织评介，在“新收获”栏目内推荐，重点作品另外再请人写专文评论。同时，每过一两个月，编辑部要召集会议，每个编辑要汇报自己的阅读情况，大家互相交流，共同研究新的创作动向，从而拟定出新的选题和组稿对象。因此，当时的《文艺报》在全国具有较高的指导意义和阅读价值。

现在，有人开玩笑说：在五六十年代，像《文艺报》这样的报刊，尽管也重视文艺价值，但那时是在计划经济原则指导下，大多数稿件都是事先计划好的，有目的的组稿，然后再拿来发表的。现在情况不同了，是搞社会主义市场经济了，当然要考虑市场需要和读者是否欢迎……言下之意，现今已不大考虑对作品的研究和情况积累了，而时时考虑的是随市场来安排，摸读者的胃口而调剂。一句话，即注重眼前经济效益和编辑个人利益。

当然，经济效益和编辑利益都是需要考虑的。然而，现实情况是，文艺报刊编辑如果完全不研究和了解新的作家作品情况，那是很难办好报纸或刊物的。因为，如果编辑心中无数，他常常只能在忙乱中随意地抓一些稿件来发，什么人情稿、关系稿甚至权钱交易的稿件充塞版面，上对主编聊以交差，下对读者敷衍搪塞，这怎么能做好编辑工作，办好报纸或期刊呢？因此，近年一些报刊订数下降，不断失去读者，这一点不能不是一个重要原因。

当然，我们一些文艺报刊还算能够办得下去，其中也确有一些骨干编辑在起着顶梁柱的作用。他们不愧为优秀的编辑。据我所知，有这样一位很负责任的编辑，他经常阅读各种报刊，往往敏锐地发现一两位作品富有特色的新作者，他便主动去联系和约稿。每当编辑部等着头条下锅的时候，他常常能从自己的案头上拿出一篇佳作来及时顶上。这事在编辑部内外时常传为佳话。如果一个编辑部里有一两个以至三五个这么活跃的富有见识的编辑，那么，这个报刊编辑部或出版社肯定能不断抓到优秀作品或重点稿件。

从一定角度上，可以说，编辑人才和编辑的责任心，往往是办好一个报刊和出版社的基本条件和保证。如果没有一些这样称职的编辑，任何报刊和出版社都是不可能办好的。

1999 年 1 月 22 日

本文原载《新闻出版报》1999 年 2 月 10 日

新人优先

文学新人是作家队伍的新鲜血液。新人是未来，新人是希望。只有新人不断涌现，我们的文坛才会朝气蓬勃，新作迭现。因此，许多刊物编辑部都把发现新人、扶植新人当作自己的一个重要任务。有的刊物还规定，每期必有新人，而且设立了“新作者简介”的专门栏目。可见，欢迎文学新人在自己刊物发表作品，这是刊物需要的，也是文学发展所必需的。

当然，新人的作品应该与自己刊物的任务相一致，还应该达到起码的标准：60分。发现这样的新作以后，常常还需要与作者商量，做些润色和加工修改，使其在现有状况下尽可能好一些。而且，新人的第一篇稿件发表后，第二篇稿子应该要求更严一些。如果只是在原地踏步，甚至比第一篇稿子更匆忙，更不认真，那么，就只能直接退稿，以便将这个“席位”让给另一个新人。这样，便可以保持刊物上新人连续不断，刊物的质量也会随之提高。

然而，有的年轻编辑不了解重视新人的长远利益和战略意义。他自己本来就是编辑部里的新人，但他对新作者却往往瞧不上眼，有时很不耐烦，甚至相当粗率地对待他们的来稿。这是不应该的。在编辑部里，老编辑帮助年轻编辑，常常着重强调这一点。

客观上，年轻写作者的来稿多数质量不高，达不到编辑部的要求。正因为此，更需要编辑锐敏的眼光和智慧。编辑要善于从大量来稿中披沙拣金，独具慧眼，像古代的伯乐那样，敏于发现“千里马”。显然，这是编辑素质和编辑品格的一个重要衡量标准，也是现今编辑职称评定时相当重要的一条。

作为新人来说，自然首先需要自尊自重，写作时严肃认真，艺术上力争上乘，写完后不轻易出手，反复斟酌和修改，自己感到满意了，再投寄编辑部。这样，肯定会比较容易使自己的作品思想艺术上达到刊物所要求的水平，成功率自然会大大提高的。因此，编辑部优先选用你的稿件也就是合情合理的了。

1997 年 12 月 10 日

本文原载《文艺报》1998 年 2 月 19 日

体谅退稿

编辑部退稿总会有充足理由。但实际上，用稿容易退稿难。难在那些有一定影响甚至是知名作家的一般或平庸的文稿。还难在有的年轻作者的不理解。

俗话说孩子总是自己的好。作家的文稿，带着他的体温和情感，年轻作者也总是十分得意于自己的每一篇新创作，因此，对编辑部退稿往往很少有思想准备。

事实上，文稿确实有高低优劣的区分，互相一比较就很分明，选甲不选乙，明眼人一看便知。但是，在你这儿退稿，在他那儿放在重要位置甚至发在头条的，也时有所见。那可能是不同刊物宗旨、任务及对象有所差异所致。比如，同是文学刊物，有的主张现实主义，强调时代感和可读性，有的则搞“新写实”、“新状态”，甚至大搞“试验”和“探索”之类；同是文学创作，但倡导的观念、采用的艺术标准各有不同；还有不同编辑角度和眼光及审美情趣、艺术追求的差别；加上今日市场经济的影响和现实复杂的人际关系等等，都可以影响文稿的用或不用的原则和标准。所以，退稿是不足为奇的。过去，许多老作家都做过编辑工作，他们大多很理解编辑部。因此，对待退稿常常表示宽容和谅解。近日，作家刘心武、周涛等人，也不约而同地谈到退稿给予他们的激励和鞭策，以至由此而有深刻哲理的思索。能够面对退稿仍然不懈进取的作家是精神的强者，反之，一见退稿就大发雷霆或怨天尤人者，显然是狂傲或是艺术衰退的象征。

编辑发现新人或优秀作品获得表扬和奖励是常有的事，但编辑为编辑部、为读者以至为社会拒绝了粗劣、低质的(甚至个别有毒的)精神产品而受到肯定和表彰的事却非常罕见。

寄来编辑部的稿件，能用的总是少数，大量是不能用的，要退稿已很不容易(现在，因邮资增长，编辑部难以负担，大多声明一般不再退稿，但需要退稿的仍然不少)。难道这一点还不需要体谅吗？

1997 年 12 月 27 日

本文原载《文艺报》1998 年 3 月 5 日

勿寄主编

近些年来，我在一个刊物编辑部工作，大小是个主编，这才了解到不少刊物《稿约》中提到“来稿请勿寄给个人，更不要寄给主编”的真意。但现实状况是，越来越多的人常常将稿件直接寄给主编，说是企望得到更好的处理云云。

其实，按编辑部的规定，来稿是要经过初审、复审，再到主编终审，最后才决定是否选用。稿件先到主编手里，他颇为难：如先看看，可以用的稿件还好说，不能用的稿件就怕一下子把门关死了，以后这位作者感到无望，便不好再去投稿；如不翻看翻看，又似对作者不尊重、不礼貌，然后再转给编辑处理，来往不免耽误许多时间。

更耽误时间的是，主编大多事务繁忙，年龄较大，他常忙于开会或别的事务；他出差外地，另有公干；他案头积稿太多，来不及处理……以至积劳成疾，体弱多病，甚至重病住院，不能直接经管来稿，也是常见的情况。多年担任《当代》杂志主编的秦兆阳先生，已于 1994 年仙逝，迄今却还有人给他来信来稿寄到编辑部。这怎么处理？一方面，说明秦老为人品格感人，在作者们心里有崇高威望；另一方面，按有关规定，这样的函件是只能退回给作者的。这样，不是大大地影响这件来函的处理吗？

当然，我这里不是指主编的老朋友，或者主编直接约稿的新朋友，那些人不在此列。除此以外，如果大量作者都直接将稿件寄给主编个人，主编成了主要收发稿人员，刊物编辑部显然便没有存在的意义了。

事实上，好稿子总是会到主编手上，差的稿子却常常是与主编无缘的：关键是稿子质量的优劣，而不是信封上写不写主编的名字。因为，编辑部和主编都是要面对广大读者，每期刊物都是要对读者负责的；刊物出版后，读者也是会对刊物作出评价，甚至横竖挑剔的。

1997 年 12 月 9 日

本文原载《文艺报》1998 年 2 月 5 日

终身受益
——叶圣陶先生的一次讲话

对叶圣陶先生，我仰慕已久。

上学时，我读过他的作品和文章。大学毕业后，我在中国作家协会主办的《文艺报》编辑部工作。1961 年夏天，我工作不到两年，便获得一次机会，在位于王府井大街 117 号的《人民日报》办公楼顶层会议大厅里，亲耳听到叶圣陶先生对编辑、记者的一次讲话。叶老这次讲话，使我终身受益，至今不忘。

那一天，已经六十七岁的叶圣陶先生，是应《人民日报》编辑部的邀请，给那里的编辑、记者讲一讲如何做好文学编辑工作。叶老就挑选了此前不久在《人民日报》文学作品版上两位年轻作者发表的文章，逐字逐句，一段一段，条分缕析，进行具体的讲解和剖析。他讲了文章中哪些地方写得好，写得对，但侧重面主要是讲哪些地方用词不当，文句不通，文理不顺，词句以至段落之间没有很好呼应，缺乏自然逻辑之类。其中有一位作者我是很熟悉的。他是我们《文艺报》编辑部的同事张葆莘。他比我年长几岁，当时在许多报刊上已发表过小说、散文、随笔等等。他的作品自然是我这样的年轻编辑关注和学习的一个对象。他在《人民日报》当年 7 月 9 日发表的散文《铃铛》，刚刊出时我就读过，当时没注意有什么问题。可是，经过叶圣陶先生逐一剖析和讲解，竟是问题百出，处处都有不通、不顺、不合道理的地方。我听了不禁汗颜。我曾反问自己："我怎么就没有发现这么一些问题呢？"当时，叶老非常有耐心地边念边讲，很细致、具体地从文字、写作、编辑、知识等方面进行分析，既深入浅出，又有说服力，既有编辑工作的实际体会，又有独具慧眼的精到

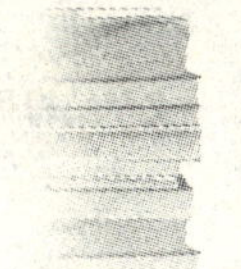

见解，使我这样的青年编辑确实感到振聋发聩，感触良深。至今，我还时刻记起叶圣陶先生的这次讲话。现找出《铃铛》一文，结合这些年来我在编辑工作中的体会，大略分述如下：

一、语言文字在实际运用中的内在逻辑问题

一篇文章，特别是文学作品，从它的第一句话开始，到最后一个字，应该是一个完美的整体。叶老认为，文章的第一句话写下来了，那么，第二句话就必须连接着第一句的意思发展下去。以后，各句、各段之间的承续或呼应关系，同样应用这个道理。不能前句说东，后句说西，前言不搭后语。不能相连的一句一段各说各的，任随作者主观地想怎么说就怎么说，想怎么写就怎么写。文章中间的各个段落是连续发展，逐层深入，发挥相互紧密连接的关系，以最后形成全篇文章整体结构的严谨与完美，不要互不联系，互相矛盾，或者从中断裂，形成零碎、混乱的搭配。

比如，在《铃铛》的第一段文中，开始作者客观地叙述一位老中医，采取常用的第三人称叙述法，即他如何如何。可是，文章马上便不再用“他”，而是用作者站出来直接向读者说话的方式介绍说：这“便是我们要谈的这位老大夫”——赵凤桐；接着，文章又转换主语，去叙述那个已经蒙上一层厚厚绿霜的铜铃——它，从人又转换为物。于是，接着便大说“它”如何如何。然后，“它”又唤起对“他”的述说，“他”的愁思与欢乐……总之，在短短的一段话里，几句话就变换了几个主语，人称显得混乱，叙述的事情便搅成了一团。在这里，语言文字的运用随着作者主观意志而随意转换，完全不管客观情况如何和语言文字表情达意的合理逻辑。

第二段，文章写到在“丁零丁零”的铜铃声中，主人公回忆起他的过去：“他看见自己”——这个“自己”，是过去那个单个的具体的自己，还是过去自己那个家族，祖祖辈辈的那许多个“自己”？显然，文字表达的逻辑是混乱的。文章中一会儿写成“老赵先生”、一会儿又写道：“老赵先生死了，又有小赵先生，小赵先生变成老赵先生时，又有了新的小赵先生。”作品主人公到底是哪一位？是第几辈？他的身份混杂不清。赵凤桐

什么时候是“小赵先生”，什么时候是“老赵先生”？他和他的祖辈被搅和在一起。

像这类语言文字表达逻辑上的混乱，叶老连续举出了好些个地方。然后，他指出：我们在语言文字的运用上，一定要注意前后的自然顺序与内在逻辑。这不仅是文字叙述事物的发展和词句顺序问题，而且是与词义、词性及整篇文章的内容紧密相连的，其中有语言文字运用时的内在规律问题。这里，尤其是文章主语的使用，不可来回变换；需要变换时，文字中一定要仔细交代明白。

叶老的具体解释和分析，使我清晰地感受到：我们写文章，当编辑，运用语言文字的时候，不可以随意去堆砌和组合，而应当认真地研究每个词与词句之间，每段话语与话语之间，前面与后面之间的联系，语言文字在实际运用中必须充分认识并掌握其内在逻辑和自然规律。其中，特别应当注意：每篇文章都是一个自然完美的整体，相互间都应当是一个有机的联系。

二、生活的自然发展和语言的顺序铺叙问题

我们使用语言文字，是为了表情达意，为了表现客观现实生活的实际状况或说明某种道理。语言文字的叙述顺序，应当符合客观实际生活的自然发展，有前因，才会有后果；有起始，才会有发展。事物的因果和发展，皆有一定的规律和道理。否则，就会让人感到突兀，违反了生活的自然逻辑和事实的客观规律，在语言文字的表达上亦会出现颠倒、混乱、矫情、做作的情况。

比如，文章中说，“条件是他亲自带领这个青年人再到城外郊区出一次诊”。这句话里，“条件”，“出一次诊”，“城外”再加“郊区”等用法都有毛病，前面文字没有说他去过城外，这里怎么说是“再”到城外？显然文理不顺。文章中写道：“他用手提铃环，举到耳边，轻轻摇了几下，它响得还是那么清脆悦耳。”前面文字提到木箱里的铃铛，却没有说到它的声音，这里怎么说是“还”是那么清脆悦耳？叶老指出：前面没有交代和叙述，马上就用“再”或“还”，以及“也”、“又”、“仍”等字，在叙述的顺序上，在生活和事物的发展上，是不合逻辑的。前面有了“一次”(或实际上

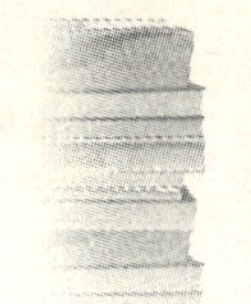

的某种具体叙述），后面才能用“又一次”、“再一次”、用“仍然”怎样，用“也”这样，“也”那样。虽然，你在后面的文章中可能会有补叙，但在前面不能预先就用上它。如提前“预支”，自然便会出现前后颠倒，时序混淆的情况。

叶老认为，此文中连续写了五次“丁零丁零！”其用法也是有毛病的。在这里，作者是借用那位老中医过去行医时手里拿的那个铃铛的声音，每用一次“丁零丁零”，接着就描绘一段老中医的经历：仿佛他手里摇着铃铛，在一段一段回忆他年轻时随父行医、敌伪时期、到洋人办的医院里为人治病及解放后当中医科主任医师的经历。文章最后还用了一个“丁零丁零”，这好像是要人读来富有余味。然而，读完之后，却会让人产生一种莫名其妙的感觉。

叶老指出：作为一种艺术的构思，想用一种巧妙的方式把老中医的四段分散的经历连接起来，作者在这方面是花过一些心思的。但这种连接方式问题很大：一、在生活中，老中医解放前行医是摇着铃铛，引来病人，就给人看病。但不是摇一次铃铛，就那么一大段经历。文中所写的经历，是一段历史，是一个过程，也是像摇铃铛一样那么短暂的一瞬。二、文中说：“这铃铛刚响，时间就变了”。这句话表达就不清楚。而且，从文字上来看，这是现在进行时的表达方式，与主人公回忆过去更不搭界。三、如果说前两次经历，即赵凤桐随父行医和敌伪时期行医的两段故事，可以说是摇着铃铛去的，那么，他到洋人办的医院里去偷偷给人治病和解放后他当主任医师给人看病，这两段经历就不会是摇着铃铛给人看病了。第五次使用“丁零丁零”则是完全与看病没有关系。所以，这种以铃铛的声音串连全文的办法，看起来是待斟酌的，甚至是不恰当的。

从叶老的分析中，我体会到，我们不管写什么文章(包括允许虚构和想象的文学创作在内)，在使用语言文字的时候，必须注意：第一，叙述符合生活自然发展的客观实际，不可违反和颠倒；第二，语言文字需要顺序写来，依次铺展，不可混乱和无序；第三，语言文字注意前后必然的连续，有些转折看似偶然，其实并不偶然，偶然中往往有必然的因素存在；第四，作家的写作，自然会有主观的感情色彩和艺术的独自创造，但这种创造不是主观与客观的脱离，不是矫揉造作，不是形式上的玩弄和表面上的花哨，而应当是更自然，更完美，更符合生活的典型特征和独具意蕴的生活真实，语言文字与客观生活是自然融会，自成境界的。

三、一词、一句、一个标点，皆非小节的问题

编辑工作的一个重要方面，是要注意对文字的加工、修改。叶老时时刻刻都很重视这个问题。他在分析《铃铛》等两篇文章的时候，讲得最多，最频繁的就是用词、造句和标点符号的使用等问题。他认为，在编辑工作中，这绝不是一个小节的问题。

在《铃铛》这篇散文中，“‘丁零丁零！’这铃铛刚响，时间就变了……”这里文理不通，显而易见。紧接着，文中写道：“他看见自己牵着一匹系着这铃铛的毛驴。”主人公是在回忆几十年前的事情，怎么会是“他看见自己……”？这“看见”一词，不能这样用。后半句说毛驴系着铃铛，这是可以的。但是，“铃铛”之前加“这”字，成为了“这铃铛”，那即是指上面所说的老中医手上摇的那个铃铛，那铃铛怎么成为了这铃铛？后语与前言显然出现了矛盾。如果说把手里摇的铃铛挂在了毛驴身上，那么，文章中却又没有交代。看来这两处所说的铃铛不是一回事情，文章弄得含混不清。

从《铃铛》整篇文章看来，作者是想歌颂老中医热忱为病人服务的精神，但语言表述前后不一致。前面说，1944 年一位新四军的病人赞扬赵凤桐：“你不但医术高，还能想尽办法为病人服务。一个真正的好大夫的才能不仅表现在他的医道的高明上，更表现在他怎样为病人服务。”后面却写道：“这时他耳边又响起了那个新四军病人的话‘只有想尽办法为病人服务的大夫，才是真正的好大夫’！”前后文字都加了引号，但却有明显出入。叶老强调说：前后话语即使意思相近，但一篇文章中出现引用话语，前后文字这样大的出入，显得太随便了，实在是编辑工作上的失误，尤其是作者想重点强调的话语有此失误，对文章的内容自然会有损害。

文章后半部分，说一位病人“神志不清已二十多天，最后有七天滴水不进。”从下文的交代，这并不是病人的最后七天。后来，农民到了城里请医生，医生到村里时人们还惊喜若狂哩。接着，文章又写道：“这几天正赶上发大水。”那么，农民进城是怎么走的？老中医和青年大夫是怎么会到处借澡盆，然后每人坐在一个澡盆里竟冒着大水去村里？那位请大

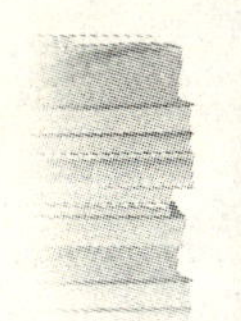

夫的农民怎么后面没有交代？他到哪里去了？这里，不仅是语言文字上的毛病，而且，可以看出作者真正是在“做”文章。其矫揉造作，情理不通，不只是妨碍了情节的表达，更重要的是大大影响了文章思想内容的吸引力和感染力。

叶圣陶先生分析两篇短短的文章，讲了半天时间。一字一句，他讲得很细，很认真，深入浅出，其中包含着殷切的期望和深刻的道理。尽管叶老所讲的每一句话我不可能全都记得那么清晰，但叶老所讲的主要内容，特别是他对编辑工作一丝不苟、兢兢业业的那种为人品格，那种诲人不倦、直言不讳的坦荡胸襟，他对编辑工作那种诚实、负责、锱铢必较的作风，以及他丰富的学识，都给了我终身难忘的印象。

后来，每当我想起叶老的这一次讲话，叶老的人格和精神，叶老对编辑工作极端的热忱和极端的负责，对后辈的严格要求和殷切期待，都使我的心灵里感受到一种无形的力量，鼓舞并鞭策着我在编辑工作实际中不断思索，勤奋学习，兢兢业业，认真负责，努力做一名称职的编辑。叶老的话，对我真正是受益良深的。

1996 年 11 月 17 日

本文原载《韩江》杂志 1998 年第 4 期，后收入开明出版社 1999 年 5 月出版的《叶圣陶编辑思想研究》一书，还被多种书刊转载

第二辑

“文艺编辑学”随想

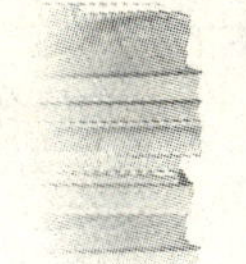

文学编辑的特殊素质

任何工作与其相近的工作都有一定的共性，同时，也一定会具有各不相同的个性。自然，文学编辑工作与其他编辑工作也具有自己一定的特点和个性。

我们所说的这种特点和个性，就是要求文学编辑应该具有工作前的某种特殊准备和工作中的某些特殊素质。

你看，当今报刊林立，新兴作家如雨后春笋！单以小说创作来说，每年发表于报刊的短篇小说数以万计，中篇小说约有千部，长篇小说也有一百多部。一个报刊或出版社的文学编辑，显然不可能全国都跑到，也不可能每个作家都去拜访。那么，你应当怎样联系作者呢？

同时，由于报刊和出版社之众多，单就出版社来说，党的十一届三中全会以前，全国只有105家出版社，近几年发展很快，数量已是过去的五倍，达到500多家。每个省、市几乎都有文艺出版社。每个出版社的编辑都想抓到高质、优秀的好稿子。在这样激烈的竞争面前，你将如何做好工作呢？

鉴于上述情况，我们自然更迫切要求每一位文学编辑应当具有某种特殊的敏感和特殊的素质。

对于文学编辑来说，这种特殊素质，主要是指除了与其他编辑工作应该具有共同的马列主义科学和哲学理论修养，文化、历史及社会、科学知识以外，还必须具有较高的文艺理论修养和文学鉴赏水平，特别是能够在纷繁而多样发展的文学现状中，从千百个活跃的作家和他们创作出来的大量作品中，十分敏锐而且准确地去发现并抓住那些大有希望的、充满着创作活力和朝气蓬勃的文学新人。而且，从这些文学新人和创作人才中，还必须挑选那些符合自己报刊或出版社客观需要和选题计划的那一部分。这实在不是一般的编辑素质所能达到的。

根据许多老编辑的实际经验和我的一些亲身感受，在具体工作中，大约可从下列几方面来认识和处理。

一方面，编辑要敏于从作家作品的微小差别和相近情况里，按照艺术规律和审美原则，去寻找作家的不同个性，抓住作品的不同特色。

应该说，对于作家作品那种明显的高低优劣、差别巨大、水平悬殊的情况，那是谁都可以很快分辨出来的。在实际工作中，我们经常遇到的困难是这种情况，即作家作品一般看来是差别不大、十分相近的。这样，常常就需要编辑独特的眼光，特殊的敏锐，要具有明察秋毫的艺术鉴别能力，具有洞明锱铢的深广学识和鉴赏水平。

比如，前些年文学创作界群星灿烂，众多作家一齐涌上文坛，同时，欧风美雨，各种文艺思潮，各种风格、流派，各种艺术形式、艺术表现，呈现出五光十色、令人眼花缭乱的局面。你拿来一部作品，能不能迅速地判断出它是什么风格、流派、思潮、手法，其情节结构、故事安排、人物刻画、语言功力、表现技巧、社会价值、审美意义等等，如何加以具体剖析，具体评价，以及最后决定你所在的编辑部要不要发表或出版这部作品呢？

近两三年，文学创作平稳、沉实，前些年一批活跃的作家不再写作或者写得很少，报刊上出现了一批新作家、新名字。他们所发表的作品，大多水平相近，差别甚微，很少崭露头角、大显锋芒的。这样，你又怎么在这一批新的作家中去挑选你要联系的作者、要发表或出版的作品呢？

就人民文学出版社编辑的鉴别和选择来说。前些年，我们出版了张洁的《沉重的翅膀》、秦兆阳的《大地》、朱春雨的《山魂》、焦祖尧的《跋涉者》等个性鲜明的优秀作品。近两三年，我们又选择了王川的《白发狂夫》、李伯屏的《魂梦》、姜树茂的《常乐岛》、邓贤的《大国之魂》等各具特色的佳作。

很明显，这都需要编辑素质的某种特殊培养和训练，尤其是需要具备那种见微知著的敏锐眼光和鉴别能力。

另一方面，编辑要善于从作家作品的纷纭复杂和变化发展里，抓住时代主潮，辨别艺术真伪，看清作家的生活积累、思想修养、文化根底，看他是否有发展潜力和创作实力。

近十多年来，文学发展迅疾，变化多样，不同时期常有种种不同的变化情况。标志时代主潮的特色，显示艺术流变的脉络，都需要编辑的勤奋和聪慧，不断地去进行分辨和识别。编辑要寻找各种机会，尽量多接触作家，及时发现并抓紧与有关作家建立联系。要与作家交朋友，从交往中掌握第一手材料，深入了解作家在生活、思想、艺术等各方面的根底和素养，识别不同作家的不同特色，把握作家的艺术追求及其发展趋向，进而挑选出好的创作人才，抓住那些具有深厚创作潜力和发展前途的作者，鼓励并促成他们尽早实现具有更大难度和更高价值的创作计划。

我们一些有经验的编辑，往往是作者在文坛刚露头角，发表不多几篇创作，还没有真正成名之前，就很敏锐地及早发现了他们，抓住了他们，与他们密切交往和联系，有的甚至成为知交与知音。此后，相当一段时间，便一直与这些作者保持不间断的联系，逐渐加深了解和友谊。这样，编辑就可以较有把握地挑选和组织到那些有价值的优秀作品。在当前文学出版界激烈的竞争面前，这样的作者也自然会将自己最满意的创作交给早有友谊、互相理解的编辑。

比如，刘心武发表《班主任》、张洁发表《从森林里来的孩子》、陈世旭发表《小镇上的将军》、高尔品发表一些短篇小说而初露头角的时候，有关编辑就早已紧紧盯住了他们，了解他们，研究他们的作品，与他们交朋友，并鼓励他们从事大型的长篇小说创作。几年后，他们相继创作出了《钟鼓楼》、《沉重的翅膀》、《梦洲》、《痴汉和他的女人》等产生了相当有影响的鸿篇巨制。

在这里，编辑从作家所具备的主客观条件，看他的生活积累是否厚实，思想品格是否高尚，文化艺术修养是否丰富，与时代、社会生活及艺术发展的关系如何，从而加以剖析和梳理，便会比较准确地估计和预测到作家的创作实力，他的艺术功力和艺术追求可能达到一个什么境地和多么高的水准。这一点，对编辑素质和鉴赏能力的特殊要求，也是显而易见的。

再一方面，编辑在接触到众多新涌现出来的作家时，不要被一时的潮流和表面的现象所迷惑，应当深入观察和剖析，认识并分清不同作家不同的品格和气质，以准确地扶植和促成真正的文学新人的健康成长。

历史事实说明，任何一个时期的文学发展，都是因为有一批新兴作家的涌现和推动所形成的。他们创作出一批具有时代色彩和社会价值的作品，从而显示了这个时代的文学成就，因此对人类文化作出巨大贡献的。所以，文学新人，常常是一个时期文学发展的骨干和主力，他们代表着文学的未来和希望。

就作家本人的品格和气质来说。随着改革开放，经济领域的活跃，人们的观念和意识发生了很大变化。过去，知识分子(包括作家)大多耻于谈钱，总是埋头于书斋，勤奋于写作，写好东西送交给编辑审阅，一般不善于言辞和交际，完全凭自己的文才和智慧与朋友交往，所谓以文会友、以文交友。这是过去一个时期较多见的文人作家形象。但是，现在时代不同了，有的作家开口就问稿酬多少，是否有什么优惠办法；有的作家同时与两三家报刊或出版社联系，以抬高自己文稿的身价；有的则请客送礼，走后门，拉关系；有的以性、奇、险、怪招徕读者，纯粹把文学创作当作换取金钱为目的的商品，凡此等等。他们之中，大多也有一定的写作才能，有的甚至显露出相当的才华。实际经验证明：真正的作家，未必不熟谙这类情况，未必不会很好地处理这类关系；但如果仅只是精于此道，在其中钻营的人，则肯定不会是一位真正有出息的作家。

所谓“文如其人”，这个话是相当有道理的。一位作家的修养、气质和品格，在相当程度上决定着这位作家的文品、文才和文质，特别对一位作家创作发展的将来和前景，更是常常产生着重大的决定性的作用和影响。这类实例，在文坛上实在早已不乏其人。

除上面那类情况以外，我们也可以从纯粹艺术气质的角度再作一点分析。所谓艺术气质，就是作家具有从事创作的那种对艺术的娴熟和敏感，对艺术的把握和表现，包括对艺术情感、艺术形象、艺术意境、艺术构筑、艺术语言、艺术手法的理解能力、捕捉能力和表现能力，一句话，就是艺术的创造和革新能力，从而使自己的创作具有一种特别的气息和韵味，能够有效地感染人、影响人的情态和思绪，表现在创作力方面则常常是富有朝气、充满活力的。其中，特别是对情感、对形象、对意境、对审美的理解力和表现力，显得是与众不同的、特殊睿智的，善于抓住特点和个性的。这种艺术气质，在对作品的具体鉴赏和实际工作中，人们常常是可以感悟得到、意会得到的，所谓“心有灵犀一点通”。但是，可以意会和感悟得到的，不一定全都可以说得清楚，全部能够用语言表述出来的。关键是每位编辑要多在实际工作中去亲自体会和总结。这种实践经验和对具体作品的鉴赏、剖析能力，对于做好编辑工作来说，是特别宝贵而重要的。这显然也是对文学编辑特殊素质的独特要求之一。

归纳起来，我和我的朋友们对文学编辑特殊素质的认识和理解，便是要求这样的编辑不仅具有甘为人梯的做无名英雄的品德，“为他人做嫁衣裳”的老黄牛精神，更重要的是具有伯乐的一双慧眼，具有渊博的学识和良好的修养，而且自己也是道德和品格高尚的人。

真正具有这种特殊素质和卓越眼光的文学编辑，是我国社会主义文学发展和繁荣的推动力量，是促进社会主义精神文明和物质文明建设的先进模范。我们希望有越来越多的这样的文学编辑。

1992 年 3 月 31 日

本文原载《编辑之友》1992 年第 4 期

长篇小说编辑的素质及其他

在文学专业的出版社中，长篇小说编辑占着十分重要的位置。分工搞这类编辑工作的，往往人数最多，比例最大，任务也最重。因此，搞好这方面的编辑工作，在一定程度上就意味着该出版社对社会主义当代文学事业的发展上所做出的成绩多少和贡献大小。

但是，在“文化大革命”期间，到出版社来“掺沙子”的和宣传队员，却有人公开说过：“只要认识汉字的人，谁都可以在这儿当好编辑。”在我们周围，一些人的头脑里也存在着这样一种逻辑：似乎只要认识一些方块字，在中文上有一定基础的人，就可以当好一名文学编辑。其实，事实远不是这样简单的。

在这里，我不准备直接评判上述看法的正确与否，只想从“怎样才能当好一名文学编辑”的角度，特别是想以解剖麻雀的方式，来说说做一名合格的长篇小说编辑应该具备哪些条件和文学艺术素质，同时谈到建立有关文艺编辑学的问题。

首先，长篇小说编辑必须具备关于文化历史和社会生活的广泛知识。

长篇小说的构成，除了作家的主观意识、审美追求和艺术表现等因素以外，另有两个十分重要的组成成分：一是长篇小说的内容总是脱离不开对社会生活的反映；一是从一定意义上来说，长篇小说是对过去文化历史的积累和总结。因此，如何去审视和理解一部长篇小说，编辑就必须具备相当深厚而丰富的关于文化历史和社会生活的广泛知识。

确实，小说创作与文化历史和社会生活具有不可分离的紧密关系。如描绘历史生活，其素材来自历史文献，轶闻传说等等，是有文字、有文化以来的历史记载，同时也是来自作家对现实生活的认识和体验，是文化历史的反映与现实生活的融会一体。如描绘当前现实，其素材虽然直接来自作家的亲身经历和见闻，但同时也是过去的文化历史在作家头脑中的凝聚和结晶。因为，作家的成长离不开文化历史的营养，作家对今日生活的认识离不开民族传统的观念，今日社会的发展也正是过去文化历史的延续。所以，文化历史与社会生活对于一个作家来说是缺一不可的。文学创作便是这两者融合于作家独特个体的审美表现和艺术显现，特别是长篇小说常常包容的时间跨度较长，人物形象众多，故事情节繁复，生活内容是多方面、多层次、多角度的，艺术构筑也是相当庞大、相当复杂、相当繁复的，作家对文化历史没有深厚的修养，对社会生活没有独到的见解，那是很难驾驭、很难成功的。

一位长篇小说编辑，每年总要处理十部以上至数十部稿件。作者来自山南海北，古往今来皆是其描绘对象。因此，作品或写汉唐，或写而今；或写工厂，或写农村；或写外贸，或写科技，内容十分广泛，包罗非常庞杂，时而出其不意。如果编辑所知不广，所学不杂，那将是很不容易审理、很不容易决断的。比如，我在一年内所接触的书稿中，就有写洪荒时代到现今人类的发展的，也有写原子能、人造卫星研究人员生活的，有写原始的大森林开发的，还有写南极科学探险经历的，对于人类发展、火箭技术、林业知识、南极研究……编辑似乎都应无所不包地有所涉猎和了解，否则，你就很难对小说描写对象提出中肯的意见和有益的建议，甚至于无法对书稿加以准确的判断和审理。

现今一些年轻的小说编辑，有的对知识量需要的广博(上下古今、南北东西)思想准备不足，对中外文化历史和社会生活常多片面理解和偏激认识，以为看小说书稿多是艺术欣赏，故事诱人，动人情志，全是那么有趣味、有意思的，而对于作为一个称职的编辑需要具有相当广泛的知识重视不够。他们对待生活，或满足于肤浅的接触，或自得于一隅的知识，或轻视于别样的行业，或浅见于身边的事物，因此，在处理小说书稿中变化多样的社会内容时显得生疏或隔膜，对理解众多的生活情节和细节多有把握不住或疏忽，工作起来觉得困难，具体处理书稿常感棘手。于是，有的人在写读稿意见时，或者感觉无从下手，不知所措，或者大而化之，隔靴搔痒，或者笼统对待，不着边际，提不出切中要害和关键性的修改意见，这实在是有负于编辑职责的。这种现象，显然是应当引起足够重视和加以认真改进的。

其次，长篇小说编辑需要认真研究长篇小说的创作经验和艺术规律。

从事某个专业，自然就应当认识研究并具体掌握某个专业自身的实际经验，深刻认识和理解其客观规律。做一名阅读长篇小说的文学编辑，则必须研究并熟悉长篇小说本身的创作经验，细致体会并把握有关的内在艺术规律。这样，你才能真正认清这种艺术形式的独特特征，以区别于其他艺术形式(包括与它相近的艺术形式，如中篇小说、短篇小说、戏剧文学、广播小说、电视及电影文学等)，并了解其相互之间相同或相异的种种关系，从而在审读原稿，鉴别优劣，给作者提出处理意见和修改建议时，才能在与各种资料比较的基础上，抓住要害，指明关键，突出重点，深中肯綮。

我们常能见到这样的编辑(虽然是少数的，但亦是不乏其例的)：也许是前些年政治运动频繁，极左思潮和教条主义的棍子横行，一些编辑往往把小说艺术问题简单地等同于政治原则，以政治上是否犯禁作为取舍标准，以思想内容作为唯一的准则，来判定一部作品的成败得失，因此，他们大多不太重视长篇小说本身的创作经验及其内在艺术规律。所以，在给作者提修改意见时，常常是空空洞洞的几条：什么思想性如何如何，什么现实性又是怎样，什么教育意义还有哪些不足等等，至于创作艺术和结构表现本身，却往往说不出个 ABCD；与作者直接交谈时，也不外乎是思想意义最好再深刻一些，时代内容最好再强烈一些，人物形象最好再典型一些，结构布局最好再完整一些，故事情节希望更集中一些，细节描写希望更丰富一些，文学语言还须更精练一些等等。作者听来，既觉得编辑讲得很对，又觉得编辑没讲出什么具体意见，当然更不可能抓住该创作的要害之处了。这种笼笼统统的空泛的一般化的修改意见，常常让作者哭笑不得，真是不知道具体如何下手修改为好。所以，这样的编辑，尽管工作认真负责，对待作者恳切、热忱，看稿、办事兢兢业业，但由于上述原因，对本职分工的那种艺术形式的有关创作经验和艺术规律缺乏深切研究和理解，因而这样便很难说是一名真正合格的长篇小说编辑。这是前些年历史现状形成的，是对编辑队伍的建设造成了很大损害的。我们应该记取这个历史教训。

一名真正好的长篇小说的优秀编辑，应该具有较好的艺术修养和高尚的审美意识。他在阅读一部长篇小说的时候，可以敏锐地一眼看出其主要成功之所在，同时指出其关键性的缺陷与不足。在与作者谈意见时，能够抓住主要之点，促进作者更好地突出作品的主要特色，同时克服和修改某些不足，使之更加成功和出色。比如，有一部长篇小说，其突出优点是地方特色及人物风情的描绘，但由于作者初次涉足于这个领域，在结构布局上有些松散，时间拉得较长，故事情节不够集中。这些不足是需要修改时着力加以解决的。如果只是一般地给作者随便提提，从主题思想、人物形象、情节结构等等笼统地谈一通，作者不明确重点和关键所在，不知道具体从哪里下手修改，那肯定是很难把作品改好的。有经验有见识的编辑就明确指出，让作者突出作品的主要之点，增强它浓郁的乡土气息和地方特色，紧紧围绕主人公的命运这个中心，贯穿人物坎坷经历的几个不同时期，将原来比较松散的故事情节串连起来，使之成为一部独具特色的长篇小说。这就是荣获首届“茅盾文学奖”的古华的《芙蓉镇》。

可见，按照艺术规律和审美需要办事，才能较好地突出和加强作品独特的艺术特色。要做到这一点，首先编辑的认真学习和研究有关创作经验及其规律是非常必要的。否则，你怎么能够去具体指导和帮助作者呢？

再次，最好要有文学写作的实践和体验。

俗话说：“不入虎穴，焉得虎子。”要学到并掌握一门学问，必须亲自深入于其中，既要认真钻研其理论，又要亲身参加有关的实践，才能最真切、最具体地把握某一项专门的知识。这虽然是极普通的常识，但要做到却是不容易的。对于一位从事长篇小说的专业编辑来说，进行文学的写作和练习，便是深入掌握本专业知识的一门基础课和必修课。

在我国五四以来的新文学发展史上，许多著名的编辑多系文坛上纵横驰骋的闯将。茅盾，最初是在商务印书馆编译所做职业编辑，同时也正是在那里开始了他的写作活动；叶圣陶，从年轻时起就一面学习和任教，一面积极参与期刊的编辑，同时发表了大量作品；其他，如鲁迅、郭沫若、巴金、丁玲、胡风、冯雪峰、郑振铎等一代名作家，一生中亦同时参与编辑了许多颇有影响的书刊……文学编辑与文学写作是相互促进、相得益彰的。在编辑工作中磨砺思想，锤炼文字，促进写作；同时，在写作中掌握艺术表现原则及具体艺术规律，又使编辑愈加成熟和老练。

从编辑工作本身来说，文学写作除了能使编辑比较深入地认识并体验创作艺术的细微奥秘，探视创作艺术的内在规律等等以外，还有另一方面的好处和优越性，即可以获得与作家交谈时更多的共同语言，给组稿、编稿提供更好的有利条件，这也是做好编辑工作应当具备的一种能力。比如，在我们今天的一些编辑中，有的人自己就能写写小说、诗歌、散文、报告文学或评论，他们本身就是作家，在外出组稿活动中，自然与组稿对象便成了天然的同行和朋友。由此，便可能围绕他们团结一批作家，那样，他们的活动范围和组稿能力显然就大得多，方便得多，最后取得的成效也自然会好得多。同时，在阅读稿件、与作家交换意见、谈论艺术问题、建议如何修改时，也比较容易发现作家的优点和缺点，容易抓住作品的主要成绩与不足，对于有关创作的提高、加工很有好处，可以提高作品的成活率，使作品具有更突出的艺术特色，达到一个更高的水平。如此，又可以进一步招来更多的稿源，联系更多的作家，使编辑工作做得越来越好。

所以，小说编辑有文学写作的亲身体验和实践，对于编辑工作不只是有利无害，而且可以说好处是多方面的。

最后，要随时掌握文学的现状及其发展趋势。

长篇小说创作状况，往往体现着一个国家文学创作的发展势态和审美追求，在一定程度上说，它也是一个国家文学最新水平的重要标志。编辑要想及时发现有创作势头的新作者，组织新创作，推进文学的发展，为社会主义精神文明建设做出新贡献，就必须密切注视和研究当前文学现状及其发展趋势。编辑只有具备一双锐利的眼睛，才能准确地把握并预测文学的发展前景，站在文学运动的前列，对促进和引导文学发展的新潮流采取切实可行的措施和办法，作出优异的成绩来。

编辑要具备一双慧眼，必须有很好的文化艺术修养，对当今文学领域各类创作形式(如诗歌、散文、报告文学、纪实小说、传记文学、戏剧文学、电影及电视文学等)的现状，特别是与长篇小说密切相关的中、短篇小说现状有系统的多方面的了解和研究，而且需要连续地长期地进行观察和分析，具体地深入地解剖某些创作，广泛而有重点地联系不同层次的作家，才有可能比较及时而又准确地发现某些创作倾向和发展势头，切实按着文学前进的脉搏，使编辑工作紧紧跟上文学发展的步伐。

小说编辑做到这一点具有很重要的意义。这可以及时发现创作的苗子。当他们还在中、短篇小说领域(或者相关的报告文学、纪实小说、传记文学及戏剧、电影文学领域)崭露头角的时候，就能够发现并组织他们进入长篇小说的创作，那么，你就可以取得迅速而突出的成绩，扶植并帮助一个作家快步踏上文学殿堂里更高的一个台阶。这种工作是很必要的，是具有伯乐精神和开创意义的。比如，当今文坛的长篇小说健将柯云路，在他还只是在写报告文学和中、短篇小说的时候，人民文学出版社的编辑就已经注视着他(及他那一批作家)对生活的贴近和敏锐的眼光，主动组织他着手长篇小说的创作。从《新星》轰动全国以后，他又连续写出了《京都》三部曲的第一部《夜与昼》、第二部《衰与荣》及《孤岛》、《汾城铁闻——一个系统工程学家的遭遇》等好几部长篇小说，成为今日中国文坛上引人注目的一颗耀眼的明星。像柯云路这样跨入长篇小说创作领域的，前前后后还有一批作家，如李国文以《冬天里的春天》、张洁以《沉重的翅膀》、刘心武以《钟鼓楼》、王蒙以《活动变人形》、张炜以《古船》等等，他们的作品皆以别开生面的新的姿态和新的面貌在文艺殿堂里透视出文学发展的某种新信息，恐怕可以说，在一定程度上标志着我国社会主义文学发展的一个新的历程，也是改革开放所取得划时代进步在文学方面的一个表现。可以肯定地说，我国文学发展的历史将会证明，编辑们在这些作家作品出现前后的辛劳是不会被抹煞的，其功绩也将是不可磨灭的。

以上仅是从我个人的经历和见闻中所感觉到的，作为一名长篇小说的编辑，文化艺术修养方面应当具备的主要条件和基本素质，换句话说，即是人们研究长篇小说编辑学的一些重要内容。以此类推，在文艺编辑学中逐一细致分工，理当还有文艺理论编辑学、中短篇小说编辑学、诗歌编辑学、散文编辑学、报告文学编辑学、传记文学编辑学等等(在戏剧、电影、电视、音乐、美术、舞蹈等领域里亦可有分门别类的编辑学)。这些由不同艺术形式来划分的编辑学范围，它们之间当然有其共同的一些内容(如选题、计划、组稿、读稿、选稿、发稿、加工、设计、校对以及出版、发行等)，但尤其要重视并研究它们之间不同的内容及其独特特征，进一步将这些共同的与不同的内容和特征加以集中、对比及分类研究，然后建立各具特色的分门别类的编辑学。我想，从个别到一般，再从一般到个别，在反复的实践——理论——实践的过程中，具有中国社会主义特色和独特内容的崭新的编辑学，就一定可以较快地建立并完善起来。

1988年1月5日

本文原载《编辑学刊》1988年第2期

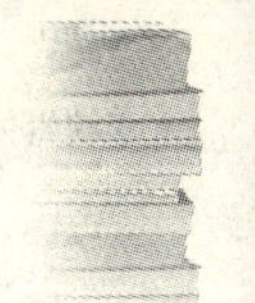

文艺理论编辑的敏锐及其他

如果可以从不同艺术形式来划分编辑学的基本范畴，可以以长篇小说、中短篇小说、诗歌、散文、报告文学、传记文学等类艺术形式去分门别类地进行编辑学的研究，那么，文艺理论编辑学自然就是能够单独进行研究的一门学问了。

我觉得，要当好一名文艺理论的编辑，必须注意从以下几个方面进行学习、研究、总结和探索。

一、广博的知识作基础

文艺理论，是从各类文艺创作实践中综合、提炼出来的，是具有普遍指导意义的一种理论原则。掌握有关的基本理论，是一名文艺理论编辑的起码条件。要具备这种条件，没有广博的知识作基础，那是不行的。

知识的广博，是所有编辑工作都需要的。对知识的要求，自然越丰富越好。但丰富与广博也有一定限度。真正博闻强记、博大精深者，毕竟很少。而大多数的一般编辑，由于现实生活环境和工作条件，以及个人的时间和精力的局限，对于做好某方面具体的编辑工作，理应有一些基本的知识是需要首先学习和掌握的。因此，我们可以从不同的编辑岗位要求有所不同的角度，去考虑不同编辑人员知识面的侧重也有所不同。

就文学领域来说。做古籍整理出版工作，首先需要古典文学的根基深厚。做文学翻译出版工作，必须首先对有关外国文学(或兄弟民族文学)有系统的了解和研究。搞有关文学创作(如小说、诗歌、散文、报告文学、传记文学、报告小说等)的编辑出版工作，首先要具备有关文化历史和社会生活的广泛知识。对于做文艺理论编辑工作的人员来说，自然也应有自己要首先学习和掌握的知识面及侧重点。

文艺理论涉及文艺的本质、特征、地位、作用及其特点和规律的一系列原理、原则，它是在广泛地研究文艺创作、文艺运动及文艺批判等大量实际资料的基础上，经过归纳、总结，并在反复的实践中证明，然后再提炼和升华出来的，是指导文艺创作实践和文艺批评，制定文艺方针、政策的一种理论原则。所以，做一名文艺理论编辑，首先必须熟悉和研究文艺创作实践和文艺思想现状，这即是他学习和掌握知识的侧重点。这是第一点。

第二，文艺理论编辑学习有关知识要认真打好基础，不可偏废，应充分注意系统化。

文艺理论编辑对文艺的基本理论、基本概念当然要学好，对有关文艺创作及其评论，对有关文艺运动及其争论要熟悉，对文艺创作的内在规律、外在规律及其种种表现也应学习和理解，并且力求站在一定的思想高度去进行必要的理论概括和总结，使自己在有关知识方面奠定扎扎实实的根基。

同时，对文艺本身的发展变化过程及其经验教训要有系统的了解和研究。中国的，从古到今，从文艺的起源，诗三百篇到今日新文学的新发展；世界的各民族、各国家文艺的发展史，特别是不同时期的重要文艺创作、文艺现象和文艺思潮，不同文艺的主要特点、风格、流派和艺术个性的种种表现，前人对文艺发展的理论概括和经验总结，并从那些历史的总结中认识文艺创作的一些基本理论原则及其发展规律，从而展望今日文艺创作的基本历史走向和发展轨迹。

在理论的概括和总结中，如果知识不系统，有空白，或者兴趣有偏爱，那么，就可能出现概括不全、概念混乱、思想主观片面等现象，在编辑工作中就可能从自己个人兴趣出发，或者以某种简单、片面的观点去判断问题、处理稿件，从而出现不应有的疏漏或错误。所以，作为编辑个人可以有自己独特的兴趣爱好和艺术审美倾向，但对待编辑出版工作，则不可偏执一端，仅凭个人意向和志趣去处理稿件，这都需要编辑有全面而系统的知识作基础。

第三，文艺理论编辑要注意学习姊妹艺术及其他与艺术有关的各类知识。

文学类中，小说、诗歌、散文、报告文学、传记文学以及新的品种，如纪实小说、报告小说、摄影小说、广播小说、电视文艺等；艺术类中，戏剧、音乐、美术、电影、电视，以及艺术体操、建筑艺术、烹饪艺术、装帧艺术、包装艺术、装饰艺术、橱窗艺术、书法艺术，杂技艺术……以及自然、社会和艺术领域中美的一般规律与原则的综合科学研究——美学理论知识，都是文艺理论编辑需要学习和掌握的。

因为，文艺理论的稿件或书籍，经常涉及文学艺术各部门及有关门类的知识，它们之间有许多共同的艺术规律和艺术道理，常常互相印证、互相借鉴、互相补充、互相促进，有关稿件中的一些分析、论证、阐释和举例，往往采用姊妹艺术及有关门类的艺术事物相比较，所以，作为一名文艺理论编辑，无论是打好知识基础，还是为了便利于工作，掌握有关方面的广泛知识都是很有必要的。

第四，文艺理论编辑要密切关心邻近学科及其有关的理论知识。

与文艺理论邻近的学科很多，诸如哲学、文化学、思想史、社会学、政治学、历史学、人类学、民俗学、经济学等等，皆与文艺理论的研究，促进文艺理论的发展关系密切。现在，人们对于系统论、控制论、信息论等亦很关心，在文艺研究中广泛运用，一些年轻的文艺理论工作者，普遍地将“三论”套入文艺理论体系中直接地加以引用，按“三论”的体系去分析，研究文艺现象和文艺创作。同时，运用民俗学、民族学、社会学及哲学来研究今日文艺的，也日渐增多起来。所以，作为一名文艺理论编辑，了解并熟悉邻近学科及其有关的理论知识是必要的，不可忽视的。在今天，做到这一点，则具有更加重要的意义。

二、创作实践中出理论

从大量的创作实践中，经过归纳、概括、提炼和升华，产生出文艺创作的理论，因此，对于文艺理论来说，创作实践是最重要的，第一性的，是基础，是条件。重视和研究文艺创作实践(包括与创作有关的各种文艺思潮、文艺现象)，自然是文艺理论编辑头等重要的必修课程。

文艺创作实践，一般来说，包括两个方面：一是创作实践的具体过程；一是创作实践所取得的具体成果——作品。对于编辑来说，如果能够搞搞创作，掌握并理解创作过程的奥秘及其规律，那当然很好，但是，对于多数的编辑来说，更主要的是研究一部又一部具体作品，也就是对创作成果进行解剖、分析。

从古到今，从过去到现在，从国内到国外，各类文学艺术作品都是我们学习和研究的对象，不同时期、不同文学主张、不同风格和流派的创作，都应放在我们的视野范围之内。当然，为了学习和研究更见成效，我们在浩如烟海、汗牛充栋的千百万册创作书籍中，可以择优选读，先读那些最有代表性的作品，也就是以古今中外精彩的文学史著作为中心，对代表作家的代表作认真学习，解剖麻雀式地做些典型剖析，以把握有关的创作规律及其奥秘。这是一方面。

另一方面，前人在大量文艺实践基础上总结出来的许多精辟的文艺见解，不论是我们民族前辈的理论积累，还是世界上其他国家、民族前辈的理论著述，都应作为我们学习的重要文化艺术遗产。就文艺理论及创作经验的论述来说，中国的，如陆机的《文赋》、刘勰的《文心雕龙》、钟嵘的《诗品》及以后的各种诗话、词话和文论；外国的，如柏拉图的《文艺对话录》、亚里斯多德的《诗学》、贺拉斯的《诗艺》、布瓦洛的《诗的艺术》、黑格尔的《美学》、维柯的《新科学》、丹纳的《艺术哲学》、勃兰兑斯的《十九世纪文学主潮》及狄德罗、莱辛、歌德、席勒、海涅、雨果、左拉、波德莱尔、车尔尼雪夫斯基、别林斯基、杜勃罗留波夫、叔本华、尼采、柏格森等作家或理论家的许多重要论述；特别是近代及现代的各种文艺论著及马克思主义的一系列文艺论述等等，作为文艺理论的编辑，对这一切都必须了解和熟悉，才能在前人遗产的基础上提高自己对艺术的理解力和鉴赏力，以便对当前文艺理论的发展有更深层的历史的认识。

再一方面，要特别关注和重视当今文艺创作实际状况。因为，我们不管是学习或研究，还是做编辑出版工作，搞文艺理论这一行，其主要目的是为了以正确的、符合客观规律的文艺理论观点去帮助与促进当前文艺运动及文艺创作的提高和发展。这是我们这一代人神圣的历史职责，是不容推卸的。否则，我们就是失职，就会愧对祖先，愧对人民，愧对历史。

建立在当代文艺丰富实践基础上的我国社会主义文艺理论，主要应注重两个方面：一是要切合实际，一是要提倡创造性，提倡符合我国今日社会主义文艺发展实际的、真正马克思主义的新的文艺理论体系。这种文艺理论体系，是对大量的文艺创作实践、文艺思潮及文艺运动充分估量和研究的基础上，经过反复提高和升华，概括而为一定的理论原则，同时又需要将这些理论原则贯彻到新的文艺创作实践活动中去经过检验，并按照艺术本身的特殊规律去创造出新的更美好的文艺作品，以发展我国社会主义文艺而努力奋斗！换句话说，就是按照实践——理论——实践的方式，在反复不断的文艺创作实践中概括和提炼出符合革命文艺发展的正确理论，目的完全是为了推动革命文艺创作的进一步丰富和繁荣。作为文艺理论编辑，责任无疑是十分重大而光荣的。

三、长远的目光和措施

如果说，前两部分主要谈的是文艺理论编辑的知识准备和做好编辑工作起码的条件，那么，这一部分则想讲讲文艺理论编辑在工作中注意力主要应当放在哪里，也即是一位文艺理论编辑的基本素质及工作成绩的主要表现是在哪些地方。

这是我们今天的工作岗位和文艺理论本身的建设任务所决定了的。一句话，就是要促进我国革命文艺创作的发展和繁荣，使文艺更好地为社会主义服务，为人民服务。要完成这个任务，实现这个目的，我觉得，关键是文艺理论编辑要具有敏锐的目光，采取及时的措施，要在下列三个方面做出切实的努力。

一是对文学历史的批判目光。

广义地说，社会的每一步前进都是对过去历史陈迹的批判和发展。奴隶社会是对原始社会的批判和发展，封建社会是对奴隶社会的批判和发展，资本主义社会是对封建社会的批判和发展，社会主义社会又是对资本主义社会的批判和发展。生产工具上，石器——铁器——机械，每一步跨进都是对过去一个时代的批判和发展。生产动力上，手工劳动——蒸汽机——电力——原子能，每一次新动力的发现或发明，也都是对前一个时代的批判和发展。文学发展的每个阶段，拿欧洲来说，神话、传说、史诗、中世纪城市文学、人文主义、古典主义、浪漫主义、批判现实主义、现代主义，从原则上讲，后一种艺术创造皆是对前一种艺术思维和艺术表现方式的批判和发展。

从我国新文学几十年总的发展来看，显然是对封建时代文学的思想体系和艺术表现的一次革命，一次批判。这几十年又可以分成几个不同的历史阶段：五四时期及以后一个阶段，是民主主义文学发展阶段，对整个封建思想体系禁锢下的文学是一次强烈冲击和批判。新中国成立以后的文学(包括延安文艺座谈会讲话以后的文学)，则是对旧中国文学的全面革命和批判。粉碎“四人帮”以后的新时期文学，显然又是对极“左”思潮笼罩下的文学的发展和批判。

所以，文学的发展时刻需要一种批判的目光，去回顾历史经验，总结历史教训。作为文艺理论编辑来说，具有一副深沉的历史批判目光，才能及时发现、追寻并把握文学发展的脉搏，及时地去组织有分量的、具有相当历史深度的文艺论文或专著。我觉得，人民文学出版社出版的《中国现代小说史》(杨义著)、《文学的反思》(刘再复著)、《中国当代文学思潮史》(朱寨主编)等论著，尽管程度深浅不同，角度选择各异，还存在一定时代和思想的局限，但这些选题都是具有相当深刻的历史内涵和批判意识的，是值得引起人们重视的。

文学在批判中前进，文艺理论在批判中升华。

二是对新兴文学的及时总结。

任何一种文学潮流的出现，都必然具有一定的生活根据和历史因由，是一种社会现象和时代产物。新时期新兴文学，无疑是一股值得注意的文学潮流，理应对其采取积极热情的态度。

十年来，从“伤痕文学”、“反思文学”、“改革文学”到“多元竞争的文学”，其迅速的发展和多样的变化，迫切需要从理论上及时概括和总结。一方面，要给予热情的肯定和支持，对种种诘难和求全责备进行反驳或正名；另一方面，也要对新兴文学的缺陷与不足进行正确的剖析或指明，以利于它们更健康地发展前进。

这个时期，出现了一批文艺理论批评家，同时，一些作家又兼为理论家，在文艺领域里大胆进行理论探索和艺术试验，我们的一些文艺报刊和出版社在这方面做了不少有益的工作。早一点的，如人民文学出版社的《新文学论丛》及“新文学论丛丛书”，晚一点的，如上海文艺出版社编辑出版的“文艺探索书系”、人民文学出版社的“百家文论新著丛书”，以及《当代文艺思潮》、《文艺报》、《文学评论》、《文论报》、《文学报》等报刊，都在及时总结新时期文学创作经验、进行艺术理论探索方面贡献了自己的力量。这是值得充分肯定的。

三是目光的敏锐和措施的及时。

理论工作本身要求编辑具有一种敏锐的素质。有了敏锐的目光，才能在工作中采取超前的措施。这样，对于新的文学潮流，不仅能够及时发现，而且能够发挥文艺理论编辑工作的主观能动作用，才能组织并发表机敏而有力的理论文章，帮助并推进新兴文学迅速而健康的发展。

刘心武的《班主任》、卢新华的《伤痕》、冯骥才的《铺花的歧路》、从维熙的《大墙下的红玉兰》等“伤痕文学”刚刚问世，《文艺报》编辑部敏锐地抓住这个问题，及时地召集一批作家、评论家座谈，并且组织文章发表，由此，为打开新时期文学发展的崭新局面起到了有力的催化和促进作用。

新时期“中国式现代派”文学思潮的勃兴，花城出版社率先组织出版了高行健的《现代小说技巧初探》(有叶君健的《序》)，继而《上海文学》及时发表了当代作家冯骥才、李陀、刘心武等人的文章，在中国文坛掀起了一股探讨“中国式现代派”问题的讨论，从而客观上促进并帮助了多视角、多侧面、多层次、多种艺术表现的文学创作竞相涌现，使中国社会主义新时期五光十色、多彩多姿的多元化的当代文学出现了空前活跃和繁荣的新局面。这自然是作家、评论家努力推动和积极探索的贡献，但是，也绝对不能忽视和磨灭文艺理论编辑工作所起到的有力配合与促进的劳绩。作为一名文艺理论编辑，要做到这一点，没有敏锐的目光和及时的措施显然是不行的。所以，我认为，文艺理论编辑的敏锐是做好工作最重要的素质之一，也是理论工作本身具备的特点之一。这是应当引起我们足够的理解和重视的。

1988 年 3 月 10 日

本文原载《编辑学刊》1988 年第 3 期

期刊的特色与编辑的睿智

一本文艺期刊的优或劣，好或差，重要的是看其有没有自己独特的特色和风格。特色和风格，是从刊物的整体面貌去看的，包括封面、装帧、色彩、图片、文字编排、版式设计、插图、广告等等，从外表第一眼给人的印象，到仔细阅读后给人的思索和回味中的感受。印象是重要的，但思索和回味中的感受则影响更长久、更深刻；而值得人们反复回味和思索的，常常是它所刊载作品的思想内容和艺术特色。作品是作家创作的，因此，一本期刊经常受到发表作品的基本作者队伍和当前某些重要作家的支持，就显然是办好期刊最核心、最关键的问题了。作为一个编辑，在文艺期刊工作中所起的作用，所做的贡献，主要便是看他在出好作品、出新作家、办出特色、保证质量等几个方面做出了哪些努力、取得了哪些成绩，作为期刊编辑的基本素质和业务能力，主要也是表现在这些方面。

一、出好作品。

一般文艺刊物的内容组成，大致可以分为三大块：小说部分、其他形式的作品(诗歌、散文、杂文、报告文学等)部分和理论批评部分。近几年来，纪实文学、报告文学勃兴，有些刊物的版面被纪实文学、报告文学占据了较大的篇幅，但从整体上来看，大体上仍是常见的三大块。

作为期刊的编辑，总的来说，都要组织到好文章、好作品，才算是称职的，做出了成绩的好编辑。

大家通常把小说稿当作文艺期刊的主干。所以，在小说稿的组织方面往往用了最多的人力和时间。仅从近几年文艺期刊的情况来看，小说本身的变化是相当大的。如题材的迅速转换，从伤痕题材、反思题材到改革题材的纵的发展，从政治运动生活、社会平民生活、家庭日常生活、恋爱婚姻生活、知识分子生活、知识青年生活、农村生活、军事生活、工矿企业生活、学校生活、机关生活以至专业户、个体户生活等不同题材选择。如艺术表现的多样试验，有写实的，有浪漫的，有写自我的，有变形的，有意象化的，有象征性的，有意识流的，有寓言式的，有结构主义的，有新现实主义的等等，真令人眼花缭乱。小说这种形式本身，除了传统的现实主义的艺术表现以外，重新兴起的历史小说、传记小说，以及新的艺术形式，如纪实小说、报告小说、广播小说、电视小说、摄影小说、科幻小说等，也叫人应接不暇。作为编辑，必须能够敏锐而富于远见地组织到吸引众多读者的新作品，那么，这份刊物自然就会在读者中受到欢迎、获得信誉。比如，当中国女排首次赢得世界冠军的时候，《当代》当即推出鲁光的报告文学《中国女排》，立刻被全国许多家报刊、电台转发；当改革逐渐为人们关心的时候，《当代》连续发表了张锲的《改革者》、苏叔阳的《故土》、柯云路的《新星》及《京都》的第一部《夜与昼》、第二部《衰与荣》和高尔品的《痴汉和他的女人》等作品，由此，使《当代》在今日读者中造成了相当的影响和声誉。所以，尽管在当前文艺期刊订数大幅度下降的情况下，在大型文艺刊期中，《当代》的订数还一直居于前列，目前每期仍有二三十万份。编辑的睿智和远见，使刊物富有强烈的当代性和现实性，不能不是这份期刊吸引广大读者的一个重要原因。

近年来，在全国刊物如林的情况下，地方文艺期刊中，吉林作家协会主办的文学月刊《作家》是值得一谈的。仅从去年至今年春天共十几期刊物来看，它先后发表了王蒙、李国文、公木、鄂华、邵燕祥、郑万隆、祖慰、金河、吴若增、张笑天、陈村、乔迈、马原、叶文福、顾城、李杭育、李庆西、蒋子龙、王英琦、许谋清等一批作家相当优秀的或比较好的作品。这里，有老作家，有中年作家，也有青年作家；发中篇小说、短篇小说，也发诗歌、散文、报告文学，还出过诗人自选诗专号；尽力网罗全国各地的作家，也竭力扶植本省作家，还出过吉林作家短篇小说专号；通过"作家影集"，"当代作家剪影"、"中青年作家自传"等专栏，除介绍上述作家以外，还介绍了残雪、刘索拉、王小鹰、王毅、张炜、史铁生、北岛、傅天琳、刘兆林等中青年作家；与此同时，刊物又十分重视理论和评论文章的选用，既注意小说的变化和都市文学的探讨，又注意对本刊所发作品的评论，还注意对当前颇有影响的长篇小说(如张炜的《古船》等)的理论阐释……这些，由于作品的引人瞩目(包括理论作品)，已经使《作家》在各文学期刊中具有了自己独异的特色。再加上，这份刊物非常重视装帧和版面设计的整体美，每期刊物封面都介绍一位外国著名作家的画像，与刊物里面中国作家的影集、剪影、自传等相配合，便为这本期刊创造了相当浓郁的文学氛围，给人以鲜明、独特的美感。连续翻阅《作家》这本刊物，使人强烈地感觉到编辑是如何充分地发挥了自己的内在潜力，几乎是每一页都闪烁着编辑的聪明智慧。因此，这本刊物受到了广大作家和文学界同仁们的喜爱，在广大读者中也产生了相当的影响。

二、出新作家。

刊物在出好作品的同时，必然就会培养和扶植出一批新作家。

对于作家的发现和支持，更可以看出一名优秀编辑的睿智和眼力。比如，当今一批新兴作家涌上文坛，自然是他们本身的条件和内在因素起着主要作用，但是，也不能不说这是与一些文艺期刊的编辑们卓有成效的工作是有着密切关系的。

拿当代著名作家刘心武来说。他在成名之前，早已陆续发表过一些文学作品。但是，只是当《人民文学》的编辑发现了他的优秀短篇小说《班主任》(尽管当时有的人还把握不准甚至持有不同意见)，并及时地加以肯定和刊载出来以后，才使他成为大家所注目的一位作家。可见，编辑对他的发现和扶植之功是不应当磨灭的。以后，编辑又主动组织他写作了《5·19长镜头》和《公共汽车咏叹调》等纪实文学作品，加上他另外发表的中篇小说《如意》、《立体交叉桥》和长篇小说《钟鼓楼》等作品，以及在文坛的多次获奖，使他成为了文坛赫赫有名的一位作家。在刘心武创作发展过程中，显示了《人民文学》编辑的卓有远见和超前智慧，这也使刘心武与编辑部结下了不解之缘，以至最后荣任了《人民文学》副主编及主编之职。编辑最早智慧地发现了这位作者，终于刊物又为自己培养和物色了一名重要编辑。显然，刘心武与《人民文学》编辑们的密切关系，已达到了血肉不可分割的地步。事物内在的发展规律和客观辩证法是多么饶有意味而又耐人寻思啊！

要知道，作为一名编辑，想要第一个去发现一位真正有才力、有作为的新作家，那是着实不容易的。张洁的《从森林里来的孩子》和陈世旭的《小镇上的将军》这两个短篇小说，开始都投寄了不止一个刊物，但都被编辑作了退稿处理，后来终于分别由《北京文学》和《十月》杂志的编辑敏锐地发现了作者的才华，才将作品刊发了出来。两篇作品都获得了全国优秀短篇小说奖。从而，张洁和陈世旭便活跃于中国文坛之上，并取得了以后引人注目的成绩。这种情况，在中国五四以来的新文学发展历史上，也是累见不鲜的，如丁玲、巴金等现代文坛巨匠，都与文学期刊、与当时的文学编辑的及时发现有关，从而才使他们走上了革命文学创作的道路，创作出了一系列优秀作品，为中国无产阶级文学无私地奉献了自己的一切。作为一名称职的文学编辑，其文化艺术的修养，对待工作的热忱态度和负责精神，以及对文学发展趋势超前的认识和智慧的眼光，都是必须具备的基本条件和基本素质。否则，是不可能做到这一点。

文学界有一定地位和比较成熟的文艺期刊，在编辑工作方面常常有一套自己的经验，发现和培养青年作家的工作大多做出了较好的成绩。一个重要的原因就是，它们团结了一批青年写作者和青年作家，给青年作者提供一定的方便和写作条件，并且使这一批人紧紧地围绕在刊物的周围，不断地给刊物提供引人注目的作品。可见，出作家与出作品是紧密联系在一起的：发现新作品，也就发现了新作家；重视新作家，也就是支持和帮助他写出新作品。期刊编辑要重视作品，更要重视与作家建立亲密的感情和紧密的联系。

怎样才能与作家建立亲密的感情和紧密的联系呢？时下有股风气，即有的期刊编辑部，只是竭力去满足作家的物质利益和个人欲望，为作家们提供高级宾馆的住宿、旅游条件和写作环境，事先允诺给作家高稿酬(双倍以至数倍的高稿酬)等等，以这样来抢稿、组稿，建立与作家之间的个人关系。占数量较多的另外一些期刊编辑部，则主要以自己刊物的特色和风格，以编辑诚挚的态度和负责的精神，与作家真诚友好的交往，在艺术上认真的切磋与交流，对读者负责，对人民负责，为创造出优异的作品而反复琢磨、互相帮助，从而在共同的奋斗中相互间建立起亲密的感情和友谊。两种做法，孰优孰劣？是不言自明的。

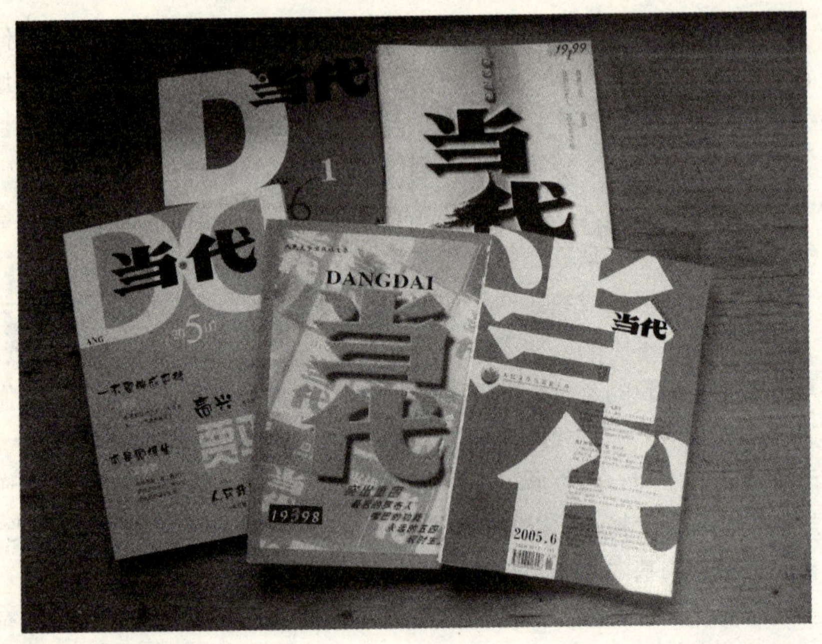

各时期的《当代》

三、办出特色。

一份文艺期刊，办得有没有独自的特色和个性，这是至关重要的。办出了自己的特色和个性，就有了自己的服务对象和读者群，那么，这个刊物就会在文坛上占有一席之地。这一点，犹如一部文艺作品那样，愈是具有自己独特的风格和个性，便愈是具有自己独异的光泽和色彩，从而在全国以至世界上占据自己独特的地位。所以，有见地的编辑总是尽力使自己所主持的刊物办出特色、办出个性来。这是许多期刊编委会努力追求和奋斗的一个重要目标。

除了上述青年文艺期刊主要面向青年，组织和发表青年作家的作品，研究青年创作问题，指导和帮助青年作者的写作，因而吸引了广大青年写作者和文艺爱好者以外，凡是办出了特色和个性的刊物，便会赢得自己的读者群，自然亦会受到广大读者的喜爱和欢迎。

同样是大型文学期刊，《当代》、《十月》、《收获》、《花城》、《钟山》、《红岩》、《长江》、《芙蓉》、《昆仑》、《中国作家》等，办得各有特色。《当代》其刊名与宗旨契合，“强调面向当代，面向生活，面向艺术”，它的当代性和时代感是突出的、强烈的。《十月》所发作品反映现实问题的尖锐性和现实感，时时引起人们的关注和重视。这两个大型期刊，同时在北京编辑出版，但均以自己鲜明的特色和个性获得了广大读者的欢迎，它们的发行量一直居于众多大型文学期刊的前列。其他的，《昆仑》着重发表军事题材的作品；《收获》注重组织一些重要作家的作品，同时也发表年轻作家的佳作，保证刊物的质量；《花城》重视作品的开放性和多样化，注意作者的多层次和多方面；《红岩》和《芙蓉》则着力联系本地区的作家，发表具有一定地方特色的作品等等，因此，它们都在一定的读者群中享有较好的声誉和好评。

文艺选刊是今日众多文艺期刊中吸引了很多读者的一类。据说，各类选刊在全国约有三十种左右。选刊自然也应办出自己的特色和个性。仅举《小说选刊》和《小说月报》来说。它们都是面向全国，及时选载各种报纸、刊物上发表的中、短篇小说创作(以短篇为主)，这一点十分相似。但是，两份选刊的编辑却是各有不同的追求和目的。《小说选刊》是中国作家协会主办的，要为优秀的中、短篇小说全国评奖提供选目、作出准备，因此，它注重小说的文献性和代表性，注重创作艺术上新的内容和新的探索，着重真、深、新、精四个字的选载标准；天津百花文艺出版社主办的《小说月报》，则更重视一般市民和普通群众对小说的审美意识和审美要求，较注意普及性、趣味性和艺术形式、艺术表现的多样色彩与多种特色。可以说，两本选刊都具有了独自的个性。因此，我们发现一个十分有意义的现象：同时都是相当及时地选载全国各报纸、期刊上的中、短篇小说创作，但两份刊物每年不约而同地共同选载的作品重复者并不多，有时一年仅只有几篇是相同的。然而，两本选刊均以自己编辑的才智办出了独异的特色和个性，从而赢得了相当广泛的读者的浓厚兴趣，它们的发行数量都是十分可观的。

在当今改革、开放急剧变化的社会发展趋势下，一些刊物的编辑根据自己主观条件的可能和客观形势的需要，而改变自己期刊的特色和个性，也是近年来常见的。江西的《星火》文学月刊，以省文联主办的文学期刊的一般特色而改变为集中发表革命历史题材的创作和理论，既符合江西老革命根据地的具体环境，又使刊物具备了与众不同的独特个性。这是一种。另外一种，则可举《长江》文学丛刊作为代表。它是从一般的文学丛刊的特点而改变为多种文学丛刊。既侧重发表情节性强、故事诱人的通俗性的作品，又注意刊载文学性、艺术性和现实性强的作品，注意不降低作品的格调而增强可读性和普及性。因此，近年来湖北的《长江》文学丛刊办得颇有起色，社会效益和经济效益都比较好。这是当前许多期刊所共同追求的特色。这种期刊的编辑目光也是明智而富于远见的。当然，应该防止某些编辑的目光短视，过分追求刊物暂时的经济利益，发表一些低级庸俗以至诲淫诲盗的"作品"，以招徕读者，甚至毒害青年，那是应当坚决制止以至取缔的。那种期刊，自然没有什么特色和个性可言，也不是在本文论述范围以内的。

总之，要办好一份文艺期刊，必须具备自己独异的特色和个性；没有自己独异的特色和个性的期刊，那是很难办得出色以至根本不可能办好的。同时，期刊的特色和个性，还要视自己主观和客观环境的发展，或者巩固和增强自己的特色，或者改动和变异自己的个性，以适应新的环境和条件。但是，不管刊物的特色和个性是增强或者变异，都必须在保证刊物质量(思想质量和艺术质量)的前提之下，并且充分考虑到要为广大读者服务作为基础。服务要好，刊物要生存和发展，在当今改革、开放的社会发展大趋势下，还有一个重要问题也摆在了编辑们的议事日程之上，那就是刊物的经销、发行问题。我们既要当好编辑家，又要当好出版商。这是今日改革需要和形势使然。归总一句话，要认真办好一份文艺期刊，编辑的修养和素质的不断提高是非常重要的，特别是编辑要具有深远的目光、敏捷的智慧，具有不断思索、不断探求的精神，则是十分宝贵的。

1988年5月5日

本文原载《编辑学刊》1988年第4期

文学史料编辑的容忍与公正

专门性的文学史料一类刊物，是近十年来才有的。但它在海内外的影响，似乎不在一般文学创作及评论期刊之下。我在《新文学史料》工作时间不长，但愿将自己听到的、看到的、感受到的，以及想到的一些问题，做一些概述和剖析(所论对象及所用材料自然不局限于《史料》)，就教于有关同仁及前辈。

一、时代背景与办刊宗旨

长期以来，由于极左思想路线的根深蒂固，各种政治斗争及战争环境的动乱，文艺界宗派主义的复杂矛盾，以及种种运动、种种人事关系的纠结与变动，我国近数十年不断发展变化的新文化、新文学的各种珍贵史料或者被湮没，或者被销毁，或者被破坏，或者被压抑，很长时间没有公诸于众的机会，使中国新文化和新文学的研究工作受到极大的损害，许多文学史呈现出缺少必要的论证、相当片面和支离破碎的状况，使我们对新文学发展变化本身许多问题失去了全面认识和充分解析的根据。

1976 年，“四人帮”垮台了，极左路线的违背马列主义、违背历史发展、违背人民意愿的充分暴露及其被扼止，特别是 1978 年党的十一届三中全会思想路线的深刻影响，讲究实事求是，一切从实际出发，给予了人们的思想以巨大推动力和开发力。这时，人们自然想到了：中国现代文学的发展历史全貌究竟是怎样的？文学发展中的深刻经验和教训是什么？有哪些珍贵的文学史料被埋没着？有哪些历史的见证人存活下来？

他们掌握着一些什么史料？以及，我们今天的文学应当学习、继承一些什么？应当摒弃、反对以至批判哪些东西？这类问题便逐一成为了人们的研究课题。

因此，出现了“抢救”史料、“挖掘”史料的呼吁，有关部门积极组织人员进行搜集，或请当事人回忆和撰写历史资料……于是，《新文学史料》、《新文化史料》、《中国现代文艺资料丛刊》、《中国现代文学研究丛刊》、《鲁迅研究资料》、《鲁迅研究动态》、《抗战文艺研究》、《延安文艺研究》等书刊陆续问世，其他如《文史通讯》、《雪峰研究通讯》、《文教资料简报》等内部刊物、内部资料亦纷纷出版；在此之前，当然还有大家知道的《文史资料》等等，都是为文学、文艺或文化史料的搜集、整理和发表提供园地的。

《新文学史料》封面

为什么要办这些刊物？在《新文学史料》创刊号《致读者》中说得明白：“从 1919 年五四运动到 1949 年新中国建立，我国现代文学三十年的历史是一部披荆斩棘、充满斗争、不断前进、波澜壮阔的历史。把这个历史时期的生动丰富的材料收集起来，以备今人和后人用马克思主义的观点加以分析研究，予以科学的总结，对于发展我国的社会主义文艺具有重大的意义。”这个说明，具有一定的代表意义，许多以发表资料为主的文

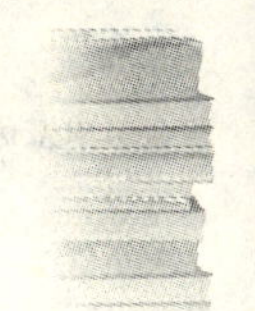

史期刊或者刊载这类史料文章的刊物编辑部，都主要是抱着这种目的的。

史料刊物要真正做到这一点，广大研究者能真正自由地进行科学研究，那么，社会环境、政治条件、法律制度、学术空气等等，按今天人们时兴的说法，即所谓人文环境以至社会心态之类，都是十分重要的。史料刊物的纷纷出版这是一个事实，说明今日人文环境及社会心态之类，是比较有利于它们发展的。但是，要完全实现人们所理想的那种环境的出现，看来还是有待于社会的不断前进和政治的进一步昌明的。

二、组稿原则与稿件来源

了解了上述时代背景及办刊宗旨，编辑部门自然就明确了组稿原则。这类刊物的组稿原则，与一般文学创作或文艺理论刊物有所不同，它既注意一般的政治原则和艺术质量，又特别重视这类史料刊物独具的特色。这是与史料一类刊物独特的历史任务以及它们存在的社会作用和价值联系在一起的。归纳起来，我觉得史料一类刊物的组稿原则大略可以从下述三个方面来谈谈。

一是注重原始材料。即原来历史发展中最初存在的能够说明历史原貌的那些文献、资料。就文学方面来说，历史发展中最初存在的，如当时的各类作品、文章，报刊的最初记述、报道，各文学社团的章程、宣言，各文学期刊的原始面貌及出版状况，重要文学运动、文艺论争的当时情况及有关资料、作家的来往信件、日记、文稿、札记，当时有关机关、团体所存的档案、记录等等。在《新文学史料》上所发表的，如阿英的《第一次文代会日记》，关于《活的中国》资料，周恩来的《我要说的话》，萧红书简，关于五四运动的部分资料，关于文学研究会的资料，不少作家的日记等等。这些文献和资料，总起来是一个特点，即为当时的人和事的历史原件。这一方面的工作，主要是搜集、发现，有的略加汇集、编选、整理或稍作注释、说明。

二是强调作家亲笔。这是今天要做的主要工作，也即是具有迫切意义的“抢救”和“挖掘”，要编辑去走访、去组织有关当事人写回忆录、传记、整理旧有的笔记和札记等等。由于每个人有每个人的曲折经历和社会交往，每个人在历史发展不同的时期、不同的事件、不同的文学运动和文化运动中，与不同的文学组织、社团、期刊或论争中不同的对手发生密切关系，所以，每个人都有每个人的一本“账”。史料编辑请作家或当事人亲笔撰写记叙性文章，或写自己，或叙别人，或将别人与自己交错来谈，但都要着力于抓住重要事件、重要细节，全面地叙述历史发展的来龙去脉，展现社会、人物的真实面貌。在《史料》中，这类文章占据了最大的篇幅，所列的主要栏目有：回忆录、自传、怀念或悼念、作家与作品、作家资料、文物、文学期刊与文学社团的情况、文学运动与文学论争的叙述等等。

上述两项，总的原则是强调第一手材料，不是转手货或任何形式的顶替与代笔。这种材料其珍贵在于第一性、原始性的价值，是具有最权威的真实和可靠程度的(至于个人的回忆，包括当时的记叙，也可能有不真实、不可靠的成分在内者，本文下面再谈)。

三是间接的材料力求准确。除了当时的原始材料和当事人的亲笔记述以外，其他的一切材料皆可认作是间接的史料。包括亲属的共同经历和体验，子女、朋友的亲耳所闻、亲眼所见、亲身感受，当时报刊编辑、记者的调查、报道，研究者及其他人的访问、了解……凡是非本人亲自所撰，非当时使用或已写出的原始材料，其他一切材料都应看作是第二手以至第三手的材料。这类材料，只要符合当时情况，并非伪造，也是可以选用的。编辑要与提供者尽力核查，争取尽可能准确而切合实际状况。

概括起来，不管是当时的原始材料、作家亲自撰写或他人代笔，组稿原则就是一条：准确性和真实性。这样，才有史料的价值、文献的价值，才符合历史唯物主义的原则，也才具有史料的最好品格，即可以作为信史供后人研究和评析。

根据真实而准确的原则，编辑在进行组稿的时候，一个是寻找真实的材料，一个是探访了解真实情况的人。稿件的来源，自然就是掌握或了解真实情况、真实材料的人员提供的。这是历史本身所注定了的，我们别无选择。

三、工作特点与编辑素质

鉴于以上情况，文学史料刊物编辑工作的特点与一般文学创作、文学评论刊物编辑工作是有显著不同的。这自然要求文学史料刊物编辑人员与别的编辑人员的修养和素质也应有各自的特点与不同。

我觉得，文学史料刊物编辑人员的修养和素质可以从下列三个方面来认识和分析：

1. 选准时机与公正态度。

十分荣幸，《新文学史料》自创刊以来，连载茅盾回忆录达八年之久，同时先后发表了许多作家的回忆文章。这是《史料》能够连续出版，能够吸引海内外广大读者，能够有存在的意义，能够有文献研究的价值的根本所在。这是极其宝贵的。说明《史料》一类刊物的出版，是符合众多老作家的心意，因而受到大家的欢迎和支持的。这是一个方面。

另一个方面，在一般情况下，史料刊物的组稿工作难度是比较大的。因为，这些撰稿人包括老作家、老编辑、老记者以及他们的亲属、朋友，多数年纪较大，或有不同程度的疾病缠身，或有繁重的工作任务，或想利用晚年有限的时光完成早已拟订的创作计划，或有经历数十年坎坷遭遇，深受各种各样“帽子”的重压，现在问题平反了，想有一个宁静的晚年……种种原因，哪怕是其中任何一项，都可以使他们心里非常想写，但往往动笔却难。这样，就需要编辑具有相当的耐心，而静待时机。

史料刊物的编辑需要学点老年心理学。有理想、有抱负的作家，他们始终怀着一种强烈的政治责任感和革命事业心，为了我国民族文化的发展，文学事业的繁荣，他们已经艰苦奋斗了几十年，到了晚年，总觉得自己还有一份责任，应该把自己在革命文学道路上的种种感受、体会和经验教训告诉后人；也有的作家历经挫折，曾受过某种历史的委屈，终得平反昭雪，内心里自然波翻浪涌，心潮起伏，还有的作家，大半生有得意也有失意，有经验也有教训，有成功也有失败，有数不尽的慷慨激昂，也有无数的痛苦悲伤……这种种不同，都有要吐诉出来的强烈欲望。所以，史料刊物的编辑应当及时地探访他们，与他们谈心，使之吐露心曲，得到公诸于世的机会。

事实证明，老年作家与中青年作家的心理是有许多不一样的。老年人经历政治动乱、民族悲欢、社会沧桑、人情冷暖，他们总是要适应一定的气候、环境和条件的。不是时机他们不会随意发表自己的观点和意见，环境允许他们才会适时而谈出自己的想法，条件成熟他们才有可能畅所欲言。因此，史料刊物的编辑特别要有耐心，要等待时机成熟，条件可能，适时地前往组稿。不可催逼，也不应该催逼，否则，不仅会搞坏关系，而且有时会给人一种疑虑：你是否怀有别的某种目的？

那么，什么时候才是适当的机会呢？

首先是政治环境。政治昌明，人民才有自由思想和活泼言论的广阔天地。如像过去一段时期，只有一家独鸣，稍有不同意见，就会有人出来打棍子、扣帽子，那必然会使许多人有想法压在心底，有意见深藏不露了。近些年情况有了改变，特别是党的十一届三中全会以来，政治的和煦春风使人们的大脑苏醒过来。但是，还应该看到，我国现阶段的政治体制改革才刚刚迈步，社会主义法制仍在不断的建设过程中，学术及文艺体制也不完善，左右今日文坛的一些观点还受着极左阴影时隐时显的影响，所以，有的人在政治上仍受到某些束缚，个别的不公正的政治待遇还在逐步解除中。比如女作家丁玲同志，长期受到各种各样的批判，背负着“反党集团”、“右派”、“叛徒”等政治帽子，1979 年虽然在政治上得到了平反、改正，但是，她 1933 年被国民党绑架及囚禁的历史仍然是个遗留问题。此时，身为丁玲这样的著名作家，也是不可能真正畅所欲言的。直到 1984 年 8 月 1 日，中共中央组织部经中央书记处批准发出《关于为丁玲同志恢复名誉的通知》，才算为丁玲彻底平了反。因此，至 1986 年 3 月 4 日丁玲与世长辞时，我们才能看到她为我们留下的两部回忆录遗稿：《魍魉世界——南京囚居回忆》和《风雪人间》，倾诉着自己一生对两个不同世界不同遭遇的不同情感，细致地描绘了两个社会不同命运戏弄的真实生活的形形色色。这是异常珍贵的资料。再说文艺理论家胡风同志的遭遇。50 年代中期，人民解放的春天刚来临不久，他却不幸地被定为“反革命分子”，长时期被囚禁在牢狱中。1980 年 9 月 29 日，虽然中央为“胡风反革命集团”案平了反，但直到他 1985 年 6 月 8 日逝世，三年之后，于 1988 年 6 月 18 日才由中共中央政治局常委同意发出《关于为胡风同志进一步平反的补充通知》，“五把刀子”、“小集团”及有关文艺思想等几个问题得到彻底解决。对于胡风及与他有关的许多作家来说，在中央补充通知下达之前，精神的枷锁和压抑的感情使他们在某些问题上自然不可能充分地发表自己的看法，以至胡风的回忆录也只是断断续续地写了一部分，许多珍藏在心里的话他还未得机会全部讲出来、写出

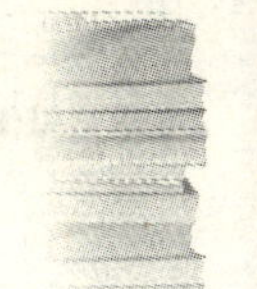

来。所幸的是，今天与他有关的作家可以敞开胸怀，直抒胸臆。作为史料刊物的编辑，对于政治环境的这些不同状况，是应有清醒认识和恰当处理的。认识不清或处理不当，就有可能伤害同志，或者违犯政治原则。这是需要慎重对待的。

其次是社会条件。除了大的政治原则、政治是非以外，在社会生活中人们还需要各种生存条件：或有利于人们畅抒己见、正视现实，或有碍于人们正常言论的发表，致使有些人不敢或不愿写出某些真实情况。诸如，民主、法制的不健全，不利于百家争鸣的气氛，批评与反批评的不正常，某些宗派的复杂存在，一些非原则的人际关系的错综复杂等等。这里，有历史发展中不同时期的不同背景，也有现实存在的阴差阳错的各种因素，都是编辑组稿中必须细致考虑和认真对待的。要努力依据党的原则办事，一切从有利于文学事业的发展去处理，在复杂的社会环境和人事关系中做到尽可能公正，不偏不倚，而且不要故意去触动某些方面的神经。按照对人民文化事业负责的精神，只要是文学发展中真实的存在，不管他是哪帮哪派，具体持什么观点，过去有过什么矛盾，都客观地提供给读者，以利于后人去判断和分析。历史是最公正的，事实是最无情的。编辑应当站在马克思主义辩证唯物论和历史唯物论的立场上，尊重历史，尊重事实，努力做到公正无私，一切从事实出发，一切按照实事求是的原则办刊物。

第三是个人的写作计划和具体安排。这对于老年人来说显得特别重要。因为，史料的作者大多年逾花甲，七老八十，谁都想多干一些事情，多给历史和后人留下一些东西，所以，在有生之年如何安排，那是很有学问的。有的因手里还有重要工作不能脱身，有的计划要写最后几部作品(创作构思在脑子里早已酝酿成熟)，有的因家庭或身体疾患所累……各人条件不同，具体也就相差很大了。史料编辑要注意尊重作者意愿，千万不可强为所难。

总之，针对不同的政治环境、社会条件或个人意愿，史料刊物的编辑要善于审时度势，敏于观察，考虑周密，一面要有耐心，一面要注意时机，适时组稿。这是对史料刊物编辑要求具备的一种特殊才能、特殊素质。

2. 高瞻远瞩与容忍精神。

史料期刊的编辑要站在相当的历史高度上去看待人和事。过去历史是如何走过来的，今后历史又当如何发展，就文学创作来说，哪些是今后文学必然继承的优良传统，哪些是文学发展的创新精神，哪些是创作实践中可以学习和借鉴的，哪些只是历史发展长河中昙花一现的东西，当今文学的发展趋势，今后文学的历史展望等等，都应该有足够的认识和理解。也就是说，编辑人员要了解文学发展所需要的社会环境和生活根据，文学本身发展的外在条件和内在规律，伟大作家和作品产生的环境、条件及作家本身的修养与素质等等。这样，对于具体认识和分析过去文学发展中具体的作家、作品、文学运动、流派、社团、期刊等等，就会具有高瞻远瞩的历史眼光，又会萌生剖析入微的艺术感触，自然也就会给予他们应有的文学地位和历史评价了。

分析具体的人和事，具体的作家和作品，还应该具有这样的认识：即历史发展中每一个具体的人(如某作家)，不管他地位高低或创作优劣，包括做出了重要贡献的伟大作家在内，他都会受到历史的长远影响、时代的深刻局限、社会的巨大束缚、生活的具体限制。因此，对于同一个人和事，大的方面，每个人会有不同的立场、观点，小的方面，每个人会有不同的观察、感受，特别是时过境迁，每个人对于历史的记忆，更会有种种不同的记忆方式、记忆形态、记忆角度、记忆深浅，甚至过去是同样经历，现在是同一观点，一直是亲密的战友和同志的人，共同回忆过去的某些事情时，也常常会各有不同，对待不同的人和事亦会有不一样的看法和态度，这是丝毫也不奇怪的。舒芜写了一篇很有意思的短文：《人是多么有限的存在》①，从《史料》上所发韦君宜的回忆文章谈起，说当时他与韦同在一座大楼上班，编辑部一件轰动一时的文艺新闻他竟一无所知，因此感慨道："人，恐怕真是非常有限的东西，首先就是对他周围的大千世界，常常只能认识到极有限的若干片面，比较正常的情况之下已经如此，不正常的情况之下，受压抑的心灵对许多方面都是麻木的，禁锢的，那就更不用说了。"因为，"每个人都是非常有限的存在，这条真理还是值得我们经常想一想的。"

关于人们的记忆。从纵的时间发展来看，可以有当时的记忆，现在

① 见《人民日报》1988 年 7 月 28 日第八版。韦君宜文章：《那几年的经历——我看见的"文革"后半截》，载《新文学史料》1988 年第 2 期。

的记忆，以及历史发展流程中种种记忆的变化。从横的现实联系来看，可以有兴奋的记忆，冷漠的记忆，倾慕的记忆，鄙薄的记忆，喜爱的记忆，仇视的记忆，蕴蓄强烈感情的记忆，静观冷视的记忆，有意要忘记却没法忘记的记忆，心里想着他处而忽视了眼前种种的记忆……从记忆的依托与环境来看，文化知识、个人修养、经历遭遇、兴趣爱好、脾性品格、当时境况、周围环境等等，也对人们的不同记忆影响很大。还有，人在不同时候专注于某一方面，那一方面的记忆就特别活跃、特别清晰，而忽视某一方面，那一方面的记忆就特别淡薄、特别模糊；人在生理的变化、心理的影响、疾病的缠绕、事业的顺逆等不同情境下，记忆也会有所不同……总之一句话，每个人有每个人的记忆，每个人不同时期也有不同时期的记忆，不同人的记忆皆会有所不同，这是人类的普遍现象。

当然，重要的历史事件及有关的人物和基本的事实，人们的记忆会是相同的。因为，那些人和事是不可变异的历史事实，如五四运动是1919年发生的，中国共产党是1921年7月1日建党的，中国左翼作家联盟是1930年3月成立的，抗日战争是1937年7月7日爆发的，中华人民共和国是1949年10月1日建国的，中央人民政府主席是毛泽东，政务院总理是周恩来等等。如某人记忆不同，人们立刻会共同指出他的误记。我们所说的记忆有所不同，主观上是指带有感情色彩的，个人态度和倾向不同的，个人生理和心理的差异，以及知识、修养、遭际、爱好的不同，客观上是指对某些人的感触和看法，对某些事件发生的具体过程、具体细节以及对这些事件的观感和认识等等。因为种种复杂性、变异性和模糊性，所以产生了人们不同的记忆。

鉴于人们记忆上的种种特征(这里仅就认真、严肃地对待历史来说的，不包括那些出于某种个人目的有意生造和瞎编历史者)，史料刊物的编辑对待不同的回忆录就应该有这样的态度和认识：只要是从具体的史实出发，就应尊重不同作家的不同回忆，不同角度形成的不同看法；除了不可变异的基本历史事实以外，事件发展的具体过程和具体细节，对不同人物和事件的不同理解、不同观点，编辑从自己掌握的大量材料可以看出某作家的某些回忆与事实不大相符，在大多数情况下也要有容忍的态度，并允许它的存在和发展。因为，历史本身是复杂的，不是单一的，就应该容许严肃的作家畅所欲言，写出自己的真实想法，回忆自己所见到的独特事实。我们的刊物不可编成封建时代皇家授意编纂的“正史”，而应适当吸收野史、稗传中的某些客观态度和科学精神。这是大大有利于人们进行真实的历史考察和科学研究的。即使某一位作家一面故意强调和加重某些事实的叙述，一面又有意忽视和省略某些事实的描绘，这对于历史研究也是有益的：人们将会在弄清史实、辨明真伪之后，自然深入探究，这位作家基于某种主观目的或客观环境(甚或压力)，所以才会有此或回避或夸大的说辞。

如果编辑没有这种容忍精神(实际上是辩证态度和科学精神，但对具体处理稿件的当事人来说，常常觉得那是一种容忍或宽容)，史料刊物就会办成一花独放、一家独鸣的“宗派性”刊物(过去常常误认为这才是富于“革命性”的“左派”刊物的正确态度)，不可能兼容百家，不可能使历史发展长河中不同风格、不同流派、不同观点、不同主张，然而却或多或少、或大或小地起了一定历史性作用的作家、作品，将其真实的面貌和富有研究价值的史料，比较充分比较完整地回忆出来，奉献给历史，奉献给后人。

这是真正的历史唯物主义的革命态度和科学精神。因为，历史是最无情的，事实是最公正的。随着社会的进步和发展，人们自然去掉了当事者那种爱憎和感情，就会冷静地在一大堆历史资料中披沙拣金，去伪存真，科学地鉴别哪些接近历史、符合史实，哪些离历史甚远，有悖于史实，在人民群众和历史事实面前，一切历史真相终会大白于天下。

3. 深入探访与挖掘精神。

上面所谈的情况，那是愿意写回忆录，愿意将自己的经历和心里的话讲出来的。但在另外某些情况下，一些老人是不愿意讲、不愿意写的，或者某些材料流落到异乡外域，或者重要资料深藏某处而不易发现的，这都需要编辑人员利用各种可能多做探访，而且要富有穷追不舍的挖掘精神。这是对史料刊物与其他刊物的编辑要求有所不同的工作上又一特点。

工作实践证明，史料刊物编辑开展探访和挖掘工作，应当注意做到下列各点：

第一，寻找到某个线索，一定要穷追到底。比如，《史料》1987 年第三期披露于世的一份珍贵史料：《鲁迅同斯诺谈话整理稿》及有关附件。

这是1936年鲁迅逝世前对我国五四以来新文学各种问题的系统看法。对于研究中国现代文学、研究鲁迅、研究斯诺都是非常宝贵的历史文献。但是，这份珍贵的资料，最初只是文摘报刊上一则三四百字的消息时，便被一位对史料编辑工作的热心人紧紧抓住了，及时找到《中国记者》创刊号上的有关报道，查阅了有关资料，同时，想办法与材料的发现者安危同志取得了联系，先是通过几封信，后又趁安危从西安出差到京的机会见面商谈，并将有关资料提供给翻译家参考。几经周折，历时半年多，才将这份资料搞来了，正式与海内外读者见面。可贵的是，本来一般人往往会当作社会新闻一晃而过，很容易被忽略的一个信息，有心人却一见不忘，并且抓住这个线索，利用一切可能，穷追不舍，一直拿到这份经历社会变乱的风雨，埋没了半个世纪，从大洋彼岸获得的完整资料。史料刊物的编辑特别需要这种深入挖掘的精神和锲而不舍的品格。因为，埋藏在各个角落的若干珍贵史料，正等待着我们不断地去挖掘和发现哩！

第二，抓住一个线头，绝不可丝毫放松；如果稍有疏忽，就会丧失机缘。我们在工作中有成功的做法，也有失败的粗疏。茅盾回忆录从开始到结尾连续刊载并出书，除了茅公那忠厚长者的感人品格以外，不能不说其中也有《史料》编辑工作多种努力的结果。但是，对老作家沙汀等同志的组稿工作上，尽管创刊初期较早地就拜访过他，请他写作回忆录，而沙汀正忙于要去完成自己多年的夙愿：早已构思成熟的小说创作。中间有一段时间疏于联系，结果他已转而撰写回忆录了，我们编辑部却不知道。沙汀创作重要的时期——《睢水十年》那本回忆录就被三联书店拿去出版了。此后，我们才再次与沙汀建立了较密切的联系，《史料》便接着发表他的回忆录和日记。可见，有时稍有放松，机缘就错过了，早已抓住的线头也中断了。在这方面，固然有客观原因，但编辑工作的主动性和积极性等主观上的因素似乎是更值得重视的。

第三，不要怕碰钉子，要利用各种机会进行探访和挖掘。编辑去拜访作家的时候，许多作家是热情迎客、诚恳待人的，但也有时是要碰钉子的。有的作家，或因身体有病，婉拒客人；或因工作繁重，无暇抽身；或因意见相左，不愿与谈；也有的静养颐年，不愿见客；或有某种成见与牢骚，转嫁给编辑；还有的官不大，却官气十足，而闭门不见者……为了工作，为了消除某些嫌隙(或我本无成见而他抱成见者)，为了挖掘有价值的史料，编辑要利用一切可能的条件和机会，积极开展组稿活动。找有关作家的亲朋好友，找他的助手或秘书，找他的熟人(他不得不见者)，同时利用各种集会或社会活动，或者写信，或者送书(如每期刊物赠寄等)，总之，有可能实现探访或挖掘史料的目的，一定不放过一切机会，努力去做，有时是会感动“上帝”的，那样，工作也就自然做好了。这种挖掘精神，其他刊物编辑也是需要的，但是，针对史料刊物主要撰稿者是老年人这种特点，编辑人员的上述种种努力，尤其是必要的。

第四，勤快、诚实、认真，负责。这里，只说一件小事。有一次，我到一位著名作家家里访问。谈话中，他夫人非常热情地介绍说，一位海外学者在台湾某刊物写了一篇长文，介绍这位作家的情况。她口中对这篇文章十分欣赏和肯定。于是，我请求借去一阅。这时，夫人却犹豫起来，说这是那位外国朋友亲自签名寄来的一份，大陆可能不易找到。我十分恳切地说，两三天内一定保证璧还。主人才迟疑地答应了。不两天，我按时送还给主人。虽然是一件小事，但因资料珍贵，诚实、负责的态度与主人珍惜资料的心态十分相契，从此，使我在他们家获得了信任。以后，说要借用别的资料，甚至借作家唯一的顽童时期的照片，哪怕是由编辑部别的同志前往借取，主人都毫不吝惜地慷慨付与。也许有一些年轻编辑不把这些当成一回事，有时随随便便、马马虎虎地处理这类事情，竟可能不注意就深深地损害了老作家的心，从而失却了他的信赖和帮助，当然更得不到他为刊物撰写文章了。然而，史料刊物编辑要取得老作家的信任，却是头等重要的事情。

要取得这种信任，还需要做好两方面的工作：一是协助作家写作，或者代他寻找图书资料，或者及时提供某些信息，或者给予作家生活上某些帮助等等；一是有关文稿、照片、资料等作家原物，一定要非常爱惜，不可损坏，不用要立刻奉还，发表后也要及时送还，并要协商好以后联系的事宜。总之，腿脚要勤快一些，又要特别负责和认真，这可以使我们与老作家建立良好关系，以便于深入探访和挖掘出重要资料。这种良好关系便是工作的前提和条件。

四、耐心等待与历史展望

因为种种社会、历史、人际关系及个人情况等复杂原因，尽管自1919年五四运动以来中国现代文学发展的历史不算很长，但是，应该说，仅仅这几十年的历史资料要想很快搜集齐全，哪怕是某些重要的历史事件、重要的历史时期，如左联时期、30年代的文艺论争内幕，延安文艺座谈会前前后后的文艺状况、文艺观点，以及解放以后重大文学问题及有关案情等文学史料，要比较详细地全部整理和发表出来，现在仍然是有相当困难的。目前，相当一部分当事人、知道内情、了解有关状况的人，不愿意谈，或者不敢谈，甚至有人写好了现在不拿出来发表，想留诸后世。所以，曾有人感慨地说：任何时候的真实，都是有一定局限的真实；所谓讲真话，只是讲出当时能讲的一部分真话，另外一部分真话只能留给将来的历史了。

社会在发展，历史在前进。随着时代的前进、政治的开明，我们的认识总是越来越清晰，越来越接近客观真理，越来越清楚事物发展的来龙去脉和本来面貌，这是历史发展的必然规律和客观法则，不以任何个人的意志为转移，也是任何力量都无法抗拒的。比如，事过几十年后的今天，苏联共产党关于布哈林、季诺维也夫等一系列历史要案全都平了反，使历史原貌真相大白，便雄辩地证明了历史法则和客观规律的不可抗拒性。

史料刊物编辑人员在深入探访、寻找线索的过程中，一时间对有些情况弄不明白也不必着急，历史走到了一定的阶梯，某些史料自然就会呈现在你的面前；有时，如挖掘到了某种重要史料，也不宜操之过急，要静待时机成熟，再行披露为好。最近，《关于为胡风同志进一步平反的补充通知》的下达，便使人深有感触：如你早拿到了关于“五把刀子”、“小集团”和胡风文艺思想问题等重要材料，立即就发表出来，那时对各方面都不方便；今天拿来披露，不就是水到渠成，十分自然的事情了么！

我深信，随着我国改革的深化，四化的推进，在我们的史料刊物上将有更多重要的历史资料和回忆文章获得发表，那是毋庸置疑的。

1988年9月8日

本文原载《编辑学刊》1989年第1期

善于发现人才的编辑及其他

人才处处有。但是善于发现人才、使用人才，却不是人人都会。善于发现和使用具有真正意义上的人才，更为不易。

不只是政治领导人员，而且是各行各业都有一个发现人才、使用人才的问题。文艺期刊或出版社编辑人员的一个重要任务，就是要敏锐地从众多作者中去发现人才、使用人才，使这些人才发挥他最大的效能和作用，并且积极地“为我所用”——即为自己所在的编辑部或出版社的直接出版工作服务：多写好稿，多出好书。

这些好文章或好书稿，总是某一个(或某些)具体作者撰写出来的。当然有“鸟自投林”，自动找上门来的，但较多情况下却是编辑及时组织甚至催逼出来的。这就需要编辑能够当好一名“伯乐”，具有认识人才、辨别人才的真功夫、真本领才行。

善于发现人才的编辑，应该具有一些什么样的基本条件和素质呢？

首先，要具有正确的人才观念。

凡是抱着宏大事业心的编辑部门，总是广泛地网罗人才，将尽量多的人才网罗在自己的周围。这是办好刊物或出版好书起码的条件之一。这样，首先就是辨别什么样的人才(作者)能够与本编辑部很好合作，并能达到编出独具特色的刊物或书籍的目的。因此，编辑具有正确的人才观念是很重要的。

第一，别部门的人才，也会是你那儿的人才吗？

不同部门人才的标准和条件，显然各有不同。是搞音乐的，搞戏剧不一定合适；是搞绘画的，搞文学就可能陌生。同是文学部门，擅长诗歌的，不一定就会写小说；喜爱散文的，对文艺理论也许格格不入。

所以，每部门有每部门选择人才的特殊标准和条件。不必要求一致，也不可能强求一致。别部门的人才，在你那儿则不一定是合用的。不同编辑部门要根据自己的实际需要去识别人才、选拔人才。由此，诗歌报刊周围有一批诗人，小说报刊周围有一批小说家，散文报刊周围有一批散文家，文艺理论报刊周围有一批理论批评家，其他，如杂文、报告文学、纪实文学、传记文学、历史文学等不同报刊的周围，自然亦形成一批不同的作家群，皆是不同的编辑部门根据各自不同的编辑方针和任务要求，去物色和挑选本部门所需要的特定人才、特定作者而逐渐形成的人才关系网。

第二，人才有年龄区分，但只注意年轻人才，对吗？

现在，许多人讲人才，往往只注意了年龄界限，仿佛只有在年轻人中间才可发现人才、选拔人才，年龄大一些的人中间似乎就不需要去寻找和挖掘了。这是一种错觉和谬误。在一定的行政领导部门，当然要注意年轻化这个条件。但是，年轻化也仅仅是选择干部当中的一个条件、一个标准。那是谈一般工作干部，与编辑部门选择为我撰稿的作者，这是性质不同的两个问题(当然互相有所联系)。因为，在很多业务部门，特别是文学艺术部门，在许多情况下，往往是年纪越大越有经验，越有学识，越有成就和贡献。而且，相当大部分的老作家、老艺术家、老评论家，多是奋斗终生、写作终生的。因此，从编辑这个行业来说，选择作者在年龄限制这一条上面便可以大大放宽，不必要多所顾虑。当然，有些需要四处采访、调查研究的，需要东跑西颠，找人谈话的，如搞旅游散文、报告文学、纪实文学、传记文学的作家，搜集民歌、民谣、民间故事的研究者，调查现实社会问题、群众生活状况及民间风俗习惯的学者等等，编辑部组织有关的文章或书稿，一般来说，应当找腿脚好一些的、年纪轻一些的作者去完成。除此以外，在一般编辑业务工作中，作者应该不分性别和年龄，即人才可以是男，也可以是女，可以年纪小些，也可以年纪大些。比如，主编一部文学史，新编文学大系，编著当代文艺思潮史，编纂各种文艺鉴赏辞典之类，当然还是老专家有权威、有经验一些。但是，要建立新的学科、新的专业，搞新的选本、新的分类，或者在某些方面进行开拓性研究的，则往往需要年轻一些的作者为好。

就长篇小说创作而言，创作潜力最大的新作者，当然主要是在中青年作家里面去寻求和组织。但是，也不排除一部分老年作家投身于长篇小说创作的行列。比如，魏巍创作《东方》、韦君宜创作《母与子》、徐兴业创作《金瓯缺》、李准创作《黄河东流去》等长篇小说，就都是年纪较大的作者的第一部新创作。至于年纪较大的作家连续写出第二部、第三部长篇小说的，则亦多见。

可见，作者年龄不在大小，都可以是本报刊或出版社编辑部的作者，主要看他到底适合于写点什么来决定弃取。

第三，昨天是人才，今天也同样会是人才吗?

对人才不能有僵死的、固定的观点。在我们的编辑工作中，总是会不断碰到新的作者，报刊才能一期一期地更新，出版社也才能连续出版新书、新著。因此，作者本身不能是固定不变的，即一方面会出现一批又一批新的作者，另一方面作者本身的文章或书稿也得不断有新的思想、新的内容。

这类新的作者，大致有三个来源：

一是大批的年轻作者。这是新陈代谢不可抗拒的自然规律。各行各业皆是如此。如文坛上一批一批新人涌现就是这种现象。

二是老树开新花，就是老作者在新的领域里有新的开拓，或有新的文章、新的著作。这种现象也很多。如老作家有了新的创作，或者原来创作甲种艺术形式的，现在从事乙种艺术形式的创作，像诗人邵燕祥那样，近些年来着力于杂文的写作，成了新的杂文家，就是这种现象的例证。

三是移花接木，即从姊妹艺术队伍中去挖掘人才、发现人才，让他们转移到本行艺术中去创作新的作品。比如，苏叔阳是以写《丹心谱》、《夕照街》等戏剧、电影出名的作者，人民文学出版社的编辑发现他有可能创作长篇小说的才能，于是就主动与他接触、交谈，鼓励和动员他从事长篇小说的创作，并为他提供一定的创作条件，于是，他的第一部长篇小说《故土》就诞生了。从此，苏叔阳就不断地在小说艺术领域里纵横驰骋了。

这些新的作者，就具体编辑部而言，他们就是作者队伍中的新人才，新的组稿对象。

总之，人才，不是固定不变的。昨天不是人才，今天则可能是人才；昨天是人才，今天也可能不是本编辑部所需用的人才。就编辑工作来说，对于具体作者，不管他年轻或年老，是男或是女，也不管他原来在什么部门，干何种专业，只要能够为本报刊、本出版社的重点文章或书稿做文撰稿，都可以列为本行业务工作组稿的对象，都是本编辑部当前工作中应当充分重视并使用的人才。

作为一名编辑人员，只有具备了这种人才观念，及时地、主动地使有关人才为我所用，才能在本编辑部周围团结一大批卓有见识的有用之才，才能不断发现并挖掘出新的作者，使自己所编辑出版的报刊或书籍充满勃勃生机，气象不断更新。

其次，要具有本专业的真才实学。

编辑工作内部，或粗或细，大都有一定的分工。分工，便有所侧重和不同的专业内容。要做好编辑工作，就必须熟悉本行专业。要发现和挖掘本专业的人才，编辑人员本身便需要精通本专业的工作业务，对本专业具有真才实学，深切了解本行业务的历史发展、现实状况及其业务本身的内在规律。——比如，作为诗歌编辑，对于中外诗歌的发展，特别是对于中国古代诗歌自《诗经》、《楚辞》、唐诗、宋词以至于今的发展，五四新文学运动以后，引进西方诗歌创作的各种流派与思潮，从古代诗词到新诗的演变，新时期以来诗歌发展的现状及各类创作思想、创作问题，其中尤其要对诗歌艺术本身的内在因素及创作规律有较深切的研究和理解。这样，你才能在本行专业中去准确地发现确有才华的新诗人，作为你所在报刊或出版社撰稿、编书的重点作者和“种子选手”。

这类人才主要从三个方面去寻找：第一，重点是发现新苗。有人说：“诗歌是年轻人的事业。”这个话不无道理。诗歌特别需要激情和活力，年轻人在这方面往往最充沛、最富有。但是，年轻人当中喜欢诗歌的千千万万，作为一名诗歌编辑，你没有真正的学识和眼光，怎么能从千百万来稿中去发现新人？怎么能从无数新诗中去鉴别那些真正具有才华而且会有发展前途的人才呢？怎么能在各式各样的艺术试验和创新中去识别并促进那些真正能够具有长远发展而能被群众所接受的新创作人才呢？第二，要善于发挥老诗人的作用。让他们谈自己的创作经验和体会，辅导并帮助年轻诗人的成长，发表他们的新诗篇等等。在这方面，编辑人员的广博学识和组织才能会发挥较大的作用。第三，借用其他方面的人才。比如，文艺理论家刘再复本来是搞文艺理论研究的，但他也爱写散文诗；过去，他有这方面的兴趣和才华，可能未被发现或未得到机会充分发挥出来。近两三年来，他的一些散文诗拿出来刊发了，也有些编辑发现了他这方面的才能，催促并组织他更多地写作和发表了这类创作，他便成为了有关编辑竞相约稿的一位散文诗新作者。

总之，编辑人员在本行专业方面学识越广博，情况越了解，鉴赏和识别能力越强，越是把握了本专业的现实状况及其发展规律，那么，他所发现和挖掘的人才就会越多，越是能为本编辑部的组稿工作发挥更大的作用和效益。

再次，工作态度要勤恳认真。

作为编辑人员，与作者联系的目的，发现人才对工作的实际效益，主要体现在报刊版面或书籍出版上，体现在为读者服务上，体现在为文艺繁荣和文化积累上。因此，要及时而又较好地完成某项编辑任务，实现某种编辑意图，就要求编辑随时能够拿到合适的文章或书稿。这时，编辑与作者的交情和友谊，往往就起着相当重要的作用了。这种交情和友谊，常常是与编辑人员对待工作是否勤恳、是否认真，编辑与作者的关系是否亲近、是否紧密有着极为密切的关系的。

当然，勤恳、认真要建立在卓有学识和正确识别的基础之上。否则，没有辨清是否真正能够为本编辑部经常使用的人才，就瞎跑一气，很可能白白花费了许多功夫，但效果甚微。有时甚至还会得到费力不讨好的结果：在一两位并非真正能发挥效益的作者身上，费了九牛二虎之力，同时却疏远了其他有用的作者，到了需用某种稿子的时候，竟拿不到合用的，那时，编辑部内外就都会有这样那样的非议了。这种情况，当然不是我们所希望的。

编辑只有熟悉并理解本行专业工作的某些规律的特性，才会具有长远的目光和清醒的认识，选准了作者，就及早地慢慢做着各种联系工作，或写信，或访问，与有关作者不断交往和联络。这种勤恳和认真的态度，对编辑工作来说是非常重要的。有这样一位大型期刊的文学编辑，他平时兜里总有几位、十几位要联系的作者名单，而且是当作者未被许多人发现，找他的人很少的时候，他就与他们挂上了钩，书信往还，颇有交情；编辑部碰到缺少什么作品，需要很快补上去的时候，他的兜里随时都能拿出相当合适的短篇、中篇或长篇小说来立即发出。显然，这都是他平时工作勤恳认真的收获。

编辑与作者联系的一个目的，是为了从作者手里拿到好的文稿，但这又不能当作是唯一的目的。如果与作者一见面，开口就是要稿子，那么，他往往拿不到稿子，或者拿不到真正的好稿子，更拿不到编辑部最需要的稿子。如果，你与作者很谈得来，互相间共同语言较多，可以在学术或艺术上交流信息、交换看法，甚至能够互相切磋、互相启发，那么，你与作者的交情就会显得十分融洽而又亲切异常了。这种友谊，是编辑与作者的友谊，也是知心朋友间的友谊，往往得来殊为不易。因此，他们在讨论某个问题时，就容易将编辑部的意图与作者的想法互相沟通，达到相互协调与合作一致。所以，如将这类讨论的内容变成文稿，那便是最符合编辑部的要求，常常是编辑部最理想的文稿了。由此可见，编辑勤恳认真的基点，最重要的是要建立在与作者的共同事业、共同目的、共同追求之上，而不只是单纯的任务观点或单方面的索取和付与的关系。这样的合作关系，才是理想的合作关系，才是真正能够促进人才成长和事业发展的真诚关系。当然，要达到这种深层关系的理想境界，往往不是很容易的。但作为一位有理想、有追求的编辑，也是应当很好地追求并努力去实现这个目标。

最后，还要特别谈到的一点是，善于发现人才的编辑，其本身也是人才。

一般说来，编辑在不断发现作者、挖掘人才的过程中，也是自己不断学习，不断提高，逐步成才的过程，即在发现人才时也自我成才了。因为，这样的编辑人员，他不仅在这些工作中熟悉了有关编辑业务，完成了本身的编辑工作，而且也广泛地学习了本专业的各种知识，掌握了本专业的内在普遍规律，成为了某个专业方面独具慧眼的人才和行家里手，这在我们的编辑队伍中是十分常见的。

正因为编辑本身具有这方面的学识和才智，他才能成为本专业的“伯乐”，才会做到善于发现和挖掘自己工作范围内的各类人才，并与这些作者广为交往，情谊深挚，使作者们乐于为本编辑部提供质量优秀的文章或书稿。这里面的一个重要因素，即这类编辑与作者之间，不仅是一般的朋友情谊，而且常常互相引为知音，他们是共同的事业和理想的合作者与探求者。他们在工作中血肉相连，心心相印，有时往往会自然而然地结为一体了。

各编辑部的领导同志应该十分重视这样的编辑人才，使他们能够真正解放思想，放开手脚去工作，充分发挥他们在编辑工作中的骨干作用，使他们成为编辑部的中坚力量。在我们今天的工作中，人际关系常常相当复杂而异常缠人的境况下，编辑部领导更应努力消除各种内耗和人际纠纷，使这部分编辑人员能够集中自己最大的精力和智慧于编辑业务工作之中。达到这一步，是做好我们今天的编辑工作特别需要的。

1989 年 1 月 15 日

本文原载《编辑学刊》1989 年第 2 期

编辑工作的预见性与超前性

编辑工作常常是头绪纷乱、琐事繁多的，或外出组稿，或接待来访，或写信，或打电话，阅稿，查资料，记笔记，写意见，打报告，找领导，与作者约谈，与读者对话，红笔、剪刀加糨糊，甚至还要跑出版，搞装帧，抓发行等等，似乎满眼都是事务性工作，有时甚至忙得团团转，所以，有人戏称编辑工作是“替他人做嫁衣裳”的“老黄牛”。——确实，许许多多老编辑，成年累月或跑跑颠颠，或埋头案前，背驼了，眼花了，夜以继日地从事编辑出版工作，为我国的文艺报刊及出版事业贡献出了自己宝贵的青春。

编辑工作是需要一个人献身的事业，许多老编辑都是一生默默无闻地忠于职守、勤奋工作及至年老退休。所以说，编辑工作要真正干好也是不容易的。然而，工作尽管劳累而琐碎，但也不是没有一定规律可循的。要认真做好，必须具有较高的学识和眼光，工作中要有相当的预见性和超前性，也就是说，编辑人员要具有较强的主动性和创造性，才能使自己所在的报纸、刊物或出版社特色鲜明而光彩独异。这是使我们的编辑工作适应时代潮流、满足读者需求的一个重要方面。

在编辑工作中，要怎样才能具有战略意识和长远眼光，富于准确的预见性和超前性，并且能够采取有相当把握的超前措施呢?

首先，应当掌握编辑工作的规律。

要掌握一种工作的基本规律，就需将有关各个方面及各个环节认真摸熟。俗话说：“熟能生巧。”熟，就是熟悉，熟识，熟知，熟练，即对某项工作的各个方面都有比较深入地了解和把握，可以相当自如地按照这项工作的程序及内在情况，去较好地完成某项任务，达到某种目的。一句话，就是掌握了这项工作、这个专业的基本规律。

就编辑工作的基本规律来说，可以列出许多条来，其中主要的可从下列几个方面来略加剖析：

一、要贯彻编辑方针。

任何报纸、杂志或出版社，总有一定的建社目的和具体的编辑任务、编辑方针。在我国当前的情况下，首先必须与中央的方针、政策相一致，努力贯彻中央的精神、原则，符合国家、民族发展的需要。这是最起码的，也是最根本的。在这个基本原则之下，各报纸、杂志或出版社有自己的具体分工，在完成不同的任务时各有侧重，换句话说，各报刊、杂志及出版社都可以发挥独特的优势，利用自己特殊的条件，办出自己独具的特色来。在共同的政治原则和编辑方针的前提下，不同报刊可以有不同的艺术追求和艺术特色，这便形成近些年来《当代》、《十月》、《收获》、《花城》等大型文学期刊被人称为“四大名旦”的不同特色。这些不同的特色，就是不同刊物办刊方面创造性努力的结果。

二、对编辑人员基本素质的培训。

编辑人员必须具有一定的文化艺术素养和专业知识，具有相当的语言文字功力，具有一定的组织能力和活动能力……这些基本素质的培训需要不断加强和提高，这是编辑人员能否胜任工作、能否具有开拓性和创造性的基本条件。如果重视这方面的培训工作，编辑人员的基本素质好，知识面广，具有旺盛的开拓性和创造性，组织活动能力和适应环境的能力都很强，那么，我们的编辑工作就一定会干得更为出色，更加充满色彩和阳光。

三、编辑不能无米下锅。

无论编辑报纸、杂志或书籍，都需要源源不断的稿件供给。所以，文学编辑的生存，最主要的依赖是作者。作者是编辑工作“食粮”和“燃料”的供给者。“巧妇难为无米之炊”，多么有能耐的编辑，也不能无米下锅。只有组织来的稿件质优量多，报刊的版面上或书籍中，才会具有较强的可读性、知识性和趣味性，呈现出自己鲜明独异的特色，从而具有广大的读者群。

四、编辑工作的“衣食父母”是读者。

著名作家巴金说过，他是广大读者所养活的。同样，编辑出版工作的对象是读者，自然也是为广大读者所养活的。如果一种报纸、杂志或书籍完全没有读者或者很少有读者，那么，它是不可能存在下去的。因此，编辑要随时预测广大读者之所需，提前采取积极有效的组织、出版等各种措施，才能不断提供给读者质高量足并为广大群众所需要的精神产品(这一点，我们在下面还要专门谈到)。

五、保持一定的连续性。

报纸一天连着一天，刊物一期接着一期，新书一本挨着一本，随着时间的推进，总得有新的内容、以新的面貌去吸引读者，从而满足大众的广泛需要。因此，编辑工作也要求一定的连续性。既有发展，又有连续，这是事物演化和进步的常见状态。它有其客观的自然律动规律，也常有人们催化和促进的功效。所以，连续性不是固定不变的，往往有旧的因子，同时亦有新的成分；延续发展与新陈代谢都存在一定的客观规律性。编辑工作也不例外。为了保持这种连续性，既维系固有的特色，继承和发扬优良传统，又要不断使出新的招数，搞出新的特色，这是一个报纸、杂志或出版社编辑办出新的面貌，焕发新的光彩，得以生存和发展的重要条件之一。

当然，编辑工作的规律绝不止上述这一些。比如，文学艺术发展规律对编辑工作的制约，现行改革、开放政策对编辑工作的推动，经济规律对编辑工作的冲击，编辑队伍、编辑素质、美术装帧、出版发行、流通渠道、宣传广告等等都会对编辑工作正常运转产生各种影响，与编辑工作规律有着相当密切的关系。在编辑工作中，只有充分认识并把握这些规律，才能具有远见卓识，因势利导，创造性地出色完成我们肩负的编辑任务，办好我们手中的报纸、杂志或出版社。

其次，必须顺应艺术发展的趋势。

文学艺术的延续发展，前因后果，新旧融会，新质孕育于旧质之中，新旧交互作用，交替前进，都有一定的规律可循。比如，历史上每一次政治的变革，思想的跃动，都会带来艺术的演进和发展。五四运动强烈反封建的新思潮，带来了我国文学艺术的一场革命，掀起了蓬蓬勃勃的现代文艺复兴运动；粉碎了“四人帮”，打破了极左思潮的禁锢，催动着思想的解放，新时期文学艺术形成了多样发展的繁荣局面。这是一方面。

同时，另一方面，不管现实存在和客观环境如何，文学艺术的发展又总是遵循着它的一定内在规律前进的。这是不以人的意志为转移的，是艺术的发展受着社会、历史的自然选择的客观原则在起作用，是独特的艺术规律的自然发展轨迹在起作用。比如，经过历史潮流的涤荡，许多文学艺术的渣滓及劣质产品大多自然地被淘汰，而留下了我国文学艺术的精粹，即至今为人们所喜爱的《诗经》、《楚辞》、唐诗、宋词、元曲到明清小说《红楼梦》、《水浒》、《三国演义》、《西游记》、《儒林外史》等等，说明历史是无情的，艺术规律也是无情的。它是多么公正无私地鉴别并筛选着一切文学艺术作品，并最后地决定其弃取。

在我们的文学艺术作品中，大体上有这样两类现象：一类是当时轰动，发表时立刻产生很大的社会影响和艺术效果的，如前些年的短篇小说《不能走那条路》和话剧《千万不要忘记》等等。但是，随着社会的发展，政策的变迁，那条路被人们在重新审视、重新评价，那一类作品似已逐渐为人们所忘记。另一类是思想先进、艺术上乘的作品，其诞生的当时可能遭受围攻或贬谪，但它却在后代人面前闪现出夺目的光泽，如鲁迅先生的作品，如《红楼梦》、《水浒》，如今天那些“重放的鲜花”等等。——当然，具体情况往往也是相当复杂的：在作品问世之初，轰动不轰动，受重视或遭贬斥，并不能绝对说明那些作品的价值，而其思想、艺术质量的高低，是否符合艺术发展的规律，才是具有长久考察意义的标准。这种情况，在当前的文艺创作中也颇类似。

因此，编辑工作要有预见性和超前性，就要广泛采集信息，及时分析现状，认真观察和了解艺术发展趋势，提前采取有效的措施，善于发现那些文化艺术修养高，生活感受能力强，思想锐利，观点新颖，艺术感觉丰富，感情深挚而善于表达和抒发有力的作者，积极组织并促进他们努力去创作出更多优秀的作品来，其中必然就会出现一些具有相当思想、艺术质量以至会对文化历史产生长远影响的作品。那种趋时近利之作，报刊或出版社虽然不可能绝对避免，但是，编辑如能准确认识并把握艺术发展趋势，就有可能因势利导，使自己编辑的报刊或书籍跟上形势，既符合艺术生产的内在规律，又使自己的出版物独具特色。

比如，当中国女排第一次荣获世界冠军的时候，《当代》几乎在同时就刊出了鲁光的报告文学作品《中国姑娘》，这没有事前的充分观察和了解，并适时地进行组织和准确的预测，是不可能如此及时做到的。1988年，《当代》又连续发表了胡平、张胜友的《世界大串连》、赵瑜的《强国梦——当代中国体育的误区》、霍达的《国殇》、邓加荣的《恼人的物价怪圈》、戴煌，宋禾的《权柄魔术师》等多篇报告文学，刊载了柯云路的《衰与荣》、钱石昌、欧伟雄的《商界》、俞天白的《大上海沉没》等长篇小说，显示出它鲜明的当代性，强烈的现实性，切中时弊，探讨社会现实的各种问题，展示人们的普遍社会心态和精神风貌……总之，由于符合艺术发展，顺应社会潮流，并以其及时性和超前性的独异光彩和独特面貌，而获得相当引人注目的成功。所以，在各报刊的征订数1989年普遍不超过1988年同期的百分之四十的情况下，《当代》的订数却超过了百分之六十多，目前仍有十四五万个订户，显然居于同类大型文学刊物订数的前列。这种经验，对我们是颇有启发性和现实意义的。

再次，及时了解读者实际的需要。

编辑工作的服务对象是读者。没有读者，编辑工作便失去了意义。尤其是现代经济社会，编辑报纸、杂志或书籍，除了为民族文化的继承和发展，为世界文化的丰富和繁荣的长远目的，显然还有现实社会效益和经济效益的具体目的。因此，随时了解读者的实际需要，及时掌握书刊市场信息，预测书刊供求的前景及发展趋势，对于编辑的组稿和书刊的出版工作就显得是非常重要的了。

只有及时掌握读者实际需要的现实状况，并且能够预见到这种需要的发展趋向，在不久的将来广大读者将渴求什么样的书刊或作品，换句话说，即什么样的书刊或作品在可以预计到的年月里会被众多读者所争购，编辑工作才能更有预见性和超前性的计划安排，适时组织文稿，为满足这种紧迫的需求，优先出版某些为读者迫切需要的书刊。

比如，两三年前，当中、短篇小说的社会反响渐渐稀落，而传记文学、纪实文学、报告文学日渐抬头的时候，有的文艺单位或出版社及时办起了《报告文学选刊》或“纪实文学丛书”之类，或者利用自己所办的大型文学丛刊大搞报告文学或纪实文学征文。事实证明，这种决策是及时的，是符合许多读者实际需要的。近两三年这类文学创作的时兴，便使这样的刊物或出版社蓬勃发展，大受其益。

四年前，由著名编辑家、老作家韦君宜倡议，人民文学出版社创办了《文学故事报》这份通俗文学小报。创刊初期，曾受到社会上与文学界一些人的责难和非议，但是，由于它服务面广，老少咸宜，文学爱好者喜欢，非文学爱好者也爱读，一直拥有相当多的读者，《人民日报》、《光明日报》等报刊曾载文给予肯定或赞誉，因此，它一直坚持办到了今天，仍然充满勃勃生机，发行量相当可观。这张文学小报的销行于市，明显地突破了人称“皇家出版社”的人民文学出版社原有的某些思想框框，说明了编辑观念与广大读者群众的融会，显示了编辑人员思想上宝贵的超前性和预见性。

最后，尽力缩短出版工作的周期。

在报纸、杂志及出版社的工作中，只有编辑思想观念上的超前性和预见性是不够的，还必须有一系列编辑出版工作中的具体措施来加以保证。特别是在当前出版周期普遍较长的情况下，如不抓紧以至改变编辑出版工作现状，那么，哪怕有多么好的编辑意图和编辑计划，也往往是不能圆满达到目的的，甚至会使计划落空、意图得不到贯彻。所以，出版工作周期需要根据编辑掌握的信息，书刊市场的需求，读者阅读的兴趣，采取适时而迅速的灵活措施，以期书刊投入市场能够圆满地达到社会效益和经济效益的双丰收。可见，出版周期问题，是当前编辑工作中迫切需要控制、需要调节、需要加速的一个重要环节，应当引起我们足够的重视。

平时要半年以至一年两年才能出一本书的状况，显然不能适应当前激烈竞争的需要。有的出版印制的企业与编辑部门合作，使编辑出版周期缩短到一两个月甚至半月二十天出书，这是很可喜的现象。如能坚持，对我们的工作当会产生极大的推动和促进。人民文学出版社在这项工作中，有做得好的一面，也有不能坚持的一面。如《新星》、《红楼梦》被改编为电视连续剧在电视上连映的时候，他们及时地重印了这两种书，受到了许多读者的欢迎。但是，在平时，一本书的编辑出版时间却拉得较长，加上某些旧有的思想观念上的束缚，使人民文学出版社的编辑们深深感到该社目前正面临着某种危机，缺乏积极的竞争机制是必须尽快加以解决和改进的。这种情况看来带有一定的普遍性，恐怕也正是现在许多编辑部门所面临的一个亟待解决的问题。

总括来说，当前的社会环境和改革现实，逼使我们的编辑出版工作

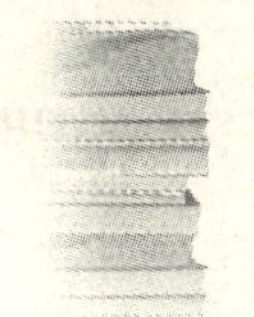

必须加强竞争机制。这样，不仅在思想观念上、编辑素质上、掌握信息上、组织稿件上、出版发行上迫切需要富有竞争机制，及时采取一系列切实可行的具体措施，而且，更为重要的是，我们必须排除许多思想认识上的干扰，竭力挣脱旧的思想观念的束缚，甚至要坚决与之展开某些必要的斗争，还要尽力摆脱掉诸多事务性的或人际关系的纠缠，以保证编辑方针、编辑思想、组稿、审稿、出版、发行等一系列工作环节的畅通、协调，上下一致，和衷共济，才能打破我们目前编辑出版工作中种种旧的框框，跟上改革、开放的新形势，逐步做到编辑工作上具有较强的预见性和超前性。这是需要我们努力奋斗的！

1989 年 2 月 14 日

本文原载《编辑学刊》1989 年第 3 期

漫议编辑与作者之神交(八议)

一、有责任心、使命感的“伯乐”

中国地方之大，你不可能处处走到；我国人口之众，你不可能个个相见。真正的朋友相交，有时并不一定都要亲自见面。

有这样一位大型文艺刊物的编辑，他每年总要发出二三百封信件，寄到祖国的四面八方，与许许多多的作者联系。其中，相当一部分作者，他从未结识。然而，这并不影响他们之间友谊的建立和发展，并不影响他们之间相互的支持与交往。

这位编辑，为了办好这份大型文艺刊物，十分关心全国各地的报刊，时刻注视一个个新作者的名字。每当他看到一个具有相当思想、艺术特色的作品，便迫不及待地打听这位作者的通讯地址，然后发信约稿。如果这位作者复了信或寄来文稿，他们之间便建立起编辑同作者之间的交往与情谊了。

这种编辑，在我们报刊和出版社的编辑活动及出版事业中，是很需要重视、很值得宝贵的。两年前，中国作家协会公开赞扬了一批文学期刊的优秀编辑，出版界郑重表彰了一些先进的个人(一小部人不是直接从事编辑业务工作的)，其中大都是这类编辑中的表率和模范。在一个报纸、杂志的具体编辑工作中，这样的编辑人数很少，也许常常只有那么一两位。对于这种编辑的素质、修养、客观的环境及条件等方面，是值得我们很好地调查研究和认真剖析一番的。尽管他们为数较少，但是，他们在某一个具体编辑部的作用和地位是不容忽视和低估的。在他们身上，常常具备着一名优秀编辑特别值得珍惜和学习的许多优点与长处，因此，我们在从事编辑学和编辑人才学等问题的研究中，尤其需要着力观察并好好进行分析的。

第一，他们具有促进文艺繁荣的学识与职责。他们大多具备相当的学识和文化艺术修养，有较高的文艺鉴赏和识别能力；这种能力与居于一定岗位的责任心，与促进文艺发展和繁荣的使命感，使他们经常主动地去寻找和发现新的作者；正是在这样的寻找和发现中，更有力地显示出编辑的知识水平、工作能力和思想修养的重要作用。这几个方面，在这类编辑身上，其表现常常是相当集中、相当突出的。

第二，他们具有发现新兴作家的卓见与热忱。这需要比较扎实的艺术功力和工作经验，需要在较大范围内对各种文化艺术知识的比较和分析，对不同作家作品的调查研究和广泛了解，才有可能产生对新兴作家的特殊敏感和鉴别能力，其中特别表现出编辑人员高度的事业心和对文学工作的极大热忱，那才会有如此的主动精神和工作热力。许多编辑的卓识远见，正是在这种精神和热力的促动与激励下出现的。这往往调动了编辑人员最大的聪明才智，集中了编辑人员最强烈的理想追求和革命感情。

第三，他们具有容纳天下作者的胸怀与气概。一位编辑如果只看到本部门或本地区的作者，没有眼光四射和博大胸怀，那么，他是不可能成为这类优秀编辑的。只有能够把自己所办的报纸、刊物或出版社当作为中华民族文艺繁荣奋斗的重要阵地和部门，才会努力去培养更多的文艺新秀，促进多种色彩、多种样式、多种风格、多种艺术表现的各式创作的发展，从而也才可能具有容纳天下作者的胸怀和气概，以发现新兴作家、扶植新兴作家为己任。

第四，他们具有一定的编辑经验，握有一定的编辑权限。有时是这两方面的结合，有时这两方面又不完全一致。他们中，有的可能就是编辑部的重要负责人之一。但权限并不一定起关键作用，而学识、修养和经验则是必不可少的。当然，十分重要的是，在编辑部里必须有一个较好的环境和条件，即除了主观上要破除一定的思想障碍和舆论影响以外，客观上他们还需要得到编辑部的主要负责人或者在编辑工作上能够起相当作用的有关同志经常性的具体指导和有效支持。这种人，在编辑部里常常是可靠的业务尖子或骨干分子，有的可能会被认定为接班人。如果没有这样的环境和条件，这类编辑是不可能充分发挥才能和起到应有作用的。那样的报刊和出版社，自然也是不会发现并团结那么众多的有突出才华的作者的。

这类编辑能否充分发挥作用和才能，并与作者建立起十分密切而友好的关系，除了他们本身的学识、修养、精神、气质和编辑部内外的环境、条件等等以外，他们在工作态度、工作方式和方法等方面，也有许多值得我们注意和研究的地方。

据我的观察和有经验的优秀编辑们所做所说的，归纳起来，对于从未见面的、只靠通信交往的作者，编辑们经常比较重视和注意下列几点：首先，要与作者建立互相信任的关系，即通信约稿，谈文论艺，阅读和研究他们的作品，了解他们的有关经历和工作情况，处处尊重对方，使对方逐渐对编辑部产生信任感。其次，用“以文交友”的方式为主，编辑希望作者写文稿，给编辑部以具体支持，而报纸、刊物则适当给作者提供版面，帮助并促成作者尽快写出优秀作品，使之感觉到编辑部对他们抱着殷切期望，从而对编辑部产生依恋和依靠的情绪，从心底里重视与编辑和编辑部的密切关系。还有，在这种交往中，既要根据不同作者对象采取适当的办法，又要做到坦诚相见，充分交流观点，特别是当对文稿有些不满意或有不同意见时，一定要具体地提出修改建议，很好地帮助作者提高文稿质量，态度要认真、恳切，分析要细致、具体，一方面考虑读者需要，要对读者负责，另一方面，又要考虑作者情况，采取他能够接受的方式，犹如多年好友一般切磋、商议。在具体商谈文稿和提出修改意见时，既要坚持原则，特别对重大政治性、知识性或重要艺术原则问题，要向作者反复讲明白，请他一定慎重考虑，做出适当的修正或改动，同时，又要避免具体细节问题上纠缠不休，对某些非原则的学术问题或艺术观点，某些试验性的艺术手法或艺术表现，有时可以求同存异，不必强求一律。商谈时，千万注意要平等协商、平等待人，并充分地尊重作者。这样，在编辑与作者之间，大多能够建立起比较友好而亲密的关系。

编辑与这样的作者建立联系的时机，非常重要的一条是：必须抓住一个“早”字，即是要早发现、早联系、早相知、早支持。最好在这样的时机，即当一位作者还没有能够在较大范围内被人们充分认识，还没有受到文艺界充分肯定，没有在全国成名之前，你就能及早发现并与之交往。这样，作者从编辑那里受到的激励和鼓舞往往会十分巨大，有时可能会在一定程度上决定作者将来的道路和发展，从而便会比较容易地获得作者发自内心的真情感激和充分信任。所以，联系得早，可以大得天时之利，在这类编辑与作者的关系中常常具有决定性的意义。

至于编辑与作者的关系能否顺利发展，能否真正亲密起来，成为真正的挚友，那还有一个关键问题：即要做到真正的心神相通。心灵上互相理解，感情上互相亲近，特别是在事业上互相支持(真诚的支持)，以及艺术审美的共识、艺术追求的同向等等。有了这种心神相通，在事业上、理想上的一致，才有可能达到编辑与作者之间的那种神交。如果没有这种相通和一致，其关系是不可能十分亲密的，有暂时的一两次来往，也不大可能建立起异常紧密而牢固的联系，有时甚至会出现“貌合神离”的现象。

编辑与作者达到神交的关系，是颇不容易的。但现实中确实存在着这种关系，尽管为数不是很多。对于这种关系，我们即使不用“慧眼识英雄”来比喻，作者也不必说感激“知遇之恩”这类词句，但编辑的“伯乐”之功(确实可以将这些同志称作编辑中的“伯乐”)，为我国文艺事业及时发现人才、培养人才的功绩那是不可磨灭的。历史是会给予公正评价的。比如，鲁迅最早发现了萧军和萧红，叶圣陶最早发现了丁玲，茅盾发现了茹志鹃，冯雪峰发现了《保卫延安》和它的作者杜鹏程等等，在中国文坛上均已传为佳话。可以说，这已达到了某种神交的极致。

这种尽力与作者建立神交的编辑，对于编辑部门之所以十分重要而异常宝贵，主要在于他们能够吸引众多作者紧紧团结在自己编辑部周围，使有特色的优秀的文稿从四面八方源源不绝地寄到编辑部来，为办好报刊提供很好的条件；而且，他们为文学事业的献身精神，在编辑部门兢兢业业、勤勤恳恳地工作，也为编辑部的同仁们、特别是年轻的编辑们做出了榜样和表率，对于该编辑部良好作风和学风、编风的形成大有助益。

达到了这种神交的关系，两人即使远隔千里之遥，也从来没有机会见面一次，但其友谊已在相互的理解与共同的事业追求中日渐亲密。他们之间的合作，很可能会较快地开出灿烂的花朵来的。

这种神交，也许由于合作中迅速取得成果，也许由于某种机缘得以相见，那时，编辑与作者的交往便将进入另一种境况了。

1990年4月4日

本文原载《编辑学刊》1990年第3期

二、相互理解与尊重以建立良好的初交

人与人之间的初次交往，往往印象是深刻的。

编辑与作者第一次见面，有的先有书信往还，有的先由友人介绍，有的早有神交而后见面，有的也许事前从没有联系，也有的虽无直接交往，但早就有文字之交或者互相读过对方的作品与文章……总之，情况尽管各不一样，可是，作为编辑与作者之间的会晤，大体皆因为文稿而来。

在日常的编辑工作中，我们常常见到这样几种情况：有的编辑喜欢案头工作，整天埋头于桌前，异常勤奋、认真，一丝不苟，但言语木讷，与作者交谈不善于充分表达自己的观点和看法，有时甚至要准备好一个书面提纲才与人谈文论稿；有的编辑十分善于交际，说起话来，眉飞色舞，谈笑风生，异常活跃，组稿工作能力较强，但艺术修养和学术水平较差，文字上的刻苦功夫不足，因此，谈话中一般性的内容较多，谈意见时缺少真知灼见，有时对文稿中的主要问题谈不大清楚，因此，常常对作者文稿质量的提高帮助较少；有的编辑则兼有上述两类编辑的优点，文化艺术修养和艺术鉴赏能力达到了相当水平，善于抓住文稿中的主要优点与不足，善于体察作者的具体情况，帮助作者发挥其长处，避免其短处，他所谈的意见或建议往往对作者大有助益。这是在编辑部里几种常见的不同类型的编辑。就编辑工作而言，不同类型的编辑在编辑部里的作用各不相同，他们也都有自己一定的特点和地位，以适应着编辑工作的不同需要。然而，很明显，后一种编辑在与作者的交往中，特别是在与作者建立神交关系中，常常起着特殊重要的作用，那是不可忽视的，也是我们需要着力研究和分析的。

在一般情况下，涉及文稿的谈话，有编辑熟悉其内容的，也有编辑并不熟悉的，有编辑赞成其观点的，也有编辑并不赞成的，作者有健谈

的，也有不健谈的，有性格随和的，也有脾气固执的……情况千差万别。而就编辑与作者的交往来说，矛盾的主要方面常常是在编辑一方：编辑的学识、态度、责任心、良好的工作作风和正确的思维方法，常常起着重要的作用。

交谈中，一种常见的情况是：作者的观点编辑是熟悉的，作者的倾向编辑是赞成的。这种情况，往往因为兴味相投，容易谈得入港。通过互相交流、商讨和切磋，常常互有心得、互有促进，对相互提高和开阔眼界都是颇有助益的，有时甚至可能达到“听君一席话，胜读十年书”的境界。这种情况，当然很容易谈得来，谈得欢畅，谈得痛快，从而使作者与编辑一见如故，以至结成为心神相通、心心相印的一对好友。

交谈中，另有两种情况则常常出现某些难于处理、难于对付的局面。可是，作为一名称职而优秀的编辑，则又是我们必须尽力做到的，也是编辑应当不断提高、不断扩大知识领域所需要做到的。

一是编辑对作者所持的观点不熟悉。即作者的观点，或独特、新颖，或异样、离奇，或鲜为人知，独具只眼等等，编辑与作者交谈前是不了解或了解甚少的。对于一位称职的编辑来说，不了解便需要学习，从不了解到了解，从不熟悉到熟悉。这是对编辑素质的要求，是编辑工作的职责所在。只要有正确的编辑工作态度，对于作者的来访和谈话，就会抱着应有的耐心和尊重的态度。

编辑的不熟悉有种种情况，有思想、观点、方法、形式的不熟悉，就文艺作品来说，还有生活内容、艺术风格、结构方式、表现手法等等的不熟悉。有的不熟悉，可以很快熟悉起来，而且可能变得对它相当喜爱，因此，这种谈话，有时会越谈越投机，越谈越有兴趣，甚至最后产生“相见恨晚”的感情。这种情况，大多是作者的谈话内容引起了编辑的情致，或者开阔了编辑的视野，或者让编辑产生某些联想与回忆，因而使编辑对作者文稿的重要或新颖有了足够的认识，或产生了新的看法。这种交流，对于有事业心的编辑来说，往往会产生奇异的征服力和诱惑力；如此深谈的结局，自然也会使作者出乎意料而感触良深。

有的尽管编辑一时熟悉不起来，可是，由于编辑态度诚恳，耐心倾听，并很注意尊重作者，对作者所持的思想、观点表示理解和愿意进一步学习、研究的兴趣。那样，作者也会同样对编辑表示理解和尊重。有时，可能互相对谈话的主要内容不便进一步交流，但由于双方非常的认真、坦诚、友好而平等，因此，在主要内容之外，相互之间对对方的品格和为人也可能会产生某种好感和尊敬，这样，也能使编辑与作者之间相互了解而具有真情。

一是编辑对作者所持的观点不赞成。两人意见相左，以至相互争论。经验证明，互相对某种观点赞成或不赞成常常关系不是很大，而重要的是编辑必须待人以诚，特别要以恳切、平等的态度对待作者，尊重对方。为了共同追求真理，探索艺术，弘扬祖国科学、文化，或为民族艺术的振兴和发展，双方又都是为着同样的目标，抱着同样的态度，那么，有时尽管在某些问题上争得面红耳赤，难解难分，反而使两者之间在争辩中达到了真正的了解，建立了真正的友谊，所谓“不打不相识”，有时这种友谊还显得更深沉、更真挚。

对于不同的观点，作为一名称职的编辑来说，不是仅仅表示“我不赞成”就行了，应该把不赞成变作自己从事某项研究的开始。即使通过研究自己仍然不敢苟同，但对于那种思想、观点或风格、手法，首先要有包容精神，即不是一下子把它扼死在摇篮里，只要它不违背我国社会的政治原则，可以为时代所容忍的，都可以先让它存在。特别是一般面对大众的报刊编辑到主编，更应有这样的胸怀大度和宽容态度，这对于我们民族文化的丰富和发展是大有好处的。在科学研究方面，在艺术风格或艺术表现手法方面，更应有这种容忍精神。同时，还要尽可能做到比较客观地、历史地去看待那种种不同。有的也许是暂时看来不能赞成的，但从长远看来可能具有相当的价值；或者在某些方面、某些局部来看也是有相当的社会意义和作用的。总之，编辑对待作者，对待问题，要尽可能采取客观的、历史的、科学的、具体的分析态度，这是最重要的。

我在大型丛刊《新文学史料》从事编辑工作期间，深深感觉到这种科学的、历史的态度和容忍精神对编辑工作的重要性。在那里，编辑部的同仁们对待不同作家皆一视同仁，平等相待。不同的作家对某些历史问题、历史事件，由于角度不同、观点各异，或者由于某些思想障碍和现实原因，从而不同作家所陈述的历史事实颇有出入，甚至大相径庭，编辑皆抱着对时代、对历史负责的态度，对不同的回忆，对不同的观点和材料，都同样宽容，同样刊登，以供后人从事客观的科学研究提供史料。

我觉得，这是体现了这种容忍精神和科学态度的。在中外学者和众多读者中引起了研究的兴致和充分的重视，说明编辑的这种劳动态度具有重要的社会价值和作用。我和我的同事们在阅读小说创作的时候共同感觉到，下列现象和观点也是值得重视和研究的：即在某些小说创作中，传统的现实主义艺术表现，当然是文学创作中十分重要的一种，而其他各种艺术探索、艺术试验，包括从西方文艺创作流派中引进的意识流、象征派、现代主义、结构主义、黑色幽默等等，各式各样的艺术表现和艺术手法，只要作品表现的主题思想是健康的，反映的生活内容是与时代相适宜的，作家的某些表现和追求编辑并不一定赞成或完全不赞成，但同样可以允许它发表，允许它存在。我觉得，这是有助于我国社会主义文艺的进一步发展和繁荣的，对于我国社会安定、民族振兴是大有好处的。近些年来，我国文学艺术的多样发展和空前繁荣的现实状况，便是有力的客观事实。这些，都是有利于编辑与作者之间互相交谈、互相促进，从而建立起亲密的关系与友谊的良好条件和基础。

当然，编辑与作者要真正达到心灵相契，言谈欢畅，在对话时，那种为了共同的事业、共同的目标和不同岗位上的通力合作精神，互相之间的尊重、平等、诚恳和理解是很重要的。只有在这样的基础之上，编辑与作者的交谈、交往、交流与交情，才可能达到欢畅、欢快、欢欣、欢悦的动情程度，从而在这样的交谈中互有助益、互有补充、互有启发、互有促进，无论是从正面的增强，从反面的激发，从侧面某个角度、某个方面的推进，都将会产生出(或可能产生出)一定的成果，即使暂时不能产生，将来一定时候也定会取得新的成绩。

总之，通过文稿或交谈，从而建立编辑与作者之间的神交，他们可以是同一观点、同一步调的挚友，也可以是同一目标但观点并不一致的(所谓“殊途同归”)诤友，还可以是性格矛盾但都相当执著地为着事业奋斗而又互相支持和帮助的良友……不管什么情况，他们总是不断地为着近期的某篇作品、某部书稿，为着远期的某项研究、某个事业携手合作和奋力拼搏的战友与同志。

1990 年 4 月 7 日

本文原载《编辑学刊》1990 年第 4 期

三、深挚情谊与长期交往

人与人之间的深情厚谊，欲达到心灵上的深交以至神交，常常不是一次建立，也非一日之功，而是需要不断培养、不断深化的。

一位作者向编辑提供文稿，大多不是一次就画“句号”，以后不再写作、不再与编辑来往了。作者总是在不断研究、不断写作，并不断取得新的成果的。因此，编辑结识一位作者，往往不是一次性交往，而是反复联系，一年、两年、十年、二十年，不断延续下去，成为多年结交、感情深笃的好友。

但是，编辑与作者一次性交往或者短时期联系的情形，也是并不罕见的。原因相当复杂。有的是志趣的变化，有的是工作的调动，也有的是研究课题的转换，有的因编辑部某个栏目(或某套丛书)计划的变更以至撤销，有的则是编辑部的人事变动或某人的调离等等。当然，也有的是交往中出现的其他问题造成不好的结局：一方面，是编辑作风和编辑态度上的问题，比如对作者不够尊重，某些事情处理欠妥，某些环节考虑不周，以及发生矛盾而又未能妥善解决；另一方面，是作者思想和作者对人处事中的问题，比如有的作者态度倨傲已极，相当主观，固执己见，不大尊重编辑的劳动与合理的意见，也有的是作者过分重视稿酬的高低，苛求待遇的优劣，这些，都可能影响到编辑与作者交往的深浅以及是否能够持久下去。

经验证明：编辑与作者能否建立长期的交往和深厚的友谊，是由主观与客观、内在与外在等多种因素决定的。归纳起来，大体有下列几方面的情形：

一是编辑任务与作者志趣的一致。这是整体与个体的关系，即编辑方针、编辑计划、编辑任务与作者个人的学识、兴趣和研究课题之间要有一致之处，供与求的目标一致、配合一致。这是首要的一个条件。多么有能耐的编辑，时间和精力也是有限的。他只能将经常联系的作者限制在与自己编辑业务相一致的一定范围以内(除此以外，可能还有作为其他朋友交往的，但并非编辑与作者的那种性质的联系)。多么有名气、有水平的专家、学者，其兴趣和爱好可能是多方面的，但能够经常撰文、多所著述的，也会有一定的范围。那些编辑任务与自己所从事的专业技术和熟悉的知识范围相距甚远的，自己也不会与他们建立经常联系(这是从文稿上来说的，现今那些常有的经济上的关系及其他合作关系不在此列)。换句话说，也即是编辑部主观上的任务和要求与作者客观上的业务工作范围和学识水平的一致，或者作者本身具备的内在的志趣和研究与编辑部和读者外在的需求相一致，这无疑是编辑与作者建立经常联系的基础和条件。比如，从事核导弹研究的专家，他可能与讨论环境净化和污染等问题的报刊建立联系，但与海洋学、地质学、社会学、历史学以及人体解剖学之类的学术刊物，大概就很难有多少瓜葛了；一个著名大夫，他可能既专于某方面的医疗科学，又喜好文学，熟悉社会及复杂的人际关系，而与某些医疗科学、社会人文科学及文学报刊建立联系，但与其他方面大约就会疏于交往了。因此，编辑需要对具体的作者对象有多方面深入地了解和熟悉，才能有效地建立相同志趣与任务的对口联系。

二是编辑爱好与作者追求的协调。编辑部有具体的专业对口，并不等于与同一专业的全部人员都必须建立经常联系。比如说，研究古典文学或现代文学的人员有成千上万，但是某一个古典文学或现代文学的学术刊物编辑部不会也不可能与该专业的全部从业人员、研究人员统统建立经常性的紧密关系。搞当代文学的人，不管是搞创作的还是搞研究的人，数字可能更多一些，但某一个杂志或出版社经常联系的也不过几十或几百个作者。这固然是具体编辑的时间和精力的限制，也有地域的限制，还有编辑部所需文稿数量的限制，更因为不同刊物的特色、不同出版社的要求、不同编辑的爱好等等有所不同，因而选择的作者对象往往出现差异(当然不同编辑部的作者也会有所交叉)。除了常见的人际关系的种种复杂原因以外，单从编辑的爱好与作者的追求这个角度来说，也常常是编辑与作者能否建立长期紧密联系的一个重要因素。就以文学创作这个门类来谈，坚持以现实主义传统为主的刊物，自然会联系一批从事现实主义创作的作家及评论家；倡导艺术创新的文学期刊，便会紧紧抓住勇于创新和探索的一批新兴作家和研究这类创作的评论家；主张新实验小说的文学期刊，则着力于与写作新实验小说的作家及研究家通力合作；喜欢“社会问题”报告文学的期刊，当然多与采写这类报告文学的作家及对此有兴趣的评论家加强联系……这样，编辑与作者的协调合作，显然成为他们建立经常联系的一个关键因素。

三是相互敬重与诚恳相待的为人品格和深挚交谊。这是我们做好编辑工作、从事编辑学研究需要着重分析和探讨的问题，也是编辑要与作者建立神交关系至关重要的一个问题。

从人与人之间的交谊和感情关系来说。人，多是重感情的。在编辑与作者的交往中，感情的纽带也常常决定着人与人之间关系的亲密程度。在我们的组稿工作中，常常出现这种情况，有的编辑、特别是年轻编辑跑了几趟拿不到的稿子，一位与作者有相当交情以至深厚情谊的编辑(大多是富有经验的老编辑或善于交际的女编辑)，只需走访一次，甚至于一封信、一个电话，就能将稿子顺顺当当地拿来发表。也常有这种情况，一位编辑办了离退休手续，或因工作调离某个编辑部，某个作者在感叹之余，他的文稿随即便给了另一个编辑部或出版社，原来与他联系甚密的那个编辑部或出版社也便因此与这位作者失之交臂。这里面具有重大作用和关键意义的，就是人与人之间的交谊和感情因素。

在人民文学出版社的编辑工作中，我们就常常碰到这类情况。如年纪大一些的著名作家魏巍，从《谁是最可爱的人》等作品的出版开始，就与我社有了密切交往。在“文革”后期，他还没有完全解脱和重新工作时，我社的编辑又一次前去拜访他，支持并促成了他多年构思的第一部长篇小说《东方》的继续创作，使他与编辑之间更增进了难忘的情谊。这一点十分重要，不仅使他《东方》一写成就交我社出版，而且，过了几年之后，当他又创作出另一部重要的长篇小说——《地球的红飘带》，仍然毫不犹豫地就给了我社的有关编辑。年轻一些的作家如高尔品、陈世旭等等，他们刚刚发表不多几篇中、短篇小说的时候，我社的编辑就与他们建立了联系，关心他们的创作，共同研讨他们创作中遇到的难题，帮助他们在创作上的进步并研究如何从艺术上提高和突破等问题，想法协助他们解除创作环境等方面的困扰，因此，他们的重要创作、特别是第一部长篇小说创作出来以后，首先就想到应该交给我社的编辑。高尔品连续三部长篇小说《痴汉和他的女人》、《都市的少女》、《少夫人达琳》，陈世旭的第一部长篇小说《梦洲——一个青年革命家的浪漫史》，显然都是编辑与作者多年结交的深厚情谊的结晶。

从人们交友的选择与持久的合作关系来说。编辑与作者的交情和友谊，在一般情况下，是时有变换、常交常新的，相互的选择性和相互的

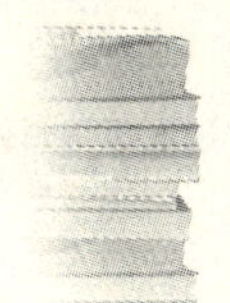

胡德培与陈风、陆天明、毕淑敏、雷抒雁在松花湖边

变换性是处在经常变动之中的。这从一张报纸、一本期刊或者一个出版社的出版物来看，作者名字不断变换和更新，正是这家报纸、期刊或出版社处在不断发展中的明显标志之一。没有这种变换和更新是不可能的，也是不正常的(某个时期某些同仁刊物例外)。这是一种状况。另外一种状况，即一家报纸、刊物或出版社为了办出某种特色，体现某种方针，他们所联系的某些作者(或称重点作者)又需要有相对的延续性，这也常常是某个报刊或出版社能够继续办下去，而且越办越好、越办越有特色的重要条件和基础。

在今天，无论从编辑的角度去选择作者，还是从作者的角度去选择编辑，可供选择的对象都不是单一的，而是多样的；是多向选择，也是互相选择。在这种选择的多向变换的情势下，当一篇或一部文稿脱稿之后，到底如何确定去向呢？在同一个专业内容和类似性质的范围以内，如果有几个去向、几种选择，那么，人们第一选择的标准是什么呢？青年们常常选择“够哥们儿的”，一般人便选择“够交情的”，行家里手则选择在理想上、事业上和志趣上与自己一致，而又经常交往的……

作为一个编辑部的负责人，作为一个有事业心的称职编辑，为了使自己所在部门的工作干得出色而卓有成绩，我们就必须有意识地抓住一些重点作者，选择一些需要长期联系的作者。作者为实现自己的理想和事业，自然也要选择最有利于发挥自己专长的、最有利于发表和宣传自己观点和主张的报刊与出版社。那么，什么是联结编辑与作者的桥梁和纽带呢？常常是他们间真诚的友谊和感情起着重大的作用。

实践证明，对专于某种学术、有强烈事业心的知识分子与专家、学者，编辑与他们的交情和友谊要想不断延续和持久下去，相互尊重对方和诚恳的工作态度往往是重要的催化剂和凝固剂；如果互相不尊重，或者不能以诚恳和诚实的态度相处，那种交往肯定是不能长久的。人民文学出版社在与一些老作家的交往中便充分地体现了这一点。远一点的，如与郭沫若、茅盾、叶圣陶、郑振铎等作家的交往。近一点的，即现今仍在加强联系和交谊的，如与巴金、冰心、孙犁等作家的关系。晚一点的，如女作家宗璞与我社的关系也相当说明问题。这位女作家尽管作品不是写得太多，也写得不快，但是，字字斟酌、篇篇认真，从语言艺术到谋篇布局都异常严谨而执著。她艺术上的追求和为人的品格，使我社的编辑对她十分敬重，较早地就与她建立了联系，多次邀请她参加笔会、座谈会，不断关注她的创作。她也是编辑出身，对编辑非常客气，即使对年纪很轻的编辑也态度诚恳，平易近人。经过多年的交往，使她认定了：自己写出的重要作品、特别是着力于写作的长篇小说，一定要交给人民文学出版社出版。她写成了第一部长篇小说，正是社会上相当一部分作家出口不离价钱高低、十分讲究稿酬多寡的时候，但她却不考虑报酬多少，就认准了自己认为可靠的编辑和出版社；尽管身体常病，她仍竭力挣扎着反复修改，以使作品的文学语言尽量精练和纯净，并尽力压缩和凝炼篇幅，整整花了两三年的时间，才最后完成了一部二十一万字的小说《南渡记》(《野葫芦引》第一卷)。这样诚实而执著追求艺术的作家，当然要求她的编辑也是诚实而热爱艺术的人。作家与编辑有了如此纯净而美好的情谊，这部纯净而优美的小说便得以顺利地诞生。

从事业追求与共同奋斗的精神关系来说。编辑与作者的情谊，需要事业的追求和理想的精神去浇灌和充实，才能开出鲜艳的花朵，结出丰硕的果实。这样，编辑与作者都必须具备坚韧执著的毅力和长期奋斗的精神。就文学创作来说，编辑要不断鼓励作者在艺术修养、艺术创新上不懈追求，不断帮助作者从深入生活、选择题材到艺术构思、艺术表现等具体计划的顺利实施。有共同热爱的事业和理想，有共同追求的艺术天地，有共同奋斗的远大目标，编辑与作者紧密地携起手来，合作并进。因此，作者的每一步前进，每一个突破，既包含着作者的日夜耕耘，又包含着编辑的辛勤劳动，可以说，在每一部新的创作里都是编辑与作者共同心血的结晶。只有在这样的共同协作、配合默契的创造性劳动和艺术崇高境界的追求中，编辑与作者之间慢慢地就可能达到心神相通、心心相印，为事业和理想共同奋斗的一种神交关系。所以，在这种日复一日、年复一年的亲密交往里，编辑自然会获得作者一本又一本优秀新作的无私奉献；由于他们的有效合作和共同努力，自然也会为发展我国社会主义文学事业不断做出新的贡献。

1990 年 7 月 27 日

本文原载《编辑学刊》1991 年第 1 期

四、对文稿要大处着眼、细处用力

人与人之间需要真情交往，所谓真，所谓情，在编辑与作者之间，可以从很多方面得到体现，其中，我认为，最重要的一点，表现在对文稿的处理上：编辑部期望得到最理想的文稿，作者需要得到真正的实惠——修改时获得有益的指导性意见与一个一个具体的帮助。这是相互利益与共同事业的结合，也是编辑与作者交情得以巩固和发展的主要根由。

就文艺创作来说，所谓有益的指导性意见，就是对一篇作品、一部书稿思想上艺术上的一个总体评价，从一定高度对大的方面的基本看法。比如，在政治上是否有益于时代和社会，在思想上是否独具慧眼，深刻透辟，在艺术上总体构思是否精美完整，独具特色，或者在艺术创新上是否独辟蹊径，卓有建树。如果是比较一般化或平庸之作，则要指出能否将一般改得不一般，能否去平庸而树奇伟。如果是败笔湮没着富有光彩的动人情节，则需要让作者去芜存菁，突出精彩动人之处，使作品闪现出耀眼的光华……总之，需要编辑大处着眼，首先比较准确地辨别自己手上的文稿是否富有特色，是否具有某方面独特的思想艺术价值，一句话，这部(篇)作品是否会让读者喜爱，让文坛叫好，为我们民族的文学艺术增添光彩。

所以，在某些编辑部里，常常出现这样的情形：在一部(篇)具有相当价值的作品面前，有的编辑修养不足，缺乏见解和应有的水平，那就可能因此失去一部(篇)具有特色的作品，失去一个颇有希望的作者。有的编辑具有相当的修养、见解和水平，那就可能从来稿里发现新的作家、新的作品，或者从某些别人认为应当作为退稿处理的作品里挖出值得认真扶植和帮助改好的新作，从此便与这位作者建立起异乎寻常的亲密关系，以至成为莫逆之交。在后一种情况下，编辑与作者的关系，作者对编辑往往感情色彩很浓，感恩情绪很重，即所谓“知遇之恩”。我认为，不可简单地对待这种关系。因为，这里绝不是一般的感恩，我们更应该看到并充分重视的是，那种在共同的事业和理想追求上的相互合作，携手奋进中所建立起来的富有特殊内涵的朋友关系和战友关系，是多么宝贵、多么值得珍惜啊！

从大处着眼去肯定和扶植一个作家、一部(篇)作品，需要编辑有较高的文化艺术修养和学识水平，还要有相当的鉴赏能力和分析能力，特别是要具有对艺术发展趋势的高度敏感性和在广阔领域里开展艺术比较、艺术剖析的实践经验与研究水平。这是安于现状、不求进取、满足于日常身边点滴成绩的一般编辑所不够珍视和不易达到的。我们应当克服那种平庸的编辑思想和编辑作风，努力培养谦虚谨慎、勇于进取、严谨认真的编辑作风，打开视野，不断丰富新的知识，不懈探索艺术的崇高境界，树立高尚的品格和远大的志向，这才是有志气、有理想的编辑们应当尽心做到和身体力行的。

同时，我们还需要指出：对于一篇作品、一部文稿，只注重大处，而忽视细节，只从大的原则方面去看，而未将原则落到实处，那种大处是虚浮的、空泛的，也常常是不准确的，只有从具体情节和细节处理上入手去分析和把握，才会在总体的看法上比较实在而有道理，并且能够具体把握得住，修改起来切实可行。这样，就要求编辑不仅有从大处着眼的目光，而且要有从细处用力的实力。

对待文稿时，编辑注意在细处用力，不仅有利于培养认真负责的编辑态度和编辑作风，有利于不断提高实际工作能力和实际分析能力，对一名称职的编辑来说是大有裨益的。而且，对文稿愈是有深入的分析、细致的帮助，愈能显示编辑的实力和水平，也愈是会受到作者们的真心赞许和欢迎，对于作者水平的提高和文稿质量的升级都是极有好处的。因为，编辑能够在许多细节之处提出具体意见和修改设想，比如作品的具体布局、具体人物、具体细节以至语言文字的表达和具体章节的安排等等，能够具体地剖析其优劣得失，作者就可以从一个个具体意见中得到众多启发和帮助，从而把自己的智慧与编辑的智慧融为一体，着力于对文稿的提高和修改上。这是许多作者认为得到了真正的实惠的一个重要方面。

二十多年前，一位当时年仅三十来岁的作家，写了一部描写我国第一次国内革命战争时期的长篇小说。题材所涉及的生活内容，显然不是他的亲身经历。但是，由于他出身农村，参军后对革命军队十分熟悉，又对当年北伐军战斗过的地方及有关人物进行过深入调查和访问，搜集了许多资料，并怀着强烈的感情进行抒写，其中颇多真实而动情的描绘。编辑读到小说后，首先对作家的总体设想和基本构思作了充分肯定，同时对其中一些人物的设计和情节的安排提供了具体修改办法，从而使作品某些不够集中的情节更集中了，突出了在一些地方不够突出的中心矛盾，好些凌乱的章节改得更为完整有序，并且去掉了一些不必要的枝蔓，同时对于具体的人物、故事以至语言运用上都提出了很多有益的修改建议……作家通过与编辑的交流和商谈，实在受益匪浅。他的第一部作品由此得以出版，并且受到了广大读者的肯定和好评。至今二十多年过去了，编辑离休了，作家也进入了老年。但是，他每次来北京，总要专程去看看当年的责任编辑，而且，每当他重新写出较满意的作品时，总是首先记着当年出版他第一部长篇小说的出版社。可见，不管是大处还是细处都从编辑那里获得实惠的作者(特别是他的第一部创作获得帮助而成功者)，他是终生难忘的。这种编辑与作者的交情，当然是非同一般的。

一些缺乏实践经验的编辑(包括某些“半路出家”的编辑)，往往对作者提出的多系较抽象的一般性意见，而较少提出针对性强的，切实可行的具体意见。因此，有时使作者听起来容易接受，在考虑修改时却常常难于下手。因为，这样的编辑对文稿所提出的意见是较抽象的、空泛的，甚至是不切实际、不着边际的。所以，他们与作者的关系，也就只能是泛泛之交和一般来往了。

话又说回来。在实际工作中，在某一位编辑身上，真正要做到既善于抓住大的关节(从大处着眼)，又充分注意到各种细节(从细处用力)，往往是不容易做到的。比较常见的情况是：一个编辑知识广博，思路开阔，善于比较，敏于从思想、艺术的一些大的地方去观察问题、发现问题，能够从整体上较准确地去分析和把握某部作品，而对某些细节(如姓名前后矛盾、地域明显混淆、季节差异紊乱、章节应该颠倒或另作安排等等)却多有忽略；另一个编辑则喜欢埋头于字斟句酌，一丝不苟，对照各种资料，将文稿前后比较，阅读认真，思索细密，因此常常易于发现文稿细节的种种不协调、不统一之处，文字前后矛盾，人物重复，情节颠倒以至混乱等等，而对全稿的静观默察、总体思索却显得迟钝或把握不准……因此，在编辑部的实际工作中，编辑之间的相互合作、相互补充、相互促进、相互帮助，便是十分重要而必不可少的。

按照正常的审稿程序，作为一个编辑部的整体来说，坚持规定的三审制，发挥初审、复审和终审的集体力量是非常必要的，不可缺少的，这样，既能发挥每个编辑之所长，又能较好地体现出某个编辑部整体的能量和实力，同时，在不同编辑的互相切磋、互相影响和共同提高的基础上，有利于树立良好的编辑态度、编辑作风，培养良好的编辑道德和编辑风格。所以作者与编辑之间的关系，既是与一个一个编辑发生联系，又是与编辑部的整体工作密不可分的。因此，编辑在处理与作者之间的关系时，必须随时考虑到编辑部的整体利益及与其他编辑之间的种种关系。(从另一个角度来说，这涉及一个编辑部门人员的合理配备和具体安排，也涉及编辑部能否与众多作者长期合作、能否工作出色等等。)

当然，作为一位立志于做好文艺编辑工作，终身以编辑为职业的人来说，就应该努力弥补自己的不足，在文化艺术修养、社会历史知识、科学技术现状、作家作品研究等方面狠下功夫，不断提高自己的审美能力和鉴赏水平，对每一部文稿都要认真负责、尽心尽力、一丝不苟地去对待，毫不马马虎虎，草率从事，并且向编辑部内外有经验的优秀编辑学习，吸取众人之长，努力做到既能从社会的、历史的、时代的和政治原则等大的方面去全面观察和把握一部(篇)文稿，摸准该文稿的总体构思及其基本脉搏，同时，又能深入文稿的每一个章节、每一个细部，具体地指明各个细微之处的成败优劣，解剖麻雀式地剖析哪些地方应该更加集中，更加突出，哪些地方应该修饰和润色，哪些地方必须割除和删节……如此踏踏实实、兢兢业业地工作，并且坚持不懈，不断实践和总结，那么，定能使自己锻炼成为一名称职而出色的编辑。这样的编辑，在长期的工作实践中，自然会与众多作家朋友建立起真诚而深挚的密切关系。

1990 年 9 月 23 日

本文原载《编辑学刊》1991 年第 3 期

五、对稿件的优点要正确估价

对一部稿件的优点估价如何，是决定这部稿件能否采用、能否修改的一个关键所在。如果对一部稿件决定采用或决定请作者修改，那即是对它的价值已做出了基本的肯定。然后，便是请作者在现有基础上做出或大或小、或多或少的增删修改的问题。如果是基本上否定，或者质量虽好却不符合本编辑部的分工范围或任务要求，那就主要应考虑如何去做退稿处理的问题。这是处理稿件过程中至关重要的一步，决不可马虎、疏忽和粗枝大叶。

在我们的编辑工作中，相当普遍的一个现象是，一些编辑在与作者交谈修改意见时，思维的重心常常出现一种偏移，即大多偏向于对需要增删改动的部分(亦即缺点与不足部分)的过分重视，而对于稿件的优点部分(即主要特色与成绩部分)却被编辑轻视或疏忽，而一般地随便说上几句，轻轻带过，好像那是无关紧要的。编辑思想上对稿件优点有意无意的忽视和交谈时的轻描淡写，往往会使作者在修改原稿时主导思想不够明确，整体观念未得加强，审美意识没有高度发挥，因此，汰疣补缺、修饰加工就常常不能实现预想的目的，达不到编辑们所期待的水平，有时甚至还可能适得其反。

因此，有经验的老练编辑提醒我们：对待任何一部稿件，特别是准备让作者做些重要修改的稿件(包括某些打算退还作者的稿件)，首先都应当对稿件的优点有正确的估价，并且要对作者把优点谈足，尽量谈得充分一些，恳切一些。这样，作者才能理解编辑们的勤苦用心，清楚编辑部对稿件所要求达到的水平，作者在进行修改、加工时，才会与编辑部很好地合作，发挥出最好的智能和更大的潜力，使修改稿在思想上艺术上都能够“更上一层楼”。这在文学创作、特别是在长篇小说创作的修改中表现得尤其明显。这是称职的编辑应当具有的工作态度和工作作风，也是编辑在工作中希望同作者思想学术观点与艺术见解上达到一种共识和一致，以期实现思想感情的交流，建立友好、融洽的编创关系，不断提高编辑水平，较好地完成编辑任务，所应当重视并认真做到的。

我们先从编辑的工作态度与工作作风上，从编辑与作者的感情交流和建立融洽关系的角度来说。

编辑拿到一部稿件，如果能够充分肯定和正确评价它的优点，那既是表明编辑对作家艺术创造的深切理解，又是对作者劳动的必要尊重。把优点讲足，讲充分，不是过场话，不是表面文章，也不是应酬和敷衍。这是编辑非常认真地阅读过原稿，十分负责地进行过思考的结果，也是一名合格的编辑理当具备的工作态度与工作作风。

这一点，对于编辑搞好与作者的关系，是必备的条件和基础。从编辑一方来看，这是编辑如何评价原稿、理解作者的问题。主导方面在编辑。从作者一方来看，由于编辑严肃认真的工作态度和工作作风，特别是编辑对作者著作的深切理解和充分肯定，从而使作者对编辑立刻产生信任感和亲切感。这时主导方面则转换为作者一方。这种互为主从、互为因果的关系，使作者与编辑的感情得到交流，一下子就把编创之间的关系拉近了，成为一种互相协作、共同奋斗、共同创造的紧密关系，从而形成编辑部与作者之间相互理解和信任、异常友好和谐的气氛和环境。这样，对于我们做好编辑工作，出色地完成一定的编辑任务，显然是迫切需要和十分有利的。

再从编辑与作者思想、学术观点上与艺术见解上的共识和一致的角度来说。

如果编辑对作家的创作意图、稿件的独具特色没有敏锐的发现能力和深厚的理解基础，那么，你要进一步准确地把握稿件的主要优点，往往是不太可能的。因此，我们要求编辑必须具备较高的马克思主义理论修养，相当的思想、学术水平和艺术鉴赏能力，还要有正确的审美意识和美学观点，以及相应的人生体验和生活感受。那样，你才能细致体察作家心理，敏锐发现作者意图，较好地欣赏并理解作者的美学追求，从

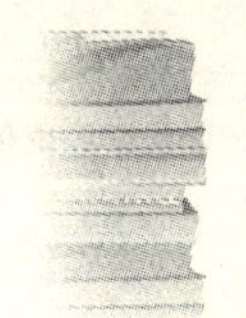

而真切地把握住整部创作的主要优点和主要特色。

只有充分地理解并把握稿件的特色和优点，经过相互的交谈与对话，对稿件思想艺术进行诚恳的研讨与磋商，编辑与作者才能在思想、学术观点上和艺术见解上取得一种共同的认识，以至产生共感和共鸣。这一点，对于作者、对于稿件都是非常重要的。如果能够做到这样，那么，编辑与作者不仅在感情上会得到交流，达到融洽，而且在共同的思想艺术追求上也会步调和谐，协调一致，从而使作者对于与之合作的编辑从思想观点到学识水平求得认同，以至可能产生知音之感。因此，便自然会解除作者对编辑的戒备心理和稿件修改时的思想顾虑。

在这种共识与一致的基础之上，编辑进一步提出对稿件的修改意见和各种设想，作者听来自然都会觉得顺情理、合礼仪，不仅听得进去，而且能够积极展开思路，举一反三，有效地发挥作者的主观能动性，调动作者的全部思维和全部智能。在具体修改时，作者常常会出现思维开阔而活跃的最佳创作状态。一方面，作者可以在更高层次上从总体审美意识开展宏观把握，另一方面，也可以更具体地从不同角度和侧面上处理得更细致、更周密。这样，作者往往可以比平常时候用心更深，思路更活，用力更勤，办法更多，在与编辑的合作和交往中，充分感觉到精神上的愉悦，心情上的舒畅，智力发挥的极大兴奋和满足。作者与编辑这种十分友好、融洽的交往与配合，往往可以进而达到心灵相通、心神交会，建立一种神交的亲密关系。这种关系、这种环境，在需要创作者智慧高度发挥的艺术生产中，常常会使之进入一个更高的境界，实现一个更高的水平。

这种心神相通和亲密合作的实例，在我们的编辑工作中是经常可以看到的。

早一点的，如《青春之歌》、《林海雪原》、《保卫延安》、《红岩》、《红旗谱》等广为盛传的长篇小说，从一定程度上来说，它们都是编辑与作者心神相通的卓越奉献，亲密合作的优异成果。作家杨沫、曲波、杜鹏程、罗广斌、杨益言、梁斌以及有关创作的责任编辑们皆曾经先后在许多场合谈到过创作过程及有关情况。我在这里就不再重复了。

近几年来，我们人民文学出版社在编辑工作中也不断碰到过类似的情况。

比如，张洁创作和修改第一部长篇小说《沉重的翅膀》的漫长过程，就是非常典型的。这部小说之所以能够在社会上赢得如此广泛的赞誉和高度的评价，从而荣膺我国文学界著名的“茅盾文学奖”，首先在阅稿过程中编辑就十分大胆而勇敢地肯定了作品的主要成绩和主要优点，使它顺利地得到发表和出版。出版前，它虽然遭到多方面的非同寻常的批评与非议，编辑始终坚持自己原来的基本看法，据理力争，辨明是非，甚至正式向上级呈文，充分述说有关情况，有力肯定作品的主要贡献及其可贵之处，同时与作者多次平等磋商，耐心而细致地交换意见，经过异常认真诚挚的晤谈，十分富有见地的研讨，最终实现了编辑与作者的认识一致和统一，从而达到心灵相通，心心相印，在携手合作、共同奋斗下，从故事、情节、人物、语言等各个方面经过四次重大修改，最后才终于获得了那样令人欣喜的思想艺术成果。

对于俞林的新作《在青山那边》，我们则有个认识过程，处理中出现过一次反复。责任编辑先是对这部长篇小说的主要特色把握不准，将它与一般地描写抗日战争期间的作品来同等对待了。提出修改意见时，编辑只是要求作者增加作品思想、艺术的力度和厚度，诸如，写沦陷区的地下斗争应增加其复杂性和曲折性，写解放区的武装斗争应增加其艰巨性和残酷性等等。这个意见，粗粗一看，似乎颇有道理。然而，稍过一些时间，再仔细想一想：在作者一方，觉得编辑所说的处处都对，但提起笔来却不知从何下手，因此，原作第一遍修改只是在个别情节和文字上做了些改动，而整体构思、整体特色却没有变易或增删；在编辑一方，也慢慢悟出原来所说的修改意见失之于空泛和一般化，没有抓住主要之点。于是，增请两位编辑阅读修改稿，经过反复琢磨和磋商，认真地去体会作者创作的初衷和真实的意图(这种初衷和意图，作者在创作冲动、展开形象思维时，往往是处于朦胧状态，而不是十分明确、十分清醒的)，才终于进一步看清了：由于作者当年来往于沦陷区的北平和解放区之间，便常常把白区的斗争与青山那边的生活加以对比和联想，产生一种美与丑、善与恶、真与假的鲜明印象，创作时自然而然地流泻于笔端；后来，作者经历几十年生活和斗争的坎坷曲折，自然又回顾起自己年轻时那种美好的理想追求和青山那边的壮美豪情——这才是作者创作的真意，也是这部小说的可贵之处和主要特色。编辑对作品有了正确估价，抓住了它的主要特色，在与作者进一步交换看法时，首先便对这种理解和评价做了充分的剖析和阐释。这样，不仅使作者点头称是，心悦诚服，而且使他的思路豁然开朗。修改时，他先从整体的审美构想和美学追求方面做了调整与加强，以突出主要特色，然后，补充某些弱点与不足，删除与主要之点关系不太紧密以及枝蔓啰嗦之处。因此，第二次修改稿作者与编辑都甚为满意。这种相知与相交获得了成果，这部长篇小说问世后，《人民日报》等各地报刊发表了多篇评论文章，皆给予它较高的评价和赞誉。

近年来，文学编辑工作中往往出现另一种情况：创作者主观上早就有非常明确的艺术追求，带有相当强烈的主体观念和自我意识。这类作品，艺术特色固然很突出、很鲜明，然而，这种特色也常常同时带来某些明显的缺陷与先天的不足。不久前，我们碰到过一位年轻作家的创作。几位编辑一读到作品，都一致肯定作者的艺术追求和艺术风格，即运用第一人称叙述方式，以抒情散文式的笔墨，去描写一位女性主人公感情世界的波澜曲折。作者在发现自我并竭力抒发自我感情的过程中，带着相当强烈的主观性和刻意倾泄主观感情的痕迹，有时甚至陷入自我而难以自拔，无以超越，而无视于某些客观世界的变化和转换，丧失了时代气氛和客观环境描写的真实性。这类作者与上述作者对自己的艺术追求处于朦胧状态的情况是完全不一样的。因为，作者追求的风格和艺术特色，其目的性是相当明确的。所以，当编辑与作者谈阅读印象和看法时，作者早已胸有成竹，一方面固然对编辑的肯定感到自慰，另一方面作者对自己的追求更增添了自信，甚至常常会有一种志得意满的感觉。在这种情态下，编辑所谈的修改意见就很难挤进作者的思维意识之中，他常常不大听得进去。第一次交换意见时，当时作者点头听着编辑的意见(这位作者表现相当谦逊)，但是，由于作者囿于自己的思维定势之中，因此只做了某些局部和个别的改动。修改稿编辑读来自然不会满意。于是，进行了第二次交谈。编辑再次强调，正是小说主要特色、主要优点突出显露的同时，也暴露出重大的缺陷和不足。因为，作家的主观感情和内心世界正是从一定客观环境中产生，并与客观环境相依存的，如果只有主观抒发而无客观的真实描写，那么，主观也是虚妄而不会令人相信的。所以，作品的优点要立于可信的根基之上，就必须将生活依据不足的缺陷进行必要的增补。这样，才使作者突然猛醒，精神一振，从而下了决心，不惜将整部作品重新改写，尽力使精神世界的抒发与客观环境的变化交融协调，互相呼应，配合默契，弥补了作品生活真实性与艺术说服力的明显不足，从而艺术风格和艺术特色也有了更加优异的表现。

从上述分析可以看出，尽管不同编辑在处理稿件的整个过程中，与作者交换修改意见时，具体情况各不一样，而且常常是相当错综复杂的。但是，从许多实践经验告诉我们，编辑在同作者的交往与合作中，是否能够首先(或较早)发现并正确估价稿件的主要特色和主要优点，往往是这种交往是否卓有成效、合作是否会取得成功的先决条件和基础。主要特色、主要优点谈得是否准确、是否鲜明，在一定程度上，决定着能否开发出作者的最大智能和创造潜力，能否有利于作者发展其艺术特色和创作风格，能否较大程度地提高创作质量和艺术水准，从而也是能否保证具体报刊或出版社在读者中的信誉和水平的一个重要问题。这一点，是我们在编辑工作中，特别是编辑与作者的交往中，应当得到足够的理解和重视的。

1991 年 3 月 15 日

本文原载《编辑学刊》1991 年第 4 期

六、对第二部创作更须从严要求

编辑与作者的交情，在成功时，艰辛伴有愉快，一般来说，这种合作是比较容易的。但是，另一种情况，即失败时能不能合作呢？在失败的痛苦中，能否保持交情呢？这往往是一个严峻的考验。对编辑、对作者都是十分重要的一个关键时刻。双方能否正确对待和很好把握，对于编辑与作者的交情能否巩固和持久，关系极大。

作家第一部创作成功了，出版了，第二部很快就会送到编辑部来。对于编辑部来说，每一部创作都是新稿，都应该严肃认真地对待。这是一个方面。另一个方面，编辑部总希望不断扩大作者队伍，联系更多的新作家。作家的第二部创作，对编辑部自然不再是新的作者关系了。编辑部评价稿件，对新、旧作者都应该是一个标准。但是，对这个标准的具体把握上，从迅速推进文学事业的发展和繁荣来说，编辑对作者处女作常常倾向于热情扶植，而对第二部创作则倾向于更高的严格要求。因为，你的第二部创作尽管达到了出版水平，但是，与你第一部创作比较来看，则显得进步太小，艺术上较少新颖的特色，那么，对于一位文学创作者来说，无异于在原地踏步。这样比较之下，让你再去占据一个出版书号，显然就不如另外扶植一位新作者，哪怕那位作者水平略显稚嫩一点，但他为文坛增加一个新名字，为文学事业增添了新血液，所以，编辑在具体处理时，公道自然倾向新作者而使老作者略受委屈。

就我所在的人民文学出版社，老编辑告诉我：对作家第二部艺术上无长进、在原地踏步的作品，一定要以更高的标准，从严要求，最好的处理办法是看完后立即退稿。

这样处理的好处在于：

一、有利于作家正视自己，挖掘潜力。如果作家真正想在文学创作上做出较大成绩和贡献，他就会冷静下来想想：原来那么热情帮助他修改和出书的编辑，为什么这次不让他修改就退稿？想清楚了，他定会努力去改正缺点，克服困难，大踏步地向前跨进。

二、有利于编辑腾出时间，扶植新人。像这类原地踏步的作品，作家常常习惯于自己的思路，或者受限于自己固定的模式，修改一两遍、三四遍，往往还是提高不大。编辑用同样多的时间和精力，完全可以帮助另一位(甚至两位)新作者搞出一部(或两部)新作品来。

三、有利于文学事业的更快发展和繁荣。编辑多发现一个新作者，多出一部新作品，自然就给文坛注进了新鲜气息和新鲜血液。众多编辑都去重视新人新作，那么，文学事业的发展和繁荣不是更迅速、更有希望了么!

当然，这种处理办法有时可能会带来不利的因素，以至产生不好的后果。如果编辑处理不当，可能会使作者出乎意外，一时接受不了，从而与编辑的关系发生嫌隙，以至闹僵而关系破裂。这就要编辑特别讲究方式，考虑作者对象的具体情况，用比较合情合理的语言和充满对作者、对文学事业的真挚感情，向作者充分说明情况，讲清道理，就可以减少或避免不利因素和不良后果。

在编辑工作中，我不止一次地碰到过这类情况。

我刚负责一个方面的工作不久，就遇到过一位已认识多年的老作者，他送来的第二部创作写得太平，太一般，除人物、故事、场景有变动以外，在艺术上与第一部创作比较实在很少新的东西。我们三位编辑认真看过以后，又充分地准备了意见，然后约请作者一起交谈想法。我们肯定了他文思敏捷、语言流畅、题材选取及思想意蕴等方面的一些优点，同时，又相当严格地指出第二部创作与他在本社出版的第一部创作艺术上进步太小的种种表现，并说明我们期待他发挥潜力写出艺术上更上一层楼的新作，也希望像出版他第一部创作那样出版更多新作家的新作品的想法，以及编辑部对作者的一贯做法，使他对编辑部的想法有了较充分的理解和支持。这位作者，碍于情面，当面不好不同意我们的做法，但看得出来，他内心里实在难受，对这次的失败口头承认，而内心里却是一下子想不通的。

于是，他将稿子拿回去以后，不久就交给了另一家出版社。另一出版社的编辑们看了，印象与我们的看法大同小异，大的方面的处理意见竟很一致，也觉得按原稿质量不宜马上出版。于是，由该社总编辑带领三位阅稿编辑一道去跟作家谈修改意见。他们一方面谈了本稿优点，一方面也不客气地直接谈出了详细修改意见。因为该编辑部的基本方针是建立在让作者修改的基础上，而主要意见又与我们所说的大体相同，作者从心理上首先就已赞同该社的处理，听取他们的意见自然十分顺耳，当面来不及认真揣摩意见内容，只是忙于笔录，就立即表示一定拿回去努力改好。但是，当作者回去以后，经过一两天的思索，对照原稿，认真地回味两个编辑部相似的意见及不同的处理方式，最后，作者竟欣然同意了我们先前所做出的那种处理办法。因为，经过再三思考和具体筹划，作者感到这部作品的修改显然费劲太大，而结果很可能达不到自己理想的艺术境地，真感到自己这一部创作有些欠思量、欠慎重了。再一想，倒不如放下这一部，重新构思另写一部新的长篇小说，也许会更有可能达到较满意的水平，从而也使自己在艺术上来一个新的跨越和进步，推进到一个新的艺术阶梯。

自此以后，这位作家向好些同行谈到，他衷心赞成我社编辑对工作、对艺术那种真诚和执著的精神，那种为文学事业、为新人铺路的既满腔热忱又严格要求的工作态度。言谈中，对我们充满了信任而敬服的感情。

在我社，开始有的编辑对这类第二部创作的处理办法亦曾感到过为难和犹豫：已经是老朋友、老关系，看完一遍就立即退稿，不允许人家写坏了再修改修改，这是不是太绝情了？所以，总觉得有些难于开口。处理时，便常常把这个难题推给组长、主任或总编辑。同时，凭编辑工作经验，他们也感觉到这部稿子修改后不一定会有美妙的结果，作者可能费力不讨好，反复来反复去，改出来的水平仍然不是很高，这也是常见的情况。到那时，不是就更难办了吗？因此，编辑也觉得十分为难，常常犹豫不定。所以，我社在处理这类稿件时，也有一定数量的稿子便因为这样或那样的因由没有能够下决心果断地退掉。后来，事实证明，其中绝大多数的稿子都不出富有远见卓识的老编辑的最初所预料，或者改出来勉强出版，编辑部和读者都不甚满意(有的作者费尽了力气，最后仍然觉得得不偿失)，或者经过多次修改，最后还是被“枪毙”了，未得到编辑部通过和出版。总之，费时费力还是未能得到一个完美的结果。真是该断不断，反招其乱，对编辑、对作者都是非常明显的得不偿失！

经过长时期的反复实践，有学识有见解的老编辑总结上述创作情况后告诉我们：作家在进行第一部长篇小说创作的时候，往往是经过长期酝酿，反复思索，多年准备，汇聚了他生活、思想、艺术等各个方面的才力和智慧，对他来说，写作的一切方面都是全新的，因此，第一部长篇小说使作家闻名于世的情况是相当普遍的。但是，作家进入第二部小说创作的时候，情况显然就不一样了。他不能重复第一部已存在的一切，但又很难摆脱撰写第一部时所走过的创作路子，在短时间里很难另开新路、另辟蹊径，生活上、思想上、艺术上等各方面用过的素材及种种招数不便再用了，一时间要进行补充也来不及，所以，第二部创作所达到的艺术水平大多数皆很难超过第一部了。只有那些真正立志于文学创作，决心在艺术领域里有所建树、有所贡献的作家，对于编辑的严格要求和人们期待他在创作艺术上不断提高、不断创新，开始时他也许不甚明白，但由于他勤于探索、不懈追求，很快他就不仅能够很好理解，而且还会从内心里感激当时的退稿，进而由衷地感到编辑对他的严厉督促助力之大和帮助之重要了。正是因为有这样以高标准、从严要求的编辑，才使他在第一部创作成功后志得意满之时立刻冷静下来，再憋足了一把劲儿，找准了自己前进的方向，在艺术探索的道路上又大步跨进了。所以，这样的作家，对他从事第一部创作时携手共进的编辑，自然会是永志不忘、永远敬佩的。

这种编辑与作者之间建立的神交关系，我们自然应不同于一般的看待了。

1991 年 10 月 6 日

本文原载《编辑学刊》1992 年第 2 期

七、在磨难中建立挚交关系

在社会变幻和文坛风雨中，编辑与作者的情谊，常常会遇到挫折和磨难。在遭遇挫折和磨难的时候，如果能够互相理解，互相支持，互相伸出友谊之手，那么，经过这种挫折和磨难，往往会促使这种情谊愈显珍贵，愈益深挚。

在我们这代人的编辑经历中，这种挫折和磨难，大体有两种：一种是表现在创作艺术生活中，一种是表现在历次政治运动与政治生活中。

先说说艺术生活中的磨难和艰辛。

这种表现，或是在艺术的创造过程与修改过程中，或是作品问世以后在文艺界与读者中引起有关艺术问题的讨论和争鸣，从而牵涉到作家与编辑的关系。这种情况，在我们的编辑工作里，曾经不断发生。

有一部长篇小说创作，作者是从自己亲身经历中选取题材的。他很善于讲故事，人物和情节都很生动，但作者缺少长篇小说创作构思的经验，因而艺术结构分散、零碎，是一个故事说完，接着再说另一个故事的方式进行演绎的，而且语言驳杂、混乱，方言、土语混杂其中，读来很不顺畅。此作突出的优点在于，故事奇特、惊险，而且其中表现出昂扬的革命英雄主义气概。因此，编辑部决定帮助作者修改。但是，作者的文字功夫和文艺修养实在难以胜任这部长篇巨著的修改加工。于是，责任编辑反复认真地进行加工整理，最后由作者过目审定并认可。在修改加工中，有艺术上的许多问题，多次进行商讨和切磋，反复数次，经过许多人的辛劳。这里面编辑与作者有协调一致的，也有互相矛盾的，还有时争得面红耳赤、难解难分的。但这种磨难和艰辛，最终皆因作品出版，取得了可喜成果，总还是令人舒心和愉快的。一般说来，这里面的诸多艺术问题和人际关系问题，尽管不一定都能够得到很好的解决，但总的来说，事情还是好办的。

不好办的是，作品出版以后，文艺界和读者中发生了分歧的看法，甚至有的报刊发表了对作品里某些艺术处理表现出的思想情调提出了尖锐批评。这时，编辑与作者的关系就有种种不同的情况了。如果作者思想、品格高尚，主动出来承担责任，作出适当的解释或分析(因为作品出版毕竟只有作者署名，作品全部修改也都是作者最后认可的)，这样比较好办。问题往往出在编辑费了很大功夫，花了很多心力，最后费力不讨好，作者把全部“罪责”竟统统推到编辑身上，自己好像全然不知道，作品好像完全是由编辑主观修改、操刀裁定的；或者编辑部在某些问题上确实采用了主观专断的做法，没有通过作者而把作品某些部分改坏了(尽管可能有各种客观原因)，面临社会批评却忍心让作者去负全部责任：这两种情况，如果编辑或作者中的任何一方不能采取实事求是的态度，不能坚持真理，同时修正错误，都会使两者的关系搞僵，以至矛盾得不可开交。

如果纯粹属于艺术上的问题，批评者持有不同的看法和意见，客观上又允许各抒己见，自由讨论，这时编辑与作者还是属于平等讨论和互相争鸣的关系，这种情况一般较容易处理得好。在实际编辑工作中，遇到这类争鸣或批评，尽管也会有因为各种艺术见解上的歧异，使编辑或作者在思想认识与艺术实践上出现复杂矛盾以至斗争，但这种认识上的艰辛和思想上的磨难是比较容易度过和解决的。许多事实证明，通过这类艺术问题上的思想磨难和艰辛跋涉，不仅能够增进编辑与作者之间的相互了解，而且在切磋和讨论中可以从学识上、艺术上共同提高，同时能够加深双方的情谊，为进一步的交往和合作奠定更为良好的基础，这是十分常见的。至于那些艺术问题上也不允许讨论和争鸣的情况，即类似于以政治问题的方式去对待了，便当归属于下一种情况去分析。

接着，再说说政治运动与政治生活中的磨难和艰辛。

这类情况比较复杂而又难办。

人民文学出版社曾经遇到过不止一件这样的事情。

据我社老社长、总编辑韦君宜同志回忆说：在“四人帮”猖獗那些时候，人民文学出版社接到一本反映所谓“教育革命”的长篇小说。原来作者写一位中学校长，是个忠厚长者，但在教育思想上不重视劳动实践。由于当时的政治气氛和上级要求，编辑部一位组长要作者把校长改写成

"走资派"。作者改了，但仍然是个勤勤恳恳、好好工作的"走资派"。这样的作品，无非是教育思想错了，歪曲了当时某些生活现象，把一般学校领导也写成了"走资派"，否则在当时是通不过的。这在编辑和作者，当时都是没有办法的事。粉碎"四人帮"后，有的报刊竟以通栏标题无限上纲，说这部小说是"反党反社会主义"的"大毒草"。作者被当地隔离审查。当时，韦君宜、严文井等老同志已恢复工作。他们认真研究了这部小说的有关情况，觉得应当按照党的实事求是的原则，为作者说几句话，讲明那个时候的具体情况，同时说清楚今天对这部作品应当坚持的原则看法和对待作者需要采取与人为善的正确态度。于是，以社里的名义，给当地领导写了信，并派编辑部同志去当地详细说明情况。可是，问题还是长期没有得到解决，当地的同志以这样那样的理由不予处理。社里只好又通过《人民日报》编辑写成简报，最后上达中央，才使这位作者解脱隔离审查，问题终于获得圆满解决。(见韦君宜《老编辑手记》一书，第91—92页)

在这类复杂的政治运动和政治生活中，编辑部十分负责地及时研究情况，认真贯彻党的方针政策，一面主动承担某些错误的具体责任，一面坚持原则、积极帮助作者，自然与作者形成了共同斗争、血肉相连的亲密而友好的关系，建立了深厚的情谊。

鉴于编辑工作中的这种种复杂情况，为紧密联系作家、繁荣文学创作，便自然给我们的工作提出了更高的要求。所以，在我们出版社编辑与作者的交往中，下列几点便是经常提醒大家认真注意并应切实做到的：

一、在日常工作中，不管是处理稿件，还是谈修改意见，都要充分尊重作者，与作者建立平等切磋、互相协商的友好关系。在艺术问题上和政治问题上，尽管编辑认为是很有把握的正确看法，也要注意与作者充分交换意见，平等地商讨，并结合具体作品，详细地有说服力地说明自己的看法及具体处理办法。但是，最后的决定权，作品如何具体进行修改，需要如何增删或变动，编辑都需要特别说明：一切由作者自定。最后的定稿，如无重大原则问题，编辑也可以而且应当尊重作者的改定。总的原则是：一方面，编辑要积极参与，尽可能详尽地说出自己对稿件的修改意见；另一方面，编辑也要充分地尊重作者的处理，特别是作者对艺术问题上的具体修改和最后定稿。

二、对于重大问题，要分清是非，严格掌握原则，一切按照党的方针政策办事。属于艺术问题，虽然十分重要，如果许多读者皆能够理解并接受，便应该允许其试验，允许其存在。比如，我国思想解放初期，李国文的长篇小说《冬天里的春天》，相当早地采取了某些意识流的笔法，当时有的人还不太能够理解，而人民文学出版社却接受并出版了这部创作，即是允许作者艺术上的大胆试验。后来，它荣获了第一届“茅盾文学奖”。如果是重大政治原则问题，编辑则需要特别认真、审慎，必须一切按照党的方针政策去办。有的需要请作者进行修改或订正，有的则需要全盘推翻了重写。比如，牵涉对毛泽东思想的评价问题，对重大政治运动或政治生活原则的描写问题，都丝毫不可以含糊、马虎，一定要按照正确的思想和原则办事。即正确的或允许的，编辑就帮助和支持作者；不正确的或不允许的，编辑也应当明确指出，或让作者改正，或拒绝发表与出版。这是在正确原则基础上编辑与作者的友谊与合作关系。

三、在某些特殊情况下，编辑部更要勇于承担责任，主动替作者说话，支持作者，维护正确的思想原则和党的方针政策，并且使之得到有效的贯彻、落实。如上述韦君宜同志所回忆的那种事情，归纳起来，一是要正确对待“四人帮”时期的具体环境和客观情况；二是要公正地对待作者的错误，不可夸大作者的问题，对当时环境进行具体分析；三是出版社编辑部在北京，一般都较早地接触和了解党的方针政策，并且掌握有关书稿的第一手材料，就要依靠党的正确方针政策，用各种方式向有关领导部门直至向中央反映情况，以使党的方针政策尽快得到贯彻、实施。编辑要依靠编辑部的集体力量，使作者受到的不公正待遇得以迅速平反，使问题得到公平、合理的解决。

总之，在这类社会的磨难和政治斗争的艰辛中建立起来的编辑与作者的关系，往往特别令人珍惜和宝贵。这样的编辑与作者的情谊，即使不说是“牢不可破”的，也自然会是不同寻常的。那种紧密而亲切，真是属于心神相通，心心相印了。能够有这样深挚的关系和交情，对双方来说，皆可谓人生一大幸事！

1991 年 10 月 9 日

本文原载《编辑学刊》1992 年第 3 期

八、对作者个性的认识与理解

编辑离不开作者。优秀的编辑，总是联系并团结了一大批优秀的作者。所以，过去有一位老编辑曾经说过一句令人回味和深思的话：“作者是编辑的衣食父母。”没有作者的积极支持和深厚情谊，编辑是无法工作、无法当下去的。这是一个方面。

另一个方面，编辑必须真正认识并理解每一个作者，才能与作者保持亲切的情谊和亲密的关系。因此，在从事编辑工作时，编辑就需要对每一位作者有深切的了解和深入的认识。

就文学编辑工作来说，有经验的编辑认识并理解作家，常常注意以下几个方面。

1. 作家个性的三种类型

从编辑工作的角度出发，人民文学出版社搞当代文学的老编辑，常常根据作家的个性、志趣、爱好、气质等等的不同，注意选择不同的工作方式和联系方式，以建立既配合密切又相互理解的编、著关系。

一种是思考型、静观型的作家。

他们对周围的事物，喜欢静静地观察、思索，善于独特的深思，富有独特的见解，但大多不善活动和言辞。

老一代的作家，如茅盾，中文写作、外文翻译、案头编辑、文字功夫皆很深，很有水平，即使在当文化部长期间，一切文稿都不用秘书起草，皆自己动笔，但他拿着自己的文稿在公众场合讲话时，也时有结巴。

巴金笔下热情澎湃，富有激情，他的真话、真情、真性灵，常在笔下抒发而出，很有神，但日常与人交往时，却不甚健谈。前些年见到他时，多是问他两三句话，他才回答你一句。

我社的老社长韦君宜，是著名女作家。她平时工作效率很高，看稿能力极强，退居二线后还亲自阅读长篇小说原稿，但平时却不善交谈。我们在与她交谈书稿意见或向她请示工作时，她往往很快说完自己的意见之后，便不再说话了。当她沉默不语时，我们就知道她说完了，也是让我们离开她的办公室了。

这类作家创作时，大多很认真、很谨慎、很仔细。但在写作过程中，却不希望别人(包括编辑)多去干扰；编辑急于求稿，反而会让他更加谨慎，更要反复琢磨了。

作家周克芹就是这样。他抽屉里常常放有已完稿的中、短篇小说，但就是不匆忙拿出来。你向他要，他承认有稿子，但就是不轻易给。他总是说，还要改改，等自己觉得确有些新意，可以拿出来的时候，才会给你。因此，他每年发表出来的总共只有一两部(篇)，顶多两三部(篇)作品，但总是在文坛和社会上产生较强烈的影响。

胡德培与张光年(1999 年)

女作家宗璞也是这样。她出身书香门第，父亲是有名的学者冯友兰先生。她本人学贯中西，迄今每天仍然喜欢闭门读书和写作，不爱多交游，也不受商业大潮和物质、名利的诱惑。她与我们的编辑交往时，曾经恳切地说：“你们很忙，社里离我这里很远，不必老跑我这儿。我的长篇小说《南渡记》写好一定给人文社，别人给多高的稿酬我也不给。平时有事，你们打个电话来就行了，不要都跑来。那样，太耽误时间了。”

——这就是茅盾、巴金、韦君宜、周克芹、宗璞这一类作家的特点和个性。编辑在与这类作家联系时，自然要经常、紧密地互通信息，了解其创作进展状况，以及是否遇到困难、是否需要帮助，但是，切不可多去打扰，更不可约请不太相关或根本不相关的其他朋友一道贸然前去

拜访。如果太麻烦，太打扰了这一类作家，那就不可能搞好关系，拿到稿子了。

另一种是开放型、活跃型的作家。

这一类与前一类恰好相反。这是喜欢言谈、喜欢交际、见多识广、信息丰富，显得十分机敏、十分活跃的一类作家。

老一代的，如郭沫若、冰心等，都属于这一类。

年轻的，如天津的冯骥才。他曾经是篮球运动员，搞过美术工作，喜欢河北、天津的民风、民俗、民情的搜集；上上下下，左左右右，交往甚广。他是民进中央副主席，接待中外记者时对答如流。从历史到现实的各个方面，接触的生活面相当广，写作时文思敏捷，显然是很开放、很活跃的。

北京的苏叔阳，为人风趣，口若悬河，无论是政治生活，还是市民情调，他都能即兴表演一番，既严肃又活泼，显得视野开阔、聪敏、机智。

这一类型的作家，喜欢与人交谈，纵论古今，海阔天空，皆有广泛兴趣。他从你的交谈中，可以获得信息，激发灵感，增广见闻，增进情谊。他往往很欢迎你约一些旧朋新友去与他见面、聊天。这类作家需要编辑随时多加联系，多加关心，随时知道他的创作计划、创作构思及其变化，组稿要勤，要及时，抓得要紧，否则，他们的稿子很可能就会被别的报刊、别的编辑拿走了。

还有一类作家，是介乎上述两种类型之间的。

这类作家，既聪明、机敏，又勤奋而肯于深思，既开放、活跃，又沉稳而相当冷静。

老一点的，如张天翼、孙犁等。

年轻一点的，如王蒙、谌容等。

编辑与这类作家联系时，要根据作家相对稳定的个性、气质与时刻变动的环境、条件及创作所需而考虑联系时机、联系办法、联系方式，既要抱定一贯诚挚、热忱的亲密友好的原则，又要依照时势与机遇等客观情况而随时运用适宜的具体可行的措施，总之，以建立十分紧密而相互信任的关系，又是互利互惠、友好合作的关系。这样，大多可以拿到他们的优秀文稿。

举最近的例子来说，比如联系王蒙这样的作家。现今，他所写的作品，各报刊、出版社显然都是争着去要、争着发表和出版的。但是，他为什么将着力写作的系列长篇小说《恋爱的季节》、《失态的季节》等重要作品都给我们人民文学出版社发表和出版呢？我在编辑工作中，感觉其中十分重要的一条，即是我们的编辑部与作家建立了长期互相信任友好合作的亲密关系。

1989 年“六四”政治风波之后一段时期，王蒙当时辞去了国家文化部长的职务，文学界有一小部分人盯着王蒙，总想揪王蒙的“小辫子”，想拿他出来公开批评以至批判一番。以后，发生关于王蒙的作品《坚硬的稀粥》的尖锐批评与严正声明，以至王蒙向人民法院提起诉讼一事。有那么一段时间，王蒙潜心研究《红楼梦》，并写出了一本研究著作，同时，他将自己多年搜集材料，进行构思，而未及时撰写的、包容了他数十年来亲身生活经历、充满丰富感情的系列长篇小说，提上了创作日程。此时，我们很理解作家的心情。

王蒙辞职时，国务院总理李鹏同志曾发表讲话，其中重要的一点，是说王蒙辞职是为了更专心致志地从事文学创作。可见，从政治上看他是没有问题的。于是，我们的编辑一刻也没有犹豫，便及时地去看王蒙，仍然像过去一样十分热忱地向他约稿，而且表示，他的书我社都可以考虑拿来出版。就是那一两年中，我们连续接受了他的《球星奇遇记》、“中国当代作家选集丛书”《王蒙》选集等两三种新书的出版。当时，我社编辑及编辑部各级负责人都与王蒙保持了相当密切的联系，对他创作系列长篇小说表示积极支持和多方关心，并希望给他安排较好的创作环境等。所以，在不久后一段时间，尽管有其他好几家出版社编辑约稿，甚至有的出版社由总编辑亲自带几名编辑一起约稿，并提供某些优惠条件，王蒙都没有答应，最后仍将小说首先给了我社发表和出版。

可见，根据作家不同的个性、气质、兴趣、爱好，以不同的方式联系作家，特别是对作家在不同特定环境和条件下的深切关心和理解，编辑随时都能够真正与作家交知心朋友，把他的创作与事业当作自己的创作与事业，亲密合作，荣辱与共，对于文学出版社拿到较理想的书稿，往往是具有决定意义的。

2. 挖掘作家的创作潜力

这是需要编辑的丰富经验与广博学识，并对当代文学发展具有研究与预见性的工作。这是编辑工作先期联系、提前约稿，以争取到优秀书稿的一种有力措施。

人民文学出版社为了组织到优秀的长篇小说，以促进社会主义文学的发展和繁荣，显示我国当代文学的创作实绩，给社会主义物质文明和精神文明建设添砖加瓦，一直十分重视研究当代作家作品的现状，及早发现那些比较活跃的、有创作实力和创作潜力的中青年作家，并积极动员和组织他们从事大型的文学创作(如写作长篇小说、长篇纪实文学和报告文学等)，促使他们早出成绩、出大成绩。

张洁，是党的十一届三中全会之后，涌现出来的一大批作家中的一位。当时，她的短篇小说处女作《从森林里来的孩子》获得全国优秀短篇小说奖。我社的老编辑韦君宜同志结识了她。从她的创作到她的经历、气质、个性、修养中，君宜同志觉得她是一位有追求、有创作潜力的年轻女作家。于是，当时就鼓励她为我社写书，向她约稿。两三年后，她果然创作出了我国第一部反映改革开放现实生活的长篇小说《沉重的翅膀》。显然，这是女作家创作潜力的及时挖掘与高度发挥。这部小说经过一再加工修改，后来获得了第二届“茅盾文学奖”。

魏巍，早在50年代就已成名。他写的《谁是最可爱的人》等通讯特写、报告文学、诗歌、散文，显示了他优美的文笔、饱满的感情和扎实的生活。他是否具有从事长篇小说创作的潜力呢？我社的编辑在与魏巍的接触、交往中，了解他曾有这样的创作冲动和具体设想。于是，我们比较早地就与他密切联系，给予他具体帮助和支持，促使他写出了第一部全面反映我国人民参与抗美援朝战争的长篇小说《东方》，荣获了第一届“茅盾文学奖”。以后，他又继续写出了《地球的红飘带》等优秀作品。可以看出，这一时期是老作家创作潜力的又一次开掘和爆发。

王川，是江苏镇江的作家。我们与他认识，是八九年前在广州出差时的一次机缘。那时，他刚写出了一些中、短篇小说。是去领《广州文艺》的一个作品奖。我们在交谈中，知道他从事美术教育工作，长期以来对我国当代著名画家石鲁的品格、个性和坎坷遭遇比较熟悉，因此，想以石鲁为模特儿从事创作，并早已进行过构思和准备。他迟疑不决的是，怕自己力所不逮，写不好。我们从王川的气质、修养，尤其是他对绘画艺术的熟悉及其审美能力等方面，感觉到王川有相当的创作潜力，有可能写好这个题材，于是就热情鼓励他尽快写起来。经过五六年的艰辛劳作，他写出了初稿，水平相当不错。在原稿的基础上，编辑又指出他初次尝试长篇小说创作在情节结构上的弱点，注意发挥他艺术美学上、艺术想象上的长处，经过两次大的修改，我社正式出版了他的这部长篇小说处女作《白发狂夫》。此后，他又连续写作出版了两三种新创作，在文坛和社会上均一致获得好评。

在编辑工作中及早发现有潜力的作家，及早组稿，并努力促成作家的长篇创作，充分发挥作家的生活积累、艺术长处和审美优势，这是人民文学出版社编辑长期以来能够不断组织到优秀长篇小说的一个有效途径。

3. 理解作家的特殊感情

每个作家常常有每个作家的特殊经历与特殊感情。因此，在文学创作上，作家往往表现出某种特别执著的追求和炽热的情愫，尤其是包容着作家主要经历、主要感受的那些创作，更为明显地体现着作家某种特殊的感情与寄托。编辑要当作家的知音和真正贴心的朋友，就要善于发现并理解作家流露于作品的那种特殊感情与寄托，尊重作家感情上、艺术上的独特追求。

举例来说。作家邓贤虽然生活在今天，曾是四川知青，但在云南边境生活了八年，他父亲是抗日战争时期青年远征军的成员，而且有当年的日记及有关资料，因此，在感情上常常引起他对那个地区，那段生活特别亲切、特别深厚的回忆与反思。编辑在交往中知道了邓贤的这些情况，并且感触到作家时刻蕴蓄于胸中的创作冲动，于是便直率地提出让他放下别的事情，集中精力于关于远征军题材的创作。显然，这是摸准了作家感情的脉搏，鼓励作家全力去开发自己最动情的生活素材。果然，邓贤经过两三年的努力，终于写出了他的成名作——长篇纪实文学《大国之魂》，使他从此享誉文坛。接着，他又陆续创作出了《中国知青梦》和《日落东方》等颇有影响的作品。

作家这种特殊感情与寄托，如邓贤这样的表现是很明显的，是随时愿意向人诉说的。对于另外一些作家来说，有时则可能是不怎么明朗，而是比较隐晦、隐蔽而曲折表现出来的，甚至有的是作家从感情深处发出而理智上并不自觉、自己并未觉察的。所以，这时编辑的敏锐、编辑的工作就显得更加重要了。

比如，我刚到小说组工作的时候，曾碰到老作家俞林的一部书稿——《在青山那边》。原来经手的两位编辑已跟作家谈过一次意见，作家也修改过一次，并重新送来了稿子。编辑看了修改稿，仍不满意。这时，我与另一位编辑接手这部书稿。我们看后，与原来看稿的编辑交换了意见，又主动去找作家交谈，这时，我们才共同发现：原来，作家经过几十年的人生坎坷，曾被划过右派，"文革"中在监狱里七八年受审查，现在进入了老年，再回想到三四十年代在沦陷区搞学运、搞地下工作，并多次来往于沦陷区与敌后革命根据地的种种情景，想到自己及自己的朋友们那时对理想的追求、对光明的向往、对革命根据地及革命同志的深挚感情，于是，自然而然地从感情深处流露出来，在作品里浸透了作家当年投身革命时常常流溢于胸臆间的一种特殊感情：对青山那边的无限憧憬和热烈向往。因此，在作家的心目中，是把山这边与山那边这两个地区、两个世界、光明与黑暗、美好的理想境地与敌人铁蹄下人民面临的灾难和痛苦作为鲜明对比来写的，作家是对青山那边始终怀着一种美好的特殊情感来回味、来欣赏、来思索的，所以，小说取名为《在青山那边》，是有某种寄托和深意的。编辑与作家共同明白了这一点，使作家的心灵洞然敞开，在谈到这部小说的不足及如何修改时，我们竟产生了一些意外的灵感，自然就谈得很投合，很融洽，很深入，创作中的有关问题也就很容易便解决了。这一次，作家改起来很顺畅，知道应该增加一些什么，应该删去一些什么，同时，也使作品的主题更加鲜明，情感更加浓烈，思想更加深沉，艺术的表达更加纯熟。

有关编辑在回想前一次与作家交谈修改意见时，态度虽然是认真的，但所谈的意见只是一般性地提出作品应该表现出地下工作的复杂性、残酷性，表现敌后革命根据地斗争的艰苦性、曲折性等等。尽管大谈这"性"那"性"，作家听到也觉得有些道理，可惜这道理太一般化，又失之笼统和抽象，当考虑具体如何修改、如何落墨时，则往往不知如何着手了。

对比前后两次的不同情景，我们才深深地感到：要真正认识并理解

作家，理解他的创作意图，理解他在具体作品里表现出来的特殊感情、特殊追求，编辑才能真正帮助并促进作家将作品修改得更好，并真正提高一步。这样，编辑工作往往可以事半功倍；相反，则可能会事倍功半。

1995 年 5 月 25 日

本文原载《编辑之友》1995 年第 5 期，后收入天津教育出版社 1996 年 2 月出版的《编辑手记》一书

关于文学编辑工作的几点思考

"文化大革命"前，我在《文艺报》理论组和评论组做了几年编辑工作。"文化大革命"后，到了人民文学出版社，开始看理论书稿，后来主要看小说书稿，偶尔也管一点别的书稿，还编过一段时间的《新文学史料》、《新文学论丛》和《文学故事报》。在编辑工作中，我深深地感到：要当好一名编辑，必须不断地学习以充实自己，深入地思考以获得提高，认真地研究以开拓新的知识领域，反复地总结以促进自己的不断进步。

下面，仅就工作中碰到的一些问题，自己在学习和思考中尽力提高编辑工作水平这一方面来谈点个人的体验和感受。

要善于总结经验

人类总是在不断的实践与总结中得到进步和提高的。文学创作的发展和繁荣，需要大量创作实践基础上的理论概括和总结。文学理论编辑工作，应当注意编辑出版不同时期、不同代表人物、不同观点而均有助于文学创作发展的理论专集，以展示我国当代文学批评和理论研究上的实绩，从而以理论来指导和推动创作，使文学事业获得健康的成长和迅速的繁荣。这是文学理论编辑的一项重要工作。

我到出版社不久，便受命参加中国文联第三届全国委员会第三次扩大会议的工作。因为"文化大革命"等原因，这次会议是文艺界相隔十八年之后才得以召开的一次大会。大会发言稿的辑集，在张光年、冯牧、邹荻帆等文学界老同志的指导下(我所在的简报组，亦负责发言稿的审订、发印等事项），指导思想比较明确，即对“文化大革命”期间，特别是极左路线给文艺工作带来的极大破坏和危害多讲，而对一些个人遭遇的过详的细节或不必要的个人感情的发泄则作删削，会后，由我社出版了《文艺界拨乱反正的一次盛会》。我经历了这本书编印、出版的全过程，从中体会到：在工作中，必须认真贯彻党的方针、政策，编辑出版才会有正确的方向和准则。这次会议和这本书的出版，对于促进文艺队伍的团结一致，共同扫除“四人帮”的流毒，肃清极左路线的影响等方面，皆具有重要意义。这是一种总结方式。

另一种总结方式，就是编辑出版在文学界有一定影响的理论家、评论家的文章结集。我经手的有《孙犁文论集》、朱寨的《从生活出发》、严家炎的《知春集》，阎纲的《文坛徜徉录》以及《胡风评论集》的一部分编辑工作。从1979年开始，我参加了《周扬文集》的出版准备工作。着手收集资料，与作者协商，确定编选方案，请中国社会科学院文学研究所的同志组成编辑小组，于1984年开始出版五卷集的《周扬文集》第一卷(1983年下半年以后的工作是别的同志做的)。通过编辑实践，使我了解了半个世纪以来，我党领导下的革命文艺运动的历程，特别是著名文艺理论家、文学界的主要领导人之一的周扬同志在革命文学运动中的作用和理论上的重大贡献。文集的出版，无疑是一个小结。尽管目前还未出齐，但已在国内外引起了强烈反响。

还有一种总结方式是：众多作家创作经验的结集。这几年，我参加过《创作经验漫谈》、《论短篇小说创作》等书的编辑工作。这是包括有周立波、赵树理、魏巍、柳青，孙犁、艾芜、王汶石等众多知名作家的合集。为了及时反映社会主义新时期的文学发展面貌及新的特色，还组织并编辑了冯牧的《新时期文学的主流》。随着各项事业的蓬勃发展，我深感总结党的十一届三中全会以来我国文学发展的新经验，集中反映广大作家在新的探索中新的感受和体验之必要，便提出了组织出版《新时期作家谈创作》的设想，并和文艺报编辑部的彭华生、北京社会科学研究所的钱光培等同志研究具体方案，反复推敲选目，经历近一年时间，选编出了这本集今日文坛众多作家创作经验之合集。

在当时，我社为了扶植中、青年文艺理论批评队伍的成长，着手筹备《新文学论丛》的出刊，我除参加筹备工作外，同时提出编辑一套理论小丛书，为中、青年文学理论家和评论家新开辟一个园地。我工作的四年中，共组织出版了理论丛书中的十个品种。这样做，不仅活跃了论坛，锻炼了队伍，也繁荣了出版事业。亦可算是一种总结方式。

要善于发现作者

搞文学理论批评工作要善于发现和扶植中、青年评论家。要做好新创作的编辑工作，也必须及时发现和扶植新的作家，特别是那些活跃于文坛的，富有创作潜力的中、青年作家，更是我们必须时刻注目和重视的组稿对象。我到小说组以后，愈加感到这项工作之迫切。

在文学发展的不同时期，总有一些较成熟的老作家蜚声文坛，影响巨大，但是，真正文思敏捷、富于创作活力的往往是一批比较年轻的作家。他们驰骋文坛，创作丰富，名字常见于全国各地报刊；他们勇于探索，积极创新，是文学事业的未来和希望。因此，我们小说组的同志们思想上非常明确，在进行工作的时候，一方面普遍联系广大作者，另一方面，始终把我们工作的重点放在那些中、青年作家身上，目光经常注视着中、青年作家的创作。为了选准组稿对象，我们对创作队伍的现状，特别是对新出现于文坛的年轻作家的创作情况，总是不断地进行调查了解和分析研究，然后经过反复商讨，才进一步确定在某一个时期的重点撰稿人。同时，想方设法地为他们创造写作条件，帮助他们在创作上突破和提高，为他们获得新的成就和新的贡献，给予最大的帮助。在长篇小说的创作方面，我们吸取了“文化大革命”前组织出版《暴风骤雨》、《太阳照在桑乾河上》、《青春之歌》、《保卫延安》、《林海雪原》、《新儿女英雄传》等书稿的经验，近几年来，小说组的同志们花了较大的力量，费了较多的力气，陆续组织出版了古华的《芙蓉镇》、魏巍的《东方》、李国文的《冬天里的春天》、莫应丰的《将军吟》、张洁的《沉重的翅膀》、刘心武的《钟鼓楼》、柯云路的《新星》、朱春雨的《山魂》、秦兆阳的《大地》、苏叔阳的《故土》、李纳的《刺绣者之花》、晓剑的《青春梦幻曲》、杨镰的《千古之谜》、益希单增的《幸存的人》等新创作。这些大都是属于当时中、青年作家的成名之作或第一部长篇小说，在广大读者中产生了相当深远的影响。

实际工作使我强烈地意识到：及时发现有创作潜力的新作家，是组织到优秀书稿的一个关键。同时，这也是训练编辑眼光，培养和锻炼编辑队伍的重要一环。从另一个意义上来说，文坛不断涌现新的优秀作家，也是文坛兴旺、文学事业繁荣昌盛的重要标志。认真做好优秀的中、青年作家的创作组织工作，及时出版他们的优秀作品，是具有长远影响和战略意义的任务。作为一个搞当代文学的编辑，也是人人心中应该非常明确并且时刻牢记的一项无可推卸的职责。

要善于研究创作

作家都是依赖创作而存在。要了解一位作者，首先必须研究他的作品。近几年来，期刊林立，新人不断涌现，新的作品实在读不过来。在浩如烟海的众多作品中，能敏锐地发现优秀之作，审慎地选好有发展前途的创作苗子，组织书稿，这是每个当代文学编辑不可缺少的必修课和基本功。

我们提倡编辑在处理日常工作和大量来稿的同时，研究报刊上所发表的自己不熟悉或不太熟悉的新作家的创作，并在组里或编辑室内随时交流信息，讨论新作，及时地把握住创作的新的发展趋向，熟悉并理解作家的新的艺术探求。

具体研究创作实例，才能对一部新作具有比较准确的认识和全面的把握。这应当是编辑工作中对待创作的一个基本态度。比如，俞林的长篇小说《在青山那边》，是将日伪时期的北平与我党革命根据地这两个地区的生活交织在一起来写的。开始，经手的同志对这部作品的基本立意和整体艺术构思把握不准，仅笼统地希望作家对地下工作的错综复杂和根据地生活的艰苦卓绝加深刻画，特别是对敌斗争的残酷性、复杂性、曲折性和艰苦性等增加一些艺术描写，因而作者第一次修改的效果不甚理想。这时，我和另一位同志接手这部作品，一方面，与以前读这部作品的同志交换意见，另一方面，又较深入地和作家直接交谈，作了较充分的艺术剖析，才逐渐理解了作家的创作意图：这是在新旧两个世界、光明与黑暗进行鲜明对比中展开艺术笔墨的，深深地寄托着作家的生活理想和审美意识；它的思想和意境不是一般的单纯描写地下斗争或者单纯表现根据地生活的，而是作家在几十年革命斗争生涯的坎坷曲折中从心底里自然流溢出来的强烈感情和热切思索，深切体验和具体感受，并通过艺术集中地表现出我党所领导的革命根据地的那种崇高的理想追求和人与人之间的美好关系。这是从另一个新的角度出发的艺术表达，是对新的思想美和艺术美的追寻，对新的生活美和人性美的向往。由于对作品有了准确的理解和共同的认识，编辑与作家的思想感情得到交融，最后一次修改很顺利，双方的合作也很融洽。这类事例，在编辑工作中并不是少见的。

多作比较，就能发现真正具有创作潜力和发展前途的新作家，从他现在的创作预示他的未来。所谓比较，一是将作家过去的作品与现在的作品作比较，一是把这个作家与那个作家作比较。从生活积累上比较，从思想境界上比较，从语言功力上比较，从艺术追求上比较，敏锐地透视作家内在的创作才能，便于我们去帮助他挖掘创作潜力，促成他写出更有影响、更为成熟的新作来。比如，我们对原来没有写过长篇小说而确有潜力的作家，像魏巍、古华、李国文、张洁、刘心武、柯云路、苏叔阳等，就及时地发现并支持了他们第一部长篇小说的创作和出版，大多获得了较好的效果。

要有发展眼光，随时关注作家在艺术上新的探索和追求，研究创作发展的新趋势，有效地把握住作家成熟的时机和条件，就有可能组织到优秀的书稿。近年来，作家们进行着多样试验和多种探求，丰富多彩的艺术尝试，五光十色的表现方法，使人应接不暇。文坛充溢着新的气息，散发着诱人的芳香，这是文学腾飞、创作繁荣的先兆。所以，随时注意阅读新创作，关注文坛的新动向，研究创作发展的新情况，是文学出版工作当前及今后面临着的新任务和新课题。

要真正理解中、青年作家，必须随时了解他们在想些什么，他们艺术上喜欢什么，追求什么，外国有哪些作家对他们影响最大，各种文学潮流中什么对他们最有吸引力等等。面临着文学迅速发展和变化多样的新局面，编辑本身自然也需要知识更新和不断学习。

在党的十一届三中全会召开的前后，文学界出现了一大批“伤痕”文学，来势很猛。社会上立即出现了两种尖锐对立的观点，人民文学出版社领导及时组织大家阅读有关作品，召集会议展开讨论，对提高思想认识，正确地对待有关书稿，起到了促进和推动。事实证明，这次学习和讨论，对于恰当地处理像冯骥才的《铺花的歧路》、莫应丰的《将军吟》、古华的《芙蓉镇》等新创作，产生了直接的作用。后来，总编辑屠岸等同志组织我们学习、讨论现代派创作及各流派的艺术表现特色等问题，对于我们正确理解今日文坛作家们各种创作试验和创作倾向，也是给予了大家有益的指导和帮助的。

近两年来，一批中、青年作家关于“寻根”的思考和讨论，反映出他们在艺术新领域中的不同探索和追求，说明了作家们对深厚的民族生活根基、悠久的传统民族文化、变化万端的世界文化思潮的浓厚兴趣和深入思索，尽管其中某些观点、某些做法我们不尽赞同，个别倾向也是值得引起警惕和注意的，但是，一些作家勇于探索、勇于试验的精神，也是值得我们认真研究和重视的。这种种新的艺术探索和创作趋向，已引起了编辑工作者的注意和兴趣，及时进行一些必要的交流和讨论，对于我们今后的工作一定会有相当助益。

回顾这些年来走过的路程，特别是在党的十一届三中全会以来编辑工作中的不断学习和思考，我体会到编辑思想必须跟随时代，适应文学前进的步伐，才能在工作中正确理解和贯彻党的方针、政策，支持并促进年轻作家的成长，帮助不同艺术见解的探索者，创作出不同艺术风格和艺术特色的新作品，为社会主义精神文明的建设，为文学事业的繁荣和发展，做出应有的贡献。同时，在编辑实践中学习和把握艺术创作规律，在与作家的共同研讨中思考和探求艺术创作新路，以学习和思考促进编辑工作，以编辑工作推动文学事业的前进。这样，我们的编辑水平才能在工作实践中不断得到提高，从而编辑、出版更多更好的出版物，以丰富人民群众的精神食粮。

1985 年 10 月 19 日初稿，1989 年底改定

本文原载《编辑之友》1990 年第 5 期

文艺编辑的时代使命

在现代社会中，文艺的发展和繁荣，文艺队伍的成长和壮大，以及文艺气候的纯净和健康，编辑工作都起了重要的桥梁和中介作用，有时甚至具有某种决定性的意义。

近日，学习人民文学出版社出版的《邓小平论文艺》一书以后，对于文艺编辑的社会责任和时代使命有了进一步的认识和体会。

一、充分重视文艺教育青年和帮助群众的社会义务

1979 年，邓小平同志《在中国文学艺术工作者第四次代表大会上的祝辞》(以下简称《祝辞》)中说："对人民负责的文艺工作者，要始终不渝地面向广大群众，在艺术上精益求精，力戒粗制滥造，认真严肃地考虑自己作品的社会效果，力求把最好的精神食粮贡献给人民"。以后，他又反复说过，"文艺工作对人民特别是青年的思想倾向有很大影响"，"这关系到培养下一代人的问题"等等。邓小平同志讲话的一个中心思想，就是：文艺工作者要把教育青年、培养下一代和帮助广大人民群众提高精神境界，作为自己特别重要的一项艺术任务。要完成这项艺术任务，当然首先是作家、艺术家应当承担的，其中，文艺编辑出版的重要作用也是不容忽视的。

在文艺报刊及出版部门，过去一段时期，有一种普遍值得重视的现象，即在关于经济效益和社会效益的问题上，尽管某些领导人口头上说要以社会效益作为考虑问题的前提，或者说要同时重视两个效益(即一手

抓社会效益，一手抓经济效益)，但在具体工作的安排和处理上，却往往颠倒过来，把经济效益作为考虑编辑出版工作的前提，以致最后忽视了社会效益，两只手都紧紧地抓住经济效益那一头，使我们的某些编辑出版部门大大偏离了党的方针政策。那时，某些有积极作用的学术理论著作，或思想、艺术质量都较好，但估计出版后印数不会太多的文艺作品，就迟迟不得放行，甚至不能出版。当时，曾有同志提出，对于出版某些确有价值的学术理论著作，有关部门应考虑给予出版单位以适当的经济补贴。这显然是有利于贯彻党的文艺编辑方针和出版方针的。但是，过去一段时期却没有得到应有的重视。现在，似应将这个问题提上我们的工作日程了。

事实证明，在文艺出版方面，前一段时期，出版社数量超常的不合理的增长，文艺报刊数量超常的不合理的发展，其中有一部分是应当办、必须办的，但是，从目前对出版社和文艺报刊的整顿、压缩和合并来看，确有相当一个数目的出版社和文艺报刊是被某些领导部门主要用以赚钱、赢利为目的的(尽管他们所说的理由总是冠冕堂皇的)。正如邓小平同志所指出的那样：“这种‘一切向钱看’把精神产品商品化的倾向，”使“有些混迹于艺术界、出版界、文物界的人简直成了唯利是图的商人”。其中，有一部分是单纯经济赢利观点在作怪，也可能有相当部分还是受资产阶级自由化思想影响的结果哩！这些，对于贯彻党中央坚持的文艺应当“努力用社会主义思想教育人民”，以“提高人民的精神境界”为目的的方针是相悖的，显然是需要及时纠正的。

二、主动肩负文艺繁荣和文艺队伍成长的时代使命

邓小平同志在谈到文艺工作者身上所肩负的责任时，曾经说过：“我们讲，对写什么，怎么写，不要横加干涉，这就加重了文艺工作者的责任和自己对工作的要求。”最近，中央负责同志在讲话中反复谈到：当前，一方面要坚决“扫黄”，清除资产阶级自由化对文艺工作的干扰和影响，另一方面，我们仍然要大力繁荣社会主义文艺创作，培养和帮助文艺工作者的健康成长。作为文艺编辑来说，我感觉这个任务更加重了，一定要深刻理解：坚决批判和肃清资产阶级自由化思想对文艺工作的腐蚀和

影响，才能为社会主义文艺的健康发展扫清前进道路上的障碍；只有发展和繁荣社会主义文艺，以感人的艺术形象有力地扩大无产阶级思想的影响，才能有利于彻底清除资产阶级的一切文化垃圾。这两方面是相辅相成、紧密联系在一起的。

要理解并做好这一点，作为报纸、刊物或出版社的文艺编辑，重要的是在自己的工作中紧紧地把好关：让那些违背党的文艺方针政策、宣扬资产阶级自由化观点的文章和作品闯关时不得通行。我认为，编辑把关的目的，自然要防止和制止某些不合格产品的出笼，这是一个方面；另一个方面，更主要的积极的目的是：为了给予好的或较好的新作品顺利问世创造条件，发现并扶植文艺新人的迅速成长。

目前，我们这些文艺编辑的组稿工作似乎遇到了一些困难：过去一段时间经常供给我们稿件的活跃作家，近期许多人沉寂了。他们之中，或受到动乱的猛烈冲击，或经历风波的剧烈震荡，精神上正在调整和深化，思想上进入新的反思和探索，艺术上的追求也在演进和变化，一些人也许还有某种苦恼或兴奋，踌躇或向往等等。我认为，这种现象，是完全可以理解的。在我们最近的长篇小说组稿工作中，我发现，一批新的作家正在崛起。在这批新作家中，从他们的创作经历和已取得的成绩来看，主要有两类情况：一类是年富力强的中年作家，他们过去曾经在文坛上露过头角；后因工作繁忙等各种原因，一段时间创作渐少。改革开放推动他们在较深的层次里不断探索和思考，精神境界和艺术追求逐渐走向成熟和深邃。经过较长时间的酝酿之后，目前已经写成或正在酝酿新的长篇小说创作。另一类，更值得人们重视的，是正在涌现和成长起来的新一代较年轻的作家。他们在改革的大潮中成长，生活积累较丰富，文化艺术修养大多有相当的基础，在长篇小说创作领域起点也较高。从明年计划发稿的情况与今年发稿及出书情况比较来看，我觉得，显然明年的年景要比今年好。按照这种势头，我仿佛预感到，再过一些时间，也许是一两年或三四年，我国长篇小说领域又可能出现一批新的优秀之作。面临这种文艺现状，对于我们文艺编辑来说，任务更加重了。我们要努力挖掘中年作家的创作潜力，及时发现并扶植新的有苗头的作家，争取推出更多优秀的作品而奋斗。

要做好这一点，我们的指导思想和衡量标准，就是邓小平同志在《祝辞》中所说的几条：一、要塑造“有血有肉、生动感人的艺术形象”；二、要“真实地反映丰富的社会生活”；三、要“反映人们在各种社会关系中的本质”；四、要“表现时代前进的要求和历史发展的趋势”；五、要“努力用社会主义思想教育人民，给他们以积极进取、奋发图强的精神”鼓舞。归纳起来，就是：塑造艺术形象，真实反映生活，挖掘社会本质，表现时代趋势，给人民以思想教育和精神鼓舞。紧紧地把握住这几条，定能促进社会主义文艺的健康发展和繁荣。

三、文艺编辑要与作家艺术家共同过好改革开放这一关

当前，我们还面临着一个改革开放逐渐深化的新时期，四个现代化建设日新月异，新旧交替，社会前进中呈现出一系列新的矛盾和新的问题，文艺发展中也存在着传统与现实、中国与外国等各种不同思潮和流派的强烈影响与冲击。对于每一个文艺工作者来说，都面临着如何过好改革开放这一关的现实问题。

由于改革开放一系列政策的实施和推行，海外特别是欧美物质的和精神的东西大量涌入，各种商标、各类货色杂陈于市，霎时间真令人眼花缭乱。在种种新奇现象和诱人色彩面前，人们容易一时分辨不清，以至出现“声盲”、“影盲”、“色盲”，难免不会有些思想混乱。比如，前几年在文艺理论界的各种新名词堆积和“爆炸”，文艺创作界的这个派、那个派，这个主义、那个主义，这种试验、那种试验，西方现代派文艺的大量引进，以及描写性自由、性解放的“性文学”的大肆泛滥，黄色的、粉红色的、灰色的、黑色的和残暴的、血淋淋的、稀奇古怪、光怪陆离的东西甚嚣尘上，充斥文坛和书刊市场。尽管对其中有些现象(如文艺创作中的不同试验等等)我们应做些具体分析和科学评价，不必全盘否定，但是，那些现象至少也说明，我们的某些文艺领导部门以及作家艺术家和编辑同志们思想上认识上产生过种种混乱以至问题，是需要我们今天好好清理并进一步提高觉悟的。

从我们具体工作的角度来看，常见的有两个方面的问题：一个是如何对待中国革命的文化艺术与吸收外国文化艺术经验的关系问题；一个是如何继承祖国优秀文艺传统与现实文艺发展的关系问题。简单地说，

就是一个中外问题，一个古今问题。我认为，关于中国与外国文化艺术的关系问题，我们应以中国为主，以学习和借鉴外国一切优秀的文化艺术经验为辅。关于文艺传统与现实创作的关系问题，事实是，任何文艺家都不可能也是无法完全摆脱自己祖国的文化艺术传统的，包括那些崇拜西方崇拜得五体投地的中国人，如果将他剖开来看，常常也可以清楚地看到，他的骨子里仍然流动着中国传统的血液。这种现象，在海外华人中仍然一直被保存和延续至今。既然传统对于我们每个中国人产生着这种无可抗拒的强大影响，因此，每个文艺家就只能在这种影响之下考虑如何批判地吸收传统中好的东西，择其善者而从之，在继承祖国优秀的文化艺术传统的基础上，进行文艺创新的探索和试验，才是真正植根于中国深厚的现实生活土壤之上的新创作。

从前景来说，我们是十分乐观的。但是，从现实工作来看，许多新旧矛盾的交叉和迭现，许多这样那样错综复杂的问题，依然常常是非常尖锐地摆在我们的面前。所以说，现实给我们这些文艺编辑们提出了如何进一步端正文艺思想、弄清一系列文艺问题、认真执行党的文艺方针政策的紧迫课题，时代赋予了我们新的任务。现在，我们有《邓小平论文艺》这本繁荣我国社会主义文艺的光辉文献，作为我国社会主义新时期文艺发展的指导思想，我相信，我们这些文艺编辑们一定能过好改革开放这一关，克服前进道路上的重重困难和障碍，为促进我国社会主义文艺新的繁荣昌盛做出应有的贡献！

1989 年 12 月 15 日

本文原载《文艺争鸣》1990 年第 3 期

第三辑

审读意见举例

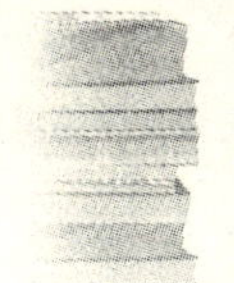

一、1984—1986年：在中国现代和当代文学编辑室

艾芜的长篇小说《大地交响曲》审读意见①

黄伊、于砚章两位同志的审读意见，从不同的角度去认识和分析这部长篇，我觉得是比较全面地看到了这部小说的优缺点。现将我读后的主要想法，综述如下：

一、作品以四清运动为背景展开艺术描写。从政治上看，没发现什么大问题。基本上它是表现中央关于建国以来若干历史问题决议的精神，即："1963年至1965年间，在部分农村和少数城市基层开展的社会主义教育运动，虽然对于解决干部作风和经济管理等方面的问题起了一定作用，但由于把这些不同性质的问题都认为是阶级斗争或者是阶级斗争在党内的反映，在1964年下半年使不少基层干部受到不应有的打击……发生了愈来愈严重的'左'的偏差……"尽管作品表现生活的真实性、斗争的尖锐性等方面，回避了某些实质性的重大问题，但基本点还是站得住的。

二、作品的主要问题：思想上缺少新的东西，对生活缺乏独到见解，在艺术上根据形势变化改来改去，未能做到独出心裁和巧妙安排，因而，洋洋洒洒五十多万字的巨著，思想和生活容量单薄，艺术上平淡，故事情节虽然串连下来了，但描述拖沓重复，章节次序相当混乱。从目前情况看，似难改得相当出色。

① 此书出版时定名为《春天的雾》。

三、两种处理方案：

一是请作者作较大的修改，相当的压缩，希望在思想艺术上有较大的提高；

二是适当压缩，调整章节，基本情节不动。

从艾芜的年纪、从研究艾芜创作的需要，我倾向于后一种方式，可能较易实现。

四、除了黄、于二位的意见，我觉得以下情况也应斟酌改动：

1. 人物名字的不统一：

P9“尹达之”——P29“尹达先”(以后用“先”字)，但 P409 又用“尹达之”；

P457“张祥元”——P544“张祥之”(此名用得多)——P895“张祥云”；

P162“张大桶”——P132“张大梅”——后来又有“张大桶”；等等。

2. 章节不统一。有的有章无节，如第二部第四章“屈青秀专访方天培”。第三部第四章“郑海民徘徊在十字路口”；有的有章的题目，多数有节的题目没有章的题目；有的一节达两万字，有的仅四五千字……情况相当混乱。例如：

第二部第五章没写(一)，有(二)；第六章写了㈠，没㈡；

第三部第一章(二)无题；

第四部第二章 P637 只有章的题目，未分节，中间突然来了一个㈤；P641 又来一个“第二章”，此章又缺个㈠，只有㈡㈢；

第五部第二章 P770 两个㈡，第二个㈡无节名；第三章 P811 两个㈢，第二个缺题名；P859 又一个“第二章”；紧接着，P871 突然来一个“第七章”，又是一个㈠，此后 P880 似乎才是正式的㈠；

第六部 P905－906 页码错了；在第三章 P991(二)与 P1008(三)之间，突然来个“第八章”；P991 在(三)这一页应为 P1008，此节以后页码全错了；第四章“郭秀兰勇敢地同困难斗争”题目与内容不相符；P1928 应为 1028 等等。

3. 突然出现的人物：

P130 郭秀桂突然上来插话，前面应有一两句交代。

P732 突然来了“何大伯帮助”的话，前面无交代，书中从未出现此人。

4. 前后几页就重复的，似应删去。如：

P241 前后，“研究所来电报”云云；

P460 前后，“被抓去劳改”云云；

P498 之后，反复提“郑海民求婚”等等。

5. 前后修改出现的错误和不统一，如 P746“主人两老夫妻都六七十岁”，P748 改成“五六十岁”等等。

6. 拖沓啰唆的情节应适当压缩(这类情况不少)。

7. 分六部似乎没多大必要，可否改成连续编排章节？

胡德培

1984 年 2 月 2 日

俞林的长篇小说《在青山那边》(第二次修改稿)审读意见

这是一部有特色的长篇小说。它，既不是单纯写我党在白区的地下斗争的艰苦、曲折，又不是直接反映革命根据地生活和武装斗争的艰巨、复杂，而是作家根据自己的切身体验，将两个地区、两个世界结合起来，加以鲜明对比的艺术描写，着力揭示人物的精神世界，表现出“青山那边”才是人们的理想之区、光明之地。同意张佳佩同志的意见，此次修改后上述艺术特色更加集中、更加突出、更加鲜明了。目前此稿，增加某副教授这个人物及其两处的活动，加强舒兰向往山那边的心理活动，补充林浩的内心变化的笔墨，突出周群转述某司令员对知识分子的看法等情节，改动对仇凤的处理，交代了怀特的结局等等，都使整部作品显得更加完整，主题更为集中。因此，我觉得，作者经过与我们充分地交换意见，是比较融会贯通地理解了我们的想法，通过他自己胸有成竹的构思，改得是比较令人满意的。

所以，我同意老张意见，做些必要的改动和技术加工即可考虑发稿。

我意需改动的有：

一、某副教授，可以给他一个正式的姓名似更方便。

二、原稿中有两三处接不上，我已用铅笔试作改动(P9)或加注明，请定稿时注意。

三、第十章柯棣华的出现，与秀芹初次见面，他就联系到《目击记》

向她大谈方远，似有些生硬，同时应考虑是否符合人物的性格，两人见面的此情此景是否合情合理？不如姑隐柯氏之名，写这么一个开朗、直率、热情的外国人，似乎会更真实一些。

四、第十二章写校工老周代陈峪藏禁书一段，他大谈自己过去帮助进步学生的“老经验”，也可删去，改得含蓄一些可能会更合情理一点。

五、第十四章写仇凤曾认识一个人，前后“她”、“他”人称不统一，似应为“他”。

六、注意改正错别字：例如“囗”应为“国”，“步”应为“步”，“劫”应为“勤”，“阯”应为“阶”，“揉合”应为“糅合”，“合睦”应为“和睦”等等。(稿上已作了一些记号)

此稿可一面送终审，一面写信给作者，将我们已发现的问题和想法与作者商量，征询他的看法。这样可以抓紧一点时间。

当否？请示。

胡德培

1984年6月19日

杨佩瑾的长篇小说《红尘》审读意见

基本同意张佳佩同志的意见。

我觉得，这部小说已基本成形。但如在原有基础上再作些修改，可能会更好一些。

我的想法是：

一、作品是富于情节性的，读来引人入胜。但并不单纯地追求情节。写一支游击队在王明“左”倾路线影响下走向覆灭，主要是通过游击队长田大刀及地主的私生女丁月英的命运和遭遇来展示社会生活，铺叙故事情节。这样，既重事，更重人，在活生生的人物的感情纠葛与面临的坎坷曲折中，展现社会历史环境和现实生活画面。主要是用艺术的、形象的方式表现生活。我觉得，这是《红尘》比一般单纯叙事性文学作品的高明之处，也可以看出作家在艺术上的执意追求，值得肯定。

二、小说在刻画人物的时候，注意人物思想、性格的矛盾(是由社会环境和斗争形势的影响而自然形成的)。第二十六、七章，写戈特派员对

“左”倾路线原来坚决执行，但在现实斗争事实的教育下，思想上产生矛盾斗争，性格发生变化，写得有特色，也较真实。写丁月英在周围环境的影响和现实斗争的教育下逐渐觉醒的过程，也是写得较好的，使这个人物有血有肉。但是否还可以加深并写得更自然一些，我觉得作家还有潜力。依此来看，田大刀写得不错，但似乎有点过分单纯，还可以增添一点更深沉的东西(他是一个相当有名的游击队长，较有斗争经历，思想性格可以更丰富一些)。相比之下，特委曾书记就只给人一个影子，是“左”倾路线的化身，原因恐怕就是未揭示生活的矛盾和真实。

三、小说的几个次要人物，作家善于把握和勾画。如梁美娟的纯朴、善良和她丈夫的油滑、势利(第九章)；救月英的小杏父女(第十章等)；打柴的凃九公公(第二十二章等处)……这些人物，出场不多，用墨很少，但性格有特色。这些性格，给人感觉是明净的、单纯的。相比之下，那些着墨较多的主要人物，就应该是有多方面的生活侧面去展示他们多层次的丰富性格。除了上面的丁月英、田大刀还可加强一些笔墨以外，我觉得，对丁诗咏、古文辉、慧净(方桃仙)等重要人物，亦可再丰富一些。这好像牵涉到一个艺术美学问题，值得探讨。

四、一些不尽合理的情节：

1. 第四章，丁月英作为人质被游击队抓去，司务长竟面对这个敌人的女儿讲述她爸爸的罪恶，作者似乎急于想教育月英，促其觉醒？

2. 第153页，“丁小姐，这样的事，你也该知道知道。你们家的银洋，块块都沾着穷老俵的血呐!”在当时的情景、当时的人物关系中，这样说不太合适。

3. 第六章，将人质关入尼姑慧净的卧室，作家是为了后来的母女关系，但从红军的传统，人质的性质和当时情景，皆不合理。

4. 作为人质，又突然放她，理由欠充分。

5. 丁月英作为人质，竟自由出来看游击队演戏，如常人一般？

6. 第八、九章，丁月英只身出来找古文辉，路上所遇，除一人力车夫勒索钱财、梁美娟丈夫曾起邪心以外，她所碰到的都是好人，这对勾画社会环境及生活真实均有妨碍。

7. 第十四章及以后的情节，安排小杏的如意锁，小杏遗言、月英送锁及田大刀因锁致祸等，均较偶然，怎么搞得合理一些？

8. 第二十五章，月英藏在莲台下面，正巧看到江细苟投降变节，引出月英亲自到游击队揭发，事出太巧，而情节处理较一般。

除此以外，作品为了某些情节更圆全，也有些相当偶然或巧合的不太尽情理的处理，亦可斟酌。(如第十七章，丁月英还没有参加游击队就到自己家所在的龙门镇公开与游击队人员同台演戏，此后，田大刀又当着要求参加游击队的人宣布丁月英是宣传队长……均显匆促一些，有点突然)。

五、语言，特别是对话，有时有些一般化或现代化。比如，周挺要田云生演文明戏，他说："主要是刻画人物，使形象具有典型性，同时又要有生活实感。"(第十五章，第588页)不仅一般，而且仿佛像今天某些评论的语言。

六、人名前后不统一：

1. 第16页"吴嫂"系12页及前前后后"吴妈"之误；

2. P479 排长"古献忠"与 P180"古献宗"；

3. P836"林春崽"与 P941"易春崽"等等。

七、修改意见：按我们意见，如欲提高一步，可作较大的改动。但整书基本已定型，如想在此基础上提高一大步似较难办。我意，只请作者作一些局部的润色、修改，即可考虑发排。

胡德培

1984年8月31日

高尔品的长篇小说《生意人》审读意见①

同意赵水金同志的意见，高尔品此作是当前描写商业改革中的一部难得的佳作。在作者手里已反复修改，目前文稿已较成熟，建议较快发稿。我的印象是：

一、强烈的生活气息和时代特征。

作品反映的是近距离的生活，即做瓜子生意的痴汉在今天搞活城乡经济的政策下的曲折道路，几起几落。写生意人，像生意人，特别是写

① 本书出版时定名为《痴汉和他的女人》。

生意人的得失心理、荣誉感，如何精明能干，如何信誉至上，在坎坷曲折中如何千方百计地想翻身，都写得相当逼真、可信。

同时，生意人的曲折遭遇又与党的政策、与今天的时代紧密联系在一起，使作品与时代的脉搏跳动在一起，通过具体的形象描绘(如痴汉及他周围的一些人)相当鲜明地表现出来了。

二、不同生意人的不同反应及其矛盾冲突。

痴汉是一门子心思做好生意，碰到挫折不回头，为生意人争气(后来是要为秀城争气，为国家争气)，相信党的政策，最后从小摊贩成了瓜子公司总经理。

米阿迷是见好就收。他只看到过去政策的多变，使生意人没法做生意，常常是生意人稍稍活泛一点了就要割“资本主义尾巴”。因此，他搞了个花招：制造家里被盗的假案。痴汉心太大，他不赞成；痴汉遭挫折，他幸灾乐祸，但又有一点同情(或怜惜)；痴汉大发起来了，他又有些嫉妒；具体执行政策的人有时搞点极左的东西，他便有些迷惘……他得点小利，就赶快收手，但心里又不满足。

阿曲也想发财，但他是依靠国营这个大靠山。这也是生意人投机心理的一种表现。同时用心不善，挑唆痴汉的儿子阿东及国营的力量想搞垮痴汉。

阿东有暴发户心理，又有今日某些社会青年身上共同的东西，想轻易获得，投机取巧，靠关系，走门路，而不是像他父亲那样靠待人的诚实，靠自己的经营管理，靠炒瓜子的精湛手艺，靠善于处理与伙伴们的关系，因而，他在父亲倒霉的时候，依靠各种路子和关系，盗用痴汉瓜子的名声和招牌，也只能支撑一时。他的生意是注定不可能长久的。

其他，还有国营商店的挤兑，货栈不发货，税务所说他偷税漏税，工商管理部门不支持等等，最后，痴汉也学会了走后门，与省委第一书记来了一次通信，于是生意大发展，瓜子公司总经理痴汉获大胜……这些，都反映了搞活经济中间的种种问题和矛盾斗争。

三、人物的刻画及结构安排。

如赵水金同志所述及上面涉及的几种生意人的形象都写得相当精彩。各有各的性格，而且性格很突出。

痴汉，有个人的事业，个人与国家的密切关系；有内心的矛盾和喜怒哀乐；有自己的家庭、家里妻、子、女，以及女婿和女婿的父母等等，他在盛衰荣辱面前的不同心理，他与方芳、魔术师、街道众人及众伙伴的关系，都处理得真实可信，活灵活现。

有关人物，作者处理中该突出的极为突出，如对痴汉、方芳、魔术师及桂芳，是书里的中心人物；该简略的又简略得当，如省委书记、女儿的婆父母。街道主任丘妈，虽然笔墨不多，但写得相当活。其他，如莽头三爷、刘妈、秦洋洋、唐茵茵、郑娜娜、吴经理等次要人物，笔墨极简，而又写得较好。

结构则紧紧围绕痴汉瓜子的升降沉浮而展开，以痴汉的个人命运安排情节，因而结构相当紧凑、精炼，没有枝蔓，不拖沓。

四、长篇写短的样板。

此书反映社会面较广，人物也不少，矛盾斗争展得开，且有反复、情节也比较有曲折起伏，但为什么十五万字就写下来了，并使人感到相当精彩？

我觉得高尔品提供的经验值得研究。

我看，至少有以下几方面的经验应当重视：比如，它围绕中心矛盾展开情节，以人物命运结构故事，在社会生活面的铺展中精心选择人物，对人物的刻画和安排繁简适宜，善于捕捉典型的细节集中刻画人物……着重在思想的深度和人物的性格上做文章，因而，去掉了不必要的枝蔓和铺排。

五、稿子比较成熟，就这样即可发稿。只感觉有个别地方稍欠斟酌。

如，祈运久(痴汉)的名字似应在第一章即可写出。反正比在第二章才点出名字为好。

第七章痴汉嫁女，满街撒糖，写心理，作者分析和叙述较多，似缺少一点更具体的细节。现在写法写出了痴汉的心理活动，但嫌有点不足。此章较短，与别的章比较，似欠匀称。

当否？请酌。

胡德培

1985 年 8 月 14 日

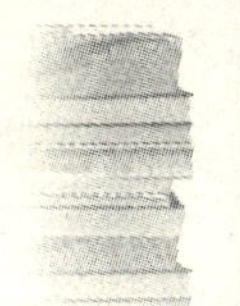

李玲修的长篇小说《姑娘跑向罗马》审读意见

同意周达宝同志的意见，此作在思想、艺术方面均已达到一定水平，可考虑出书。

我的印象是：

一、在我国体育运动蓬勃发展的情势下，作者选择径赛项目的女子中、长跑运动员的故事，表现我国运动员(具体的即本书女主人公黄秀女)如何战胜生活的极点、体质的极点、感情的极点和事业的极点，在拼搏中实现“第二次呼吸”，为国争光的情操、品德、毅力和志气，这是很有现实意义的题材。

二、作家在这个题材中挖掘并展现出了一定的思想深度。小说中抓住黄秀女事业追求上遇到的几个“极点”，去描绘人物的精神品质，在重重困难和失败中寻找新的起点；跑道有终点，而人生的跑道是没有终点的！这些形象的表现，对人颇有鼓舞作用和教育意义。

三、作品达到了一定的水平，但总的感觉仍未脱出作者所习惯的报告文学的写法。就小说来说，主要是概括不够，缺乏虚构和想象，该着意发挥的笔墨未能尽意(如秀女面临“运动性贫血”的诊断，可能是运动生命的结束时，她、教练及有关人物的内心矛盾和精神活动没有很好展开，挥洒笔墨，写透、写尽，而是叙述多于描绘，匆匆交代多于着意刻画，用一些回叙代替当前的充分展现等等)，该想象丰富一些的未能驰骋想象(如秀女对爱情生活的追求，现在多以岳教练的活动叙述出来，她的内心却表现得极简单、平板，似可更丰富一些)，该具体形象描写的多用叙述和议论带过(如达宝所指出的结尾部分，其他亦有类似情况)，凡此等等，皆未能发挥小说之所长。

四、作品目前的结构尚可，特别是每章之间的连接大多比较注意。语言通顺、流畅。整部作品比较简练。似可不必作大的修改。

五、其他具体意见：

1. P7 等待心爱人的信，是“最消耗细胞的”，语言太知识分子化，别的地方亦有类似毛病，也请注意。

2. P105 春华离队是十年前的事，此处写“五年前”后面两页又说是十年前，显然此处“五年”是写错了。

3. 由于五年与十年时间之差，春华儿子飞飞如果已经九岁，对阿姨亲吻等动作及春华让他做的其他亲昵动作，似欠合情理。

4. 第九章及最后一章较差。九章是以回叙代替了对现实的内心描写。最后一章似可改为"尾声"，简单交代目前的两件事即可，然后从秀女精神的闪光方面来几句画龙点睛的话，与本书"跑向罗马"相呼应以作结，如何？

5. 秀女与秦国兴恋爱后，唯一的是十九章由记者肖文来拍照介绍他们的恋爱情况及两人关系和性格，较有新意，其他则较平淡、一般。

6. 注意改正不规范的简化字，如：

"仃"应作"停"；

"旲"应作"量"；

"迂到"应作"遇到"；

"百"应作"面"；

"宻"应作"赛"……

7. 同意达宝意见，最后一梦可去掉。

当否？请示。

胡德培

1985 年 12 月 12 日

陈立德的长篇小说《城下》(第三稿)审读意见

这次修改稿，我与彭沁阳同志的印象相似，也基本同意她的修改意见。

一、两次与作者交换意见，我们都谈得比较坦率，作者当面均表示接受我们谈的意见，觉得我们所谈的确实是作品的弱点与缺陷，他同意按我们交换的意见修改。

两次修改，都是开头几章有长进，后面只有局部更动。这可能是又陷入了作者原来的构思之中，突不破固有的框架，尽管明明知道那个框架问题不少，作者的生活、艺术表现不足以建造这座艺术大厦。

二、按照小说现状，并请示了君宜、曙光同志，决定再与作者好好交换一次意见。

三、修改原则，我觉得可注意以下几点：

1. 集中主线。以攻下汀泗桥和武昌城为中心进行艺术布局。

2. 突出主要人物、主要事件。此作现在状况，适合这种办法。突出刻画齐渊、万先廷以及叶挺等正面人物，其他如蒋介石、吴佩孚、刘玉春、方维镇、范桐等人，亦可丰满一点。

3. 尽力删削和压缩写妇女、写知识分子、写农村的地方，可侧面描写便尽可能侧面描写，这样好处有四：一是藏拙，使本来薄弱或写得不像的这些部分尽量没有或大部减少；二是保留了作者原想描写的某些部分，情节与人物均可串连和延续；三是节约了相当部分的笔墨；四是可以丰富和加强主要刻画的人物，让他们从内心活动或谈话中交代出有关人物情节，将原来正面写的笔墨移到主要人物身上。

4. 写外国帝国主义领事等人的情节，写共产党内部的矛盾，以及一些次要人物，均可大量减少，也可以多用侧笔描写。

5. 若干静止的叙述和背景的介绍，显得冗长而多余，是此作又一大弊病，宜普遍删减或去掉，可以节约不少篇幅。

6. 本书主要情节故事的设想，我替作者拟了个提纲，似可这样安排：

蒋介石从广州出发到长沙(本次稿第一章较好，可沿此势头发展下去，不要中断已有的悬念)——蒋拟接见齐渊，插入独立团的活动(可适当回叙一点，上接《前驱》，主要描写现在北伐进展状况)——齐见蒋后，派高洪生去火车站，协同北伐军攻汀泗桥的行动——正式攻打汀泗桥——写吴佩孚及“北军”的对策——汀泗桥被攻下——此时才插入姚玉慧上前线，使她的活动合入齐渊活动的一条线内——再写进军、写“南军”内部、写“北军”(敌军反扑，独立团解救方维镇之类)——打贺胜桥似可删减，或侧面写，尽快插到武昌城下——武昌城第一次进攻失利，齐渊重伤，姚玉慧送他去上海就医——最后一次攻下武昌，胜利结束(第二次攻打、挖地道等可大大精简)。

7. 如按上述考虑，以下章节可大大压缩，或去掉，或侧面描写，或此详彼略等等：

二、三、四章去掉，某些必须的内容放入汀泗桥战后，姚玉慧上前线时作必要交代，而不作目前呆板、简单、一般的正面叙述；以下十一、

十二、二一、二二、二九、三二等章均可作类似处理。

三八章写张国焘等节，可删，改用其他笔墨带出。

五章开始的回叙，中间对人物的一般介绍、齐渊见蒋后的一般议论；六章回叙万先廷过去；七章中一般介绍；九章美英角逐；十章长段静止介绍；十三章对汀泗桥的介绍；十七章途中的啰嗦对话；二十章过程太细；二三章一般过程，两次唱歌及对话重复；二四章攻贺胜桥；二九章叙述过程；以及三五、三六、三八、三九、四〇、四四等章类似情况，均宜删削。

许多章节可以合并，如十与十四、三五与三六，攻贺胜桥诸章、第二次攻武昌、挖地道等章，均可大大压缩。

8. 修改、压缩、合并、删节之后，全书大约可在四十万字左右最好。

四、前两次已经提过意见或稿面已注明的许多地方，作者没有动而需要改的地方仍很多，大略有：

二章写农村青年用这样的语言："是什么奇妙的仙笛的启示，才使阿童尼和维纳斯的灵感，潜入了我们主人公的心灵"，不妥。下面一段关于"妙药"、"良方"的写法也应改。当然，上述意见已提出整章压缩为最佳。

同上，十一章写齐渊一次给李剑输血一千 CC. 似不合常识；P7－1 所提意见亦应改。

一三章原来提的意见也没改。

一九章句子不通也没改，如"耐牟害革命军，耐害反革命的北洋军"何意？"昂藏"是什么意思？等等。

当否？

胡德培

1986 年 5 月 4 日

谭谈的长篇小说《美仙湾》审读意见

此作所选择的角度，在中、短篇小说中已经见过，但在长篇小说中集中来剖析一个家族的历史，以映照我国社会发展的一个侧影，揭示唯成分论、极左思想(包括封建家族观念相纠缠)对人民生活、对社会发展的危害，特别是对人性的毁灭(这与革命人道主义相违背的)，是过去没有的，是具有相当的价值和意义的。这也是此作的思想价值和审美意义之所在。应当肯定。

结构上，以父辈的去世，引出五个子女几十年的遭遇，最后以父亲李慎之下葬作结，中间五段分别叙述弟兄姐妹五个人的经历，如桃花瓣似的展开。我觉得，不失为一种结构法，从某种程度上来看，似具有一定创造性。

几个人物的刻画，尽管有强有弱，但亦各具特色：一章写晓婉。她漂亮，温和，柔顺，最能体贴父母，理解父母的心，也最能屈从命运安排，含辛茹苦。本来，青梅竹马，恋着更新。但石更新出身好，参了军，回来后当了大队党支书，离开了她，她只好嫁给姓吴的；他乱搞女人，被判刑三年，死去，晓婉拖着两个孩子生活。她靠自己的劳动，靠卖烤红薯为生……她悲苦的命运，仅仅因为出身不好。

二章写晓雷和大香。大香是晓雷的堂婶，堂叔被划右派而死去。大香又曾与晓雷同学。晓雷因出身，因父母、姐姐、姐夫帮助购买的结婚用房被没收(说是地主阶级反攻倒算)，结不了婚。悲苦的命运使两人结合在一起……引起家族的反对、社会的反对，父亲的反对，两人身无立锥之地。是极左思潮，是封建思想、封建礼教坑害了他们。

三章写晓仙。她本来条件不错，是医科大学生，也是称职的大夫，但最初理想中的人被划右派，劳改中死去。继而被一个重要机关的年轻处长玩弄，因她出身不好不能结合。本想终生不嫁，但又碰到了一位工程师。爱他，却又多次拒绝了他……晓仙的爱情是另一种辛酸。

四章写晓雨和雪娥。他是反叛的性格。本来同学时恋着雪娥，但自己之所爱被更新夺去，两人内心里仍然旧情不断，继续来往，最后逃离家乡，去了新疆。他们的爱情是有苦又有甜。

五章写晓美和方军。早年参加革命，为了划清界限，忍痛与家庭决裂，尽管高官厚禄，但他们内心里也有矛盾和悲苦。

前面有美仙湾的传说，后面有通车剪彩，家人团聚……我觉得，此作已基本成形。

作品还有一个优点，即是写了一些地方风俗，如当地的婚俗，相亲时的风俗，“辞祖”时的风俗，人去世时的风俗等等，具有一定地方特色。

从上面的简单介绍和叙述来看，此作也有一些明显的弱点和不足，需要请作者加工修改的：

一、思想内容方面，有相当的价值和意义，但不是太厚实和丰富，因此，总的篇幅可以压缩一些，有一些叙述、描写存在交错重复之处(几乎每一章都存在，特别是第四章交代过程太多，重复太多)。

二、有些过分巧合和编造的痕迹。如雪娥为什么始终恋着晓雨，却硬要与更新结婚？作品中反复交代几次(重复!)，都是抽象的几句，使人觉得生硬，缺乏说服力。晓婉嫁的一个吴姓男人，是工人，收入不多，家有娇妻，为什么还去乱搞女人，没写明理由；后来很快让他被判刑、死亡，似乎是故意如此写晓婉的悲苦命运。父亲刚刚去世，却让晓婉来回顾过去的一切，也让人觉得极不自然。大香明明有一个半大不小的孩子，但却一直没提到，而使她与晓雷表示感情毫无顾及，可信性也受到影响。诸如此类，皆是可以斟酌的。

三、杨柳同志提得有道理，作品对造成不幸的时代、社会及具体生活环境写得不够，经常使人感到有些模糊。似应写得鲜明一些，又使人物思想更加清晰、作品内容更深一层。

四、杨柳同志建议，“是否可以把李慎之作为贯穿作品的主线”，有一定道理。目前小说中写得比较单薄。如以此人为贯穿人物，可使社会内容更丰富一些，有利于揭示有关人物的内心活动。但我感到，这个人物似乎是作者不太熟悉的，故而有意回避，写得较少。下笔一写，就显得太不像了。比如，李慎之让晓美去参军，那是解放初期，作品老是写他嘴里说出一句简单的话，即“跟共产党走”，这句话似是稍后一些年代才成为人们口头语言的，而且他是工商业兼地主一类人物，解放初期似应寻找更恰切的语言才好。

五、如杨柳同志所说，大姐晓美的形象刻画得较平板而简单，似可多写一些她的内心活动。

六、作品中人物年龄与时间矛盾甚多，需要作者重新一一考究一番。随便一记，就找出不少矛盾的地方。比如，石更新 17 岁参军，部队五年，回来后三年与雪娥结婚，显然不是 72 年(他与晓婉皆系新中国同龄人)；堂叔死后七八年，也不是 70 年(作品写他被划右派后四年去世)；晓雷与大香决定逃走，此时交代他大儿子夭折，小儿子已 13 岁，也不对；P247 说晓仙三十六七，与前面说她四十六七，相矛盾；又说大香比

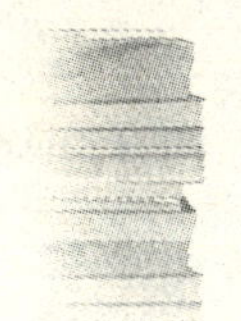

晓仙小几个月，这个年岁又不对了；第三章写晓仙现今四十八，与开始介绍为四十六七，不统一。这类矛盾，似乎太多了。

总的来看，可以请作者再改改，但基本构思可不必打乱，主要在加深形象刻画和思想内涵。

当否？

胡德培

1986 年 5 月 12 日

二、1987—1988 年：在《新文学史料》编辑部

关于周作人给周恩来同志 1949 年 7 月的信件问题

一、作为一份历史资料，对于研究周作人其人及其思想，此件十分重要。

二、周作人主要辩解的两个问题：

1. 虽然为日本人服务，但日军占领者片冈等认为他仍是一个障碍，这是两个性质不同的问题。一个是民族气节，为敌效劳的问题，一个是效劳过程中某些事日军占领者不甚满意的问题。

2. 他的思想认识与实际行动问题。他也不否认他为日本人服务这个实质性问题，这个历史事实就足够了。

总之，他的行为是为国人所不齿的。如发表，正面证明他变节的材料要充分才好。

三、此件虽然是周作人个人信件，但他是给周总理写的，可能已作为中央档案保存。抄件从冯雪峰等处得来，看来属实。但如发表，是否涉及中央关于档案规定，应否请示？

如何发表，请牛汀、早春同志定夺。

胡德培

1987 年 3 月 11 日

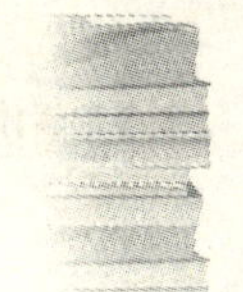

关于“浅草社”、“沉钟社”始末及其对中国现代文学的贡献两文审读意见

作者张晓萃。文章由现编室转来。

文章材料比较丰富，讲述两社团成立经过、宗旨、主要成员、作品等等，比较清晰，似为至今研究有关两文学社团最翔实的文章。两文皆可考虑发表。

两文中涉及一些作家情况，如林如稷、陈翔鹤、陈炜谟、冯至等的介绍略有重复，似可此详彼略或删节部分文字。待与作者商酌。

两文与“沉钟社”有关原始书简配合，自成一体，大概可以使刊物显得分量更重一些。

如何？

胡德培

1987年4月22日

关于《沙汀日记》(两册)

从1962年元旦至9月8日，约16万2千字。

主要内容：

1. 个人活动及家庭生活(包括与妻子的矛盾、对子女生活、婚姻、升学、工作等的关心)；

2. 文学界朋友的交往(与李劼人、林如稷、巴金、艾芜、任白戈、马识途、严文井、刘白羽、张光年、周扬等同辈及后辈年轻作家数十人)；

3. 涉及当时文学、创作思想及青年作者的谈话，重要的是与李劼人、巴金、任白戈等人的谈话，涉及他们自己的创作，《创业史》、《林海雪原》、《红岩》等，关于青年创作思想问题也有几段；

4. 关于他自己的小说创作构思(包括三部长篇及中、短篇)、创作计划及修改《困兽记》等的情况；

5. 对文友的看法和意见，包括工作意见；

6. 对生活的观察和理解(如下去视察、访问、谈话);

7. 政治生活(包括学习七千人大会讲话、出席人代会、对毛主席、刘少奇等同志的讲话的想法等);

8. 对个人缺点的反省或检讨(如爱激动、发脾气等)。

整篇没有感觉有什么政治问题。重要部分是涉及文学创作及文友交往的那些段落。涉及人事关系的，如对林如稷爱发牢骚的批评，对李劼人一些看法的不赞同，对文联负责人李累、李友欣等工作上的部分意见，对曾克、柯岗创作略有微词，对文联工作人员老曾的一些意见，与爱人、孩子的某些不和等等。我觉得皆无大碍，有这些才是生活、显得真实。

1962、1963年的日记共四册，约40万字，我意可选用先发《史料》，侧重选涉及文学活动、创作思想的部分。大略可选：(1962年)

1月1—7，10—12，14、15、18、19、21、23;

2月1—3、5—10、15—23、27、28;

3月1、11、17—26、28、31;

4月1、2、4、6—8、11—16、18—24、26;

5月1、3—5、9、12、13、20、21、24、26、28—30;

6月1—3、8、9、12、13、18、20、22、23、25—27、29;

7月1—3、6—11、13、14、17、20、21、24、26、30;

8月3—5、10、17、21、23、24;

9月2、5、7……

当否？请酌。

胡德培

1987年6月3日

关于王德芬《萧军在延安》的审读意见

约1万3千字，附照片二张、毛主席给萧军信复印件10封。孙可中送来。

作者为萧军夫人。

此件非常珍贵，系延安文艺座谈会前后重要资料。可惜，直接谈文艺观点的较少，只有概括几句。但提供了研究的重要线索和有关材料出

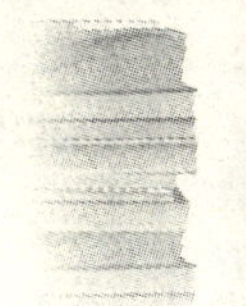

处。此文是以萧军经历为中心，似有所回避或忌讳。

可发。

胡德培

1987年7月1日

关于《陈荒煤日记》

从1945年8月至1948年7月，505页，共约15万字。

我阅读后的印象是：

一、是第一手材料，记录延安鲁艺一部分作家随陈荒煤小组自延安到晋冀鲁豫边区的经历，有参加河南济源县农村反奸清霸运动的，有邯郸文化工作会议到成立文联的，有参加冀南威县划阶级、分土地及复查运动的，共四大部分，四个片段。这份日记保存下来，今天来看，是非常珍贵的。

二、本刊可选刊一部分，以《陈荒煤日记选》为题选载，与以前叶圣陶、柔石、沙汀等人日记体例相同。

三、着重选刊的原则，我意：涉及作家、作品，涉及鲁艺人员、涉及文艺活动、涉及文联建设，涉及文学思想以及有关作家学习、修养、读书之类多选，其他少选或不选。

四、对这本日记几个片段，可着重选：

1. 鲁艺陈荒煤、葛洛等从延安到晋冀鲁豫一段，现在的第一部分；

2.1945年2月24日去武安到1947年3月18日邯郸成立文联一段。

上述两段中，可挑选大部分。其中过于简单的，或与上述原则(即与文学无关的)不符的，如1945年3月18日、4月13日等处，似可删去。

五、需要大量去掉、删削的：

1. 济源县反奸清霸一段；

2. 威县划阶级、分土地一段。

总的，是太多运动情况，与文学关系不大。其中，济源一段，搞了半天，找出的一个斗争对象，还不是典型的恶霸；威县一段，先是搞得“左”了，后来按中央1948年2月1日决定，平山经验，又来复查、纠偏，反“左”，放宽。中间不少是听汇报记录，听传达记录、开会记录、农村调查情况，与各种人物谈话情况，具体的划阶级、分土地、发展党员、建立农会等类笔记。所以，大量可删。

但亦有少量可选的，如 1948 年 3 月 15 日(P370)关于丽尼、叶紫及陈荒煤家庭一段；后面一点，374 页，关于诗选等等。

六、可选用部分中，有些需要注明的：如邓政委(系邓小平)、刘司令(系刘伯承)、杨主席(系杨秀峰)等，还有徐司令、贺司令、戎副主席、王部长、聂部长、袁厅长等，可以注明，均请注明。

七、日记中有些空字处，需填写；有抄录时讹误处，需订正。

八、拟选出的部分，先抽出来，拿去复印一份，再请作者订正，以备发稿。

当否？请正。

胡德培

1988 年 3 月12 日

张连兴、黎明《梁实秋传略》的审读意见

作者掌握了相当的材料，这份传略修改后可用。

我意主要从下列几方面去改：

一、同意胡玉萍同志所说的意见，首先是压缩、删简，从现有文章的内容和格式来看，争取在两万字左右似乎就可以了。待与作者商量。这是第一个大的方面。

二、另一个大的方面，是传略中不要光是罗列一件一件事，要有一定的归纳、概括，也即是从事实中自然看出一定的观点、看法。现在的写法，似乎是简单地从年谱稍加改动出来即形成“传略”，文中没有主脑，缺少作者研究的结果。

文中有好些大的疑问，让人读了以后不明不白。如第 38 页以后，说梁在上海三年曾在文坛做出轰动的事，如何轰动？抗战八年中，延安欢迎参政会去参观，为什么独独不欢迎梁实秋去？解放前夕，梁为什么不能留北平？这些很容易说明的问题，似乎作者也有意回避。现在作者是平铺直叙，似不敢以历史唯物主义精神直说是非。

三、需要删简的地方(文稿旁用铅笔画了一些地方)，大体是这些

方面：

1. 一般背景介绍，如袁世凯导演曹锟兵变、介绍清华以及其他背景，只介绍当时情况，而这些情况与主人公关系不大的，用一句话带过即可。

2. 有的可合并介绍，如并列写文学研究会、创造社的成立等，或者可在后面什么地方谈到这些文学社团时随便提一句即可。

3. 有些生活细节，完全可以删去或从简，如冰心说画梅“狗也会画”之类笑话，梁与冰心等船上经历等等，似乎作者掌握什么材料就往上塞，不知如何选择。

4. 梁的祖父、父母及幼年还可更简略一些。

5. 梁如何病发、逝世过程也可简化，几句话即可。

删简、压缩后请作者注意：梁的主要贡献、主要文学活动、主要作品、他从事文学活动的主要有关人物和事件等，以及梁的性格、思想中对他在文学上的贡献有密切关系的，该保留的要保留，该突出的要突出，一句话，即是突出重点，删去次要的和无关紧要的。

四、此传是几个人誊抄的，抄完后似乎没有一个人通看一遍，所以，仅第四、五节标出节的顺序号，前一、二、三节，后六、七、八、九节皆无节序号，应统一。

当否？

胡德培

1988 年 3 月 27 日

关于胡海珠《侯金镜传略》的审读意见

此文基本可以。1 万 7 千字。

除编辑加工外，文字改动主要有两处：1. 第六节起步，这小题拟改为“新的起点”或“搞文艺评论”，才与下述内容相符；

2. 第 36 页“侯金镜对它(指《千万不要忘记》一剧)所做的艺术分析是至今仍然站得住的。”拟改为“仍然很有价值的。”

胡德培

1988 年 4 月 14 日

关于王渭《王亚平传略》的审读意见

王亚平之子写他父亲的传略，几经修改，我看已基本可以。还算明白简练。略作文字加工，可选用。

唯有两处似可考虑：

1. 所列王亚平作品目录，或可分年连排；

2. 王亚平在政治风暴中所受冤屈，今已平反，似可写得更明白一点，让世人明白。

如何？

胡德培

1988 年 4 月 23 日

樊骏《这是一项宏大的系统工程——关于中国现代文学史料工作的总体考察》审读意见

樊骏此文掌握了丰富的材料，进行了系统的研究，对文学史料学作了历史的回顾与现状的考察，已做出的成绩和工作的不足，作者有多方面的分析和思考。我觉得此文所提出的问题是具有开创意义的。鉴于问题的重要性，似可新开辟一个专门性的栏目：“史料学研究”，以突出发表这篇文章，期望受到各方面的重视和支持，本刊也有提倡对这个问题研究的意思。

胡德培

1988 年 11 月 16 日

三、1989—1998年：在当代文学编辑室和《当代》杂志编辑部

王川的长篇小说《白发狂夫》审读意见

同意彭沁阳、于砚章同志的基本看法。

一、现在，像王川此作写得这样认真、扎实，而有文化艺术较好修养的，似乎不多。此作显示了作者的功力。关于绘画，关于音乐，关于美学等，作者比较富于见解，结合主人公这位画家的经历和精神来看，这种艺术修养大大帮助了作者。

二、主要人物写得颇有特色。对武石此人揭示较深。他的经历、追求、个性、隐私，都比较充分地展现出来了。他的大哥、了凡、朱心言、沙雁等人物，也写出了个性。曹渝、姜岚、冯霭霭三个女性，他的学生部长生、高大民等，也写得可以。

三、黑衣人的设计，有创造性，在揭示武石的内心世界和矛盾性格上有一定作用，可以保留。只是出现次数过多(连提到的约十次左右，重点写也有六七次)，如到中卷末尾，就有点给人重复之感。似可考虑去掉一点，有时写虚一点。

四、作者第一次写长篇，主要在结构上有些毛病。比如，以人物一生经历来写，有时就难免拉过场。据说，改得好一些了，但下卷末尾仍有些毛病。王明华这个一闪而过的人物及有关情节，可虚写，作背景写，此人物也可去掉，删去有关情节，只写与武石直接有关的。交代过程的皆可去掉。下卷最后几章有点散。过场戏多了一些。可否改为：武石正抱着新的希望，但又来了“第二次文革”，他的身体、心力(心力交瘁)实在支撑不住了，被群众想法救出，在民间火把节的熊熊大火中，想到在“涅槃”中升化了……比现在搞得简洁些更好。

五、还有几处待斟酌：

1. 上卷 11 章，武石背曹渝过渭河，似可再渲染一些，现在似一个偶然因素，曹渝失踪，看后有点太纪实，太简单一点。

2. 13 章开头与上章文气上接得不紧，突然中断了。上章写武石，此章一下子转到介绍姜岚。可接得更好一些。

3. 下卷第 13 章埃及副总统女儿加希尔，与 626 页加西尔要统一。

4. 585 页的信有特色，但后面没交代清楚。

总之，到中卷第 14 章，似乎看出了本书的一些味道，觉得不错。以后，字数多，但却感到情节匆匆，尽力交代有关人和事，注意了呼应，同时也觉得拉的过程多了一些。是否可以再动一动？

稿件已基本可以，主要是希望更加精美、完善一些。

全稿现约 34 万字。

胡德培

1989 年 9 月 22 日

范小青的长篇小说《天砚》审读意见

同意陶良华、赵水金同志的意见，特别是复审意见写得很认真、细致，从各方面去分析皆颇有道理。可以按你们的意见，请作者做些修改、压缩后出版。

这是一部具有新颖艺术特色的长篇小说。

一、作品认识生活、把握生活上有丰富而独到之处。纵的，从几千年前到现今，横的，从现实生活的各个方面、各种人物，不是简单化和单一的视角，因此许多人物和事件都呈现出丰富的形态。马顺昌是历史功臣，但年轻时确实荒唐过，而且他还有意隐瞒了自己的历史；马顺元与他有仇有恨，但又互相爱惜和保护，背后咬牙切齿，见面却亲密和好。谢湖是革命烈士的后代，他爱湖、爱家乡，希望改变家乡的贫穷面貌，并且做了许多好事，但他却走私文物，犯了法。其他，如支书吴小弟，聋哑(后来装聋哑)的马福康，潘能潘梅父女，杜国平、冯仲青等等。人物、事件都采取多角度、多侧面的描写，牵连各种爱憎和利益，而且是在侦破过程中，所以，显得扑朔迷离，耐人思索。这构成了整部小说的艺术基调和艺术韵味，也是这部作品的主要特色所在。

二、作品在艺术表现上还有一个特色，即通过一件走私案的侦破过程，运用中国人喜欢的讲故事的方式(如赵树理讲故事的方式)，一层一层，慢慢道来，看似平易，实是认真。真正做好这一点是不容易的。从作品中可以看出，作者在文化积累、生活积累，包括文物知识、太湖地貌、江南风情等等，是做过多年准备的，包括一些历史资料、诗文研究等，因此读来颇有地方特色。但是，在行文中，有时引述过多，有点食而不化，没有变成作者小说的文字，显得累赘，如你们所提出的那三处集中的地方及其他分散各处的地方，皆可删削一些；也有时出现行文中的重复和啰嗦，显得有些随意，可以压缩和精练(我在文中用铅笔画了一些地方，其他类似之处似可作些加工)。

三、作品在一般推理和侦破小说方面有自己的试验。当然，作者可能表面在写侦破走私案，而意在写偏僻小岛在改革开放的今日之新变，但从另一种角度来看，也未尝不是推理、侦破小说视野的扩大，一种新的探索。其中，写两个年轻侦察员各有特色。他们的思索、推理中有可取之处，亦有啰嗦、重复之处，有时作者站出来直接分析、叙述或推理，亦可考虑写得自然一些，文字上精美、简练一些。

除你们所提的各项修改意见外，我觉得，第二一章，写马顺元、吴小弟以古砚、玉佛等珍贵文物保住了马顺昌隐瞒个人历史的秘密，这种交换条件在中国当时历史条件下如何能够成立？何况除外调者之外已有别的人早知道这段历史(指有关组织)，现在的处理如何搞得更合理、真实一些？另外，谢湖的死，也较多偶然因素，似欠铺垫。此类情况，作品中多处皆可注意改改。

全书共 22 万字。

胡德培

1990 年 5 月 1 日

邵振国的长篇小说《月牙泉》审读意见

已与王晓、汪兆骞二同志交换了看法，我基本上同意二位的处理意见。

这是邵振国的第一部长篇小说。与作者的获奖小说《麦客》写法和风格基本一致。

作品想通过改革开放后的农村现实，经济领域里的新情况，将笔墨深入到历史(几十年的政治、经济和风云变幻)，深入到人的心理和人际关系，揭示其中错综复杂的矛盾，具有相当丰富而深刻的生活内容和现实意义。

是像王文宣那样勤恳奋斗一生，忠于事业，钻研艺术，结果连一本书也出不了，穷困潦倒？索元亨高中毕业后当过淳朴的小木匠，有过淳朴的爱情，后来想进城工作，看到王文宣的处境，转而开办书画社，经商致富……这是新的现实矛盾。

作品可贵的是，并不停留在这种较一般的现实矛盾的抒写上，而是在这种现实矛盾后面展开了一个大的社会背景：经济上放开后，个体经济和集体经济的发展；几十年农村困苦生活中形成的人们团结奋斗的淳朴关系与新的尔虞我诈关系的尖锐冲突；古老的思想意识、伦理关系与社会新发展、新思想的冲突……在索元亨购买曹月水古宅一事上面引起轩然大波，牵动着上上下下、左左右右各方面的人物，曹、索、阴、张各家老幼都自然卷入了矛盾冲突之中，从而写出了不同人物的不同性格，这是本书写得最精彩的章节，也是本书能成立的最重要的原因。

从这个中心矛盾、中心情节来看，作品开头进展缓慢，应大大去掉静止的环境描写(包括后来的这类描写)，或者干脆从索元亨自城里返回家乡经商，各方面人物的反应写起，再回叙过去，可以精练一些，集中一些，避免落入俗套，也会更抓人一些(现在写法，开头使人读得很不耐烦)。

现在顺序写来，还有一个问题，即有点平铺直叙，平淡叙述，笔墨变化不够，需要请作者考虑。

过长的一些对话，也宜删简一些。

请与作者商量，根据他的创作意图，与他协商修改事宜。

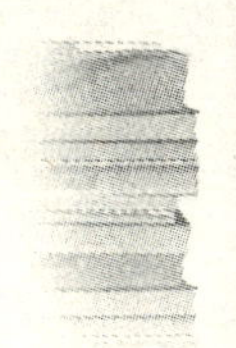

全书26万字。整体上，也请再精练一些。

我在原稿上用铅笔勾画了一些地方，请斟酌。

胡德培

1990年6月6日

肖俊志的长篇小说《阴阳际会》审读意见

我与陶良华、杨柳二同志的印象基本相同，同意二位对作品的具体分析(二位的审读意见写得认真，既有概括性的看法，又有具体的修改设想)。

一、作者有生活，艺术表达能力也较有基础，这部作品写得颇见功力，以后还可能写出更好的小说。

二、作品以基层连队生活为主要描写对象，较扎实、丰富，人物也较活，第一人称的结构有特点，政治上也未有重大问题，所以，基本同意二位同志的看法。

三、作者融会了前段时期一般作家常用的一些观点(或意识)，类似的写法在中、短篇小说里亦已见过，但写成长篇小说的却属初次见到。所以，初读时给人较好的印象。读后，仔细思索，我觉得有两个主要方面值得研究：

第一，性意识问题。过去已见过集中写军营生活男性集中、长期生活枯燥等原因形成某种性饥渴的小说创作。作为中、短篇小说，作者从某个角度去写(下一篇可选其他方面的角度)，可以独自成立，但作为一部长篇小说，要求比较全面地去概括某方面的社会生活，过于集中地用性意识去观察生活、表现生活，即杨柳同志所指明的，几乎所有人物的活动都与男女关系联系起来去写，因此觉得肖俊志此作把握生活上有偏颇之处(当然，其中较多是通过男女关系去表现多方面的社会现实，作品中也没有黄色的描写)。换句话说，从男女关系的角度可以反映一定的社会生活内容，作品中也写了抗洪抢险、学习毛著、军事训练、极左影响等方面的内容，但总的来看，觉得此作在这方面写得过多过重。

第二，生活真实问题。写过去的生活，作家都脱离不了运用今天的认识去把握和表现，但又千万不能将作品中人物的思想、性格现代化，即把过去的人物完全用今天人们的思想去代替。肖作写林彪爆炸前后的军营生活，其中第一人称的“我”太清醒了，他周围的人(李兵、牛西宝、刘应国等)也太外露了，当时那种虔诚地、真诚地相信毛泽东，以至相信林彪等等的人本是十分常见、十分普遍的，此作却未得到应有的表现，因此，使人回顾过去，觉得此作的具体时代和生活特色不够真实，而过分用了今天的观点强加在1971、1972年的人物身上，换句话说，作品的观点太商业化、太现代化了，便自然缺少了具体时代真实和生活真实。作品所表现的时代气氛，是近几年的气氛，而不像70年代初期中国的生活现实。

可与作者具体谈谈，希望他改写或另写一部作品给我们。

胡德培

1990年7月4日

肖俊志的《阴阳际会》(修改稿)审读意见

同意良华、杨柳同志对肖俊志修改稿的意见。此稿改得不错。作品既加强了具体时代气氛的渲染，又保持了那种复杂的人物心理及事件描写的真实性。从整体上改得是成功的。

可按二位的意见再作些加工。我也在原稿上划掉或改动了一些地方，如P6、P184、P201等处。

修改后增加的一部分，有时略嫌太具体、太多一点，如讲用稿、信件及一些对话等，那在当时都是真实的，但现在仍然照搬上去，有点讨嫌、不爱读。略删一点，或稍微虚一点渲染气氛就可能更好一些。加工时也请注意。

可发。

胡德培

1991年2月8日

张长弓的长篇小说《追踪金的黎明》审读意见

这是相当老到、娴熟的一部新创作，独具特色，力求创新，达到了较高水平的长篇小说。让人欣喜、爱读。

杨植材、王清平二同志读得很认真、细致，也切切实实地思考了一些问题。二位的主要意见我是同意的。

一、作品抓人，较有可读性。主人公金人的命运，金人揭露矿区浪费等问题的文章发不发，矿区、朔漠市、省里以至中央，上上下下，左左右右，围绕着这个中心展开情节，有关的人和事都活起来了，确有可看、可思、可想的地方。

二、作家修养较高，认识较深，作品的思想意蕴丰富而深沉。似乎只揭露建设中的损失、浪费，但涉及的问题何其深广；似乎只是一个矿区，但何止一个矿区；似乎只有一个微不足道的女记者金人，但因这篇稿子牵动着多少人、多少事……作品似浅实深，似平易实不平易，似简单实丰富，似虚实实，似假实真，似讽喻实血泪，似寓言实现实……这是真正艺术的表现，耐人寻味。

三、作品有一定象征和寓言的笔法，但概括和表现实在精妙(当然，小说主要是用的现实主义描写)。以矿区来反映整个时代社会面貌，是这样；以正穿皮袄派与反穿皮袄派来表现“文革”两派及其争论实质，也是这样。作品这种构思，表现在结尾尤其精彩。

四、故事集中，人物形象，结构完整。紧紧围绕金人的文章展开描写，到结局，展现出这些年现实生活一个相当深刻的侧面。金人执著追求正义(这方面稍嫌虚一点)，表现出可贵的品格，最后致残，多发人深思！沙先醒先天真，中间消沉，后觉醒，也独具个性。靳节先支持，调查后表现他不敢坚持原议，但又不依附任何一方，刻画得入木三分。东方秀岚的纯真支持，方玉洁现代派画风、打扮而又支持正义，方荃支持而又有矛盾的复杂内心，都各具特色。王耳表现痴呆、不能说话，但实际头脑清醒。霍安、赵达、马桑、眉月、东方富、简克、包田等也有特色。对霍凤岐、包田、崔老五稍有点漫画化。

五、对于尖锐一点的描写和叙述问题。我意不要大动，只要没有重大政治性问题皆可保留，个别地方可抹掉一点，但最好征求作者意见。看来作者对此作是深思熟虑的。作者的某些笔调，稍有玩世不恭的味道，但这正是揶揄现实而内心愤激的个性表现，无大碍。

六、主要修改之处，如二位所说，是去重复，统一前后略有矛盾之处及老杨在原稿上铅笔勾画之处。霍凤岐是因父亲地位高，还是因大风雪差点被埋藏而不去矿区，而另找出路，成了纨袴公子，我意可以将两种原因合并在一起，表现其内心可以有点矛盾之类，也许会更真实。

老作家能写出这样的作品，实感欣喜！

共约 21 万字。可用。

胡德培

1990 年 12 月 8 日

马识途的长篇小说《雷神传奇》(附《秋香外传》)审读意见

同意于砚章、黄伊同志的意见。

这是一部雅俗共赏的长篇小说。用摆“龙门阵”的方式，讲述革命历史故事，是高扬着革命英雄主义精神的一部通俗文学作品。

可读性强，富于艺术的吸引力。

具有强烈的革命思想内容。黑暗的社会，地主恶霸的压迫，将朴实的农民逼上大巴山。从自发的个人反抗，接受党的领导，形成自觉的有组织的斗争，最后形成浩浩荡荡的革命洪流，建立革命根据地。也写了雷神个人复仇斗争的悲剧。还有如何发动群众、组织群众，以及组织纪律和党的领导的重要性等等，都是能够给人革命思想和革命历史教育的。

着重塑造了富有泥土气息的传奇式的英雄人物雷神、神算子、秋香等。写了党的工作者和领导人申才龙、孙春芳、王天清、王维舟等。写了普通农民投身反抗斗争，如丁元平、丁天明父子等。写了土匪钻山狼、草上飞、谭鹰眼、王神仙、王道人、金刚钻等。还写了地主、恶霸王大老太爷、王大老爷、巴道南(巴到烂)、薛理洪及申大老爷等。人物形象丰富多样，生活内容既集中又广阔。

写雷神的结构比较完整。关于秋香的外六章，是另一部的构思。如去掉，最好，也已有 44 万字。这六章约 15 万字。加在一起近 60 万字。更重要的是，外六章写肃反扩大化，客观事实也许比书中所写的还严峻得多，但在今天出版，也许有的人看了太扎眼，而且中央对这一地区当时的问题尚无结论。是否可多请一两位同志再斟酌一下？

还有，说书形式的过多重复、啰嗦与文学语言的应当精练这个矛盾

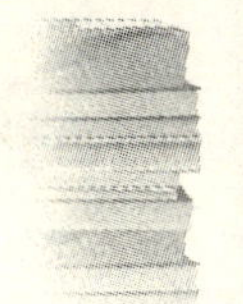

没解决好，我意还是需要删削一些，主要是去掉重复的话。如第三章开头一段与前面就明显重复，这一类地方删简一些更好。

其他，还有些小问题：

1. 王天清军师这样重要的人物，第八章出现前没有铺垫，似觉有点突然。

2. 第十章，既然写了丁元平守清水溪、丁天明取山口场，王天清伏击赵拐子似乎便可简化一点。

3. 第十九章第六、七两节写草上飞使怪、雷神救军师，与标题“流落的孩子找到了娘”不符。

第二十章“天兵平叛”中的第五节“没有在编的军医”等，也不太相符。此类问题，各章节中似还不少。

4. 第五章第三节有两个，重复了。

5. 第二十章第10页第6行，说孙春芳和秋香曾在神仙洞里说过不少话，似与前面情节不符。记得前面曾特意说明，这神仙洞除了军师、丁氏父子等几个人，雷神及军师都不让别人知道这个住处。

胡德培

1991年11月13日

王蒙的长篇小说《恋爱的季节》审读意见

同意王晓、高贤均同志的基本意见。

这是作家有自身体验，并认真回忆和查阅资料后来写50年代初期生活的长篇小说。有相当的真实感、现实感和启发性，是一部较好的小说。

一、有较强的时代氛围。

当时的一些重大事件：干部南下、抗美援朝、“三反”、“五反”、与苏联的友好关系，以至人们的谈话，所看的电影、小说，所唱的歌曲等等，细到许多具体名字，访问团等等，都相当具体、真实。当然，更重要的是人们的心态、语言，所思所想，所作所为，使人仿佛又回到了那个年代。真实，让人回味。

二、描绘了一群青年革命家。

小说中一群二十岁上下(或稍大一点)的青年革命家赵林、祝正鸿、周碧云、洪嘉、万德发、钱文、李意、肖连甲、张雅丽及叶东菊、林娜娜、高来喜、凌函栋、卞迎春等等，还有洪有兰、苏红等。性格各异，写得相当生动、具体。写出青年人的朝气，理想，对革命的忠诚和浪漫，对生活的单纯与烦恼，以及对旧的生活、对历史与今天现实的矛盾和问题，都没有单一的一般化的描写。这是作品成功的基本表现。

三、过去的生活与现实的感受融为一体。

作家是在描绘 50 年代的生活，显然也有数十年现实的体会，通过具体的形象描绘而融为一体，作品通过不少对照和抒情的笔触，使他对生活的体验往深层推进，既不是现实，也不是历史，而是一个新的艺术世界和生活天地。

作者有饱满的热情，充分表现了他的情态、思索、见解和感触，如小说对新时代的激情，对新生活的向往，融合着对旧时代、旧生活的否定，对共产党、对党的领袖、对苏联的感情抒发，以及某些有分寸的描写，能看出当时的感受，似又有今天的认识。全篇对爱的抒情，对青春的向往和留恋，同时又绝不简单、一般，充满了对生活的丰富感受，从而使此作独具特色，耐人寻味。

四、不必大改，但有不足。

从构思和艺术表现，此作已基本可以。但有不足：

1. 有群像，没有一两个突出的主人公；

2. 有托派历史的苏红，给十一岁的儿子无穷写信(P164)，那种认罪口气，甚至连自己判决书全文抄录，似欠妥当。如不这样，作者似未想好如何交代这事。可否同时有无穷父亲的一封信呢?

五、两个值得思索的问题：

1. 王蒙爱用词语重叠的句式，一般尚可，但也令人常感别扭。为了强调和突出，这种句式是有作用的，但有时啰嗦、烦琐，甚至有点显摆的味道。

P37 祝正鸿的妈妈初学文化，说话也用那样重叠的句式，其强调、重复的内容，似乎与人物不太相合。P41“丈夫、妻子、媳妇、男人……”一段亦有此类毛病。

2. 作者于现今回过头写 50 年代的生活，似乎适应了一种思潮、一种情绪？艺术创作中是不是会由此形成一股小小的潮流？

总之，此作可以看出作家的思想、感情、素质、修养、特别是他充分的思索、饱满的情志和智慧的语言，是值得珍惜的。

同意接受此作出版。

我随手改动了一些词、字，也画出了几处疑问。

全书约 34 万字。

胡德培

1992 年 7 月 6 日

胡德培与王蒙(1999 年)

读王子云的长篇小说《青鸟》

读完《青鸟》，我想从下列几个方面谈谈个人印象：

一、主题意蕴：作品描述一对青梅竹马的恋人、反抗家长包办、恶霸逼婚，饱受屈辱，从而逃婚的错综复杂经历。反映新旧观念的矛盾，人性与野性、文明与野蛮、进步与落后的残酷、曲折的斗争，赞扬了青年人向往光明、追求幸福和纯洁高尚的爱情，以及在共产党和新生活面前思想的不断提高和觉醒。作者的主观意图是好的，也是基本上表达出来了的。

今天，作为一部长篇小说，仅仅写出青年人反抗封建包办婚姻、受尽屈辱，然后追求进步，投身革命，并在党的教育下提高觉悟等等，显得太一般了，我们已经有许多文艺作品反复表述过这样的主题思想。今天来写，应该表现得更强烈、更深刻一些，特别是应该写得更独特一些。独特，作品才有个性，才有特色。

《青鸟》的表述，在这方面的弱点是明显的。

二、情节安排：小说叙述有头有尾，故事情节基本上是完整的，头绪交代也还清楚，读来也较顺畅。这是创作最起码的、基本的。

《青鸟》情节安排的主要问题在平均用力。只是力求把故事讲得完整、顺畅，对艺术创作来说是很不够的。艺术需要强调，需要突出。以此来看《青鸟》，则显得太平淡了，这是否与此作叙述及文笔陈旧有关？

就情节来说，陈兰英抗婚，她与家庭、与李兴义的对抗和冲突，为了救出吴刚，那次事件应是突出的中心事件，现在集中、强调不够。这是一点。再一点，如果说这一次李兴义耍阴谋的逼婚，重心是为了美色、获得陈兰英的话，那么，他亲率保安团围攻万家村，显然就不仅仅为了陈兰英，而应该突出别的矛盾。

三、人物刻画：作品对主人公吴刚、陈兰英写得较好，对李兴义则只有外形，对陈义、林二及吴、陈二人的领路人陈先觉等好些人物，大多只有事而无人。

整体来说，人物事件写得多，但内心写得少，这是否与较陈旧的表现手法、与作者急于讲故事而疏忽人物灵魂有关？

重事不重人，是《青鸟》另一毛病。

四、语言表达：本作叙事顺畅，文从字顺，这是较好的。

但是，一是语言较知识分子化，包括叙述语言特色不够，对话语言个性化差。二是个别语言现代化。如果说 1943 年至解放前，地下党可能搞“五一”劳动节的庆祝活动，那么，第 59 页提“五四”青年节，第 21 页谈“侵犯人权”之类，也待斟酌，等等。

五、其他：

第二十一章《尾声》似是多余的，与全篇主题意蕴也不太相符。

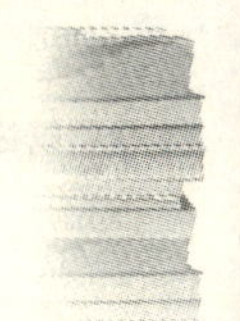

文中写得比较好的章节，是吴刚、陈兰英两人的感情关系及感情表达的两三个段落，如《定情》等节，可能是作者比较熟悉的。但也是知识分子味儿太浓一点。两人关系的特殊情境和特殊个性稍嫌不足。

建议：作者如能先写一些精粹的短篇，然后再写长篇，也许会好一些。

是否有当？谨供参考。

胡德培

1995 年 7 月 28 日

附：作者王子云来信(两封)

胡主编：

《青鸟》一稿经您审阅，您的提示意见十分珍贵。我重写、改写了十一章，其余九章作句段增删，削去第二十一章，附上“后记”。例如第十八章“逃婚”是全篇的重点，突出两个主要人物“死里逃生”的曲折经历。其他人物陈先觉、李开玉、四叔等人物形象在 107、109、216 页也补充刻画。文字经过适当润饰，力求做到口语化，例如：“茅塞顿开”改成“心里开窍”，“此人”改“这个人”……但有些成语、口语如“张冠李戴”“助纣为虐”“写意”等词语出自知识分子的口，便不改了。至于四叔、四婶、突击队长、陈明理等人的话也尽可能口语化。但距您的要求还远，请您大刀阔斧修改。有一位美术教师看过《青鸟》，感觉有些趣味，特地作了几幅插画，也请指示涂改。封面加个副标题——“逃婚记”，也请决定去留。辛苦了，十分感激！敬候

编安！

王子云上

1995 年 12 月 11 日

尊敬的胡老师：

1995 年，我参加文学教育中心学习，请您审阅《青鸟》一稿，您给我复信提出指导意见，十分宝贵。我把信珍藏起来，奉为圭臬，也说不清重读了多少遍。我遵嘱对原稿全面修改或重写，突出一些人物的心理活动，强调人物语言个性化，文字也作适当润饰。但还未能做到口语化。一些次要人物的形象还是不很鲜明，这是我对各种人物了解不深入，驾驭长篇小说能力不足的缘故。您说：“艺术需要强调，需要突出。”我读过塞万提斯的《堂吉诃德》印证您的提示是绝对正确的。我自知文笔残旧，

特地选读一些当代文学，我也是从《当代》找到您的地址。编辑工作是极其艰苦细致的，是千百作者的“磨石”，帮助了别人，消耗了自己的时光，所以是光辉的职业。《青鸟》一稿1997年已付印，因有几个形近别字，而且纸张太薄，我打算再版时印得像样一点，才寄给您。但手头拮据，再版遥遥无期，所以现寄上两本，这本小说是您倾注了心血的成果，十分感谢!! 出版后，颇受读者青睐，有的女同志同情被迫害的青年，读出了眼泪，有较好的反响。您的工作一定很忙，惜时如金。但务请看看作品“后记”，再扼要批评。并请把文晓同志的地址及邮编告知。

专此敬候

编安！并祝常健！

王子云上

1998年11月2日

《青鸟》另付

刘心武的长篇小说《栖凤楼》审读意见

同意谢欣、常振家同志的意见。

刘心武新著长篇小说《栖凤楼》是一部近距离地反映北京生活面貌和人们心态的力作。

作家既有宏阔的目光，又有底层百姓的情结，因此，决定了这部作品生活内容的丰富性，人物形象的复杂性，社会事件的广泛性，许多给人启发、耐人思索的生活情态和故事情节。

作品最突出的优点是历史与现实的融合和对比，从“文革”到现今，巨大的生活反差，人们之间的关系、个人的追求、位置的变化，反映在感情上、心态上、理智上、人生价值上，呈现出较丰富的层次、多样的变化。为整人以获得政治资本，以投机取得个人利益的司马山，今天仍千方百计找门路、找靠山，想“从银行里拿钱”来花；“工宣队员”成了今日宾馆厕所的守门人(王师傅)；“向阳院”里的儿童委员今天成了外资代理人(闪毅)；公认的落后分子，曾被整为“坏分子”的今日成为优秀共产党员，在立新功(金殿臣)……从历史沧桑中显示了历史的巨大变化，从人情变异里呈现出现实追求的多样心态。这种艺术视角和构思方式，显

然有利于作品思想力度的增强和不同生活层面的开掘。

作品选择了一个较好的结构角度，即以拍摄《栖凤楼》这个剧本与现实生活中的人物、事件相串连和对照，具体联系的人物则是第三人称的“他”——作家，剧本的文学顾问雍望辉。因此，情节前后照应，结构相对集中，这作家的身份有利于发挥作品议论的特色，展示一些生活见解和人生感受。这种串连的方式，有利于对生活的散点透视，但也可能一定程度上影响对人物的刻画和生活的深度展示。

作家的敏锐关注生活，使小说有较多样的信息，十分贴近现实，善于捕捉今天的社会问题：多少人削尖了脑袋想“直接从银行里拿钱”来花；社会生活的地位悬殊、物质上的巨大差异形成人们意识和情感的对立与矛盾；有的人挥金如土，买东西总问“有没有更贵的”，有的人还挣扎在温饱线上；有的人住豪华别墅、坐高级轿车、养“情妇”、选保镖，同时出现了“垃圾山”首领、“老豹”那样的神秘人物、富汉那样的司机以及有待读者诠释的“凤梅”这样的女士，还有那位虽然清廉、但就想当官的副部长……都是耐人咀嚼和琢磨的。

作品是有相当分量的，肯定会产生一定影响的。我意可发。除了谢欣同志所谈的那些意见外，我觉得，去掉必要的重复和啰嗦，使作品更精炼，肯定会更好一些。

霍木匠钉金殿臣窗户一节，开始制造气氛，与结尾呼应，像一个音乐旋律的反复吟咏，都可以。但开头略显沉闷，中间一些重复的句子也还可以精炼，点到为止。

第37页，“那个夏天……”与前后连接不上，显得突兀，避免误会，也要改一下。

一些行文的重复、啰嗦，加工时也须注意。

胡德培

1996年3月16日

读一真同志的长篇小说《大千尘埃》

道弘同志，并转一真同志：

因为工作及身体的关系，一真同志的长篇小说《大千尘埃》，我先是请社里当代文学一编室的同志按片分工交给一位分管的副编审阅处。看后，有一纸意见(见另纸)。

道弘同志的委托，我不敢懈怠。待那位同志看后，我拿回来赶着匆匆翻了一遍。

小说是经过多年深思熟虑，有较周密安排的。作家有生活实感和切身体验。语言文字表达的基本功好。但艺术构筑能力较差，形象描绘笔力较弱，集中化、典型化的工夫不足。

如想修改得较好一些，可考虑：

一、人物、故事集中，加强典型化。小说是以姜也宝的命运为主要线索的，围绕她的一些主要人物应为构思布局的中心。现在，作者太受几十年人物经历的影响，因此，着重叙事(事无巨细皆逐一叙述，仿佛编年史)，疏于写人。

作品从20年代写到如今，从人物出生写到去世，约70年。写了那么多人物(而且许多人物是贯穿始终的)，那么多历史事实、社会运动、人物经历，写成现在的50多万字，应该说不算很长的。问题是，对事实有些平铺直叙，按年代逐一交代，尽管写姜也宝跟右派丈夫下放边远地区，为三个儿子忍痛离婚等节，颇有动人之处，但过多的一般事实叙述、一般人物描绘，交代过程太多，显然笔力分散了。

开始，两个共产党员为苗凤英生孩子接下了多珠，到四五万字以后的第五章才交代余本祥幸免于死以后的情形，而另一人沈仲谋(后改名方辑)则交代得更晚了，中断了读者的阅读。而后插入多珠的命运(送给姜家，改名姜也宝)，又到B镇傅家当准媳妇，这是可以的。可惜，小说又叙述了姜家许多人，再写到傅家的诸多姊妹新蕙、新梅、新竹、新兰、新芳等等以及他们的婚姻家庭，枝蔓过多。到了也宝在《临海工报》，因肃反、反胡风、反右，又按需要随时扯出除冯聪达总编及任冬几个有连续性的人物以外，还有言文野、司马燕、秋水、储学超、尤京、柳惠、莫富、仲泠、戈岩、姚操等出场不多甚至一晃而过的人物。也宝到《河源日报》，“文革”等运动中又出现了许多记者、编辑，皆很少照应(作者常常注意照应周到，正好使作品枝蔓和分散了)。

我意应集中余多珠出生、改名姜也宝、到傅家的遭遇，以后上学、参加地下党活动、解放后反右到河源、离婚及最后与方辑生活的命运为主线，与她命运有直接密切关系的三五个、七八个至十个左右可作为重复相关人物(如第五章余本祥改名石海生、第五十一章大哥与小妹相识，主要是第1569－1572页)的观点、认识，第五十四章第1606－1614页沈仲谋改名方辑等等可作重要结构线索，其他，凡是与主要人物及重要的相关人物命运及性格发展关系不大的，皆可大大删除，或在描述上列人物时稍带叙述即可。

相反，关于主要人物及重要相关人物的命运及性格变化的，则还需要加强描写(具体描绘，而不是简单叙述，如也宝与石海生、郎员这条线则可加强等)。总之，要使主要人物典型化，而不是被事件牵着走，每个人都有独特个性，每个人就是一个完整的世界。

二、一切描述皆为塑造主要人物。小说中，除主要人物生活以外，别的一些人物、故事也有相当生动的，如钟兰荪原来很风光，挣钱多，但后来仅仅因为妻子傅新竹喜欢赌钱，不听劝告，他也赌气吸鸦片，成为瘪三，全身腐烂，死在北城桥；宋抒的命运，与朱腾的结婚，束吟的介入，怀孕生女，朱病死，束吟妻离开，宋抒与束吟结合等等，都有较好的故事，但写得浅，且与主要人物关系不密切，似可删除或简单带过。小说中类似枝蔓，即离开中心另写一个故事(另辟一个生活世界)还比较多，皆可反复斟酌。

三、写环境(包括各种社会运动)也是为了写人物，使人物有个性、有血肉。现在此作中较多比较客观地、单纯地写那些运动和事件。写得较好的是反右派运动中恽正天被划右派的前前后后，写得较差或一般的是反胡风等运动，运动与主要人物命运和性格联系不紧密。

四、作家心目中可能有模特儿，但小说创作不应拘泥于真实生活(具体的一人一事)，而应多加联想与概括。

五、因人物(此作至少有一百多个人物)、事件(则是七十年)分散，在相当程度上也使作品内容欠集中和强烈。

六、书中地名如写临海这个虚拟的地名，那么第755页写上海发生的追悼李公朴、闻一多，又写了郭沫若、沈钧儒、史良等现实生活人物，竟接连在虚拟的“临海”发生，显然就不合适了。

小说中的地名，可用真名，也可虚拟假名，但前后要统一。大环境(如此事发生在上海×年×月)可以全是真的，但具体人物的具体活动、心态等等，则可以完全是概括和想象的，而在现实生活中是可能发生的。现在既然写作“临海”，上述上海历史上的真人真事就不能说是在临海发生的。

七、作家的人生感受是较丰富的，也有相当深刻性，但在作品中表现出来缺乏强烈和应有的感染力，主要是作家过分理智和冷静。修改时当注意，褒贬历史、臧否人物，爱憎要鲜明一些，矛盾要集中一些，使感情更强烈，气氛更浓烈一些。如恽正天被划右派的前后，他与姜也宝不得不离婚等节，皆可加强强度和浓度，笔力深入人物内心，将灵魂揭示出来，可改变较单一的白描手法，周围的环境和气氛也可更着力渲染一下，使之震撼人心。方辑人生观的变化，也可进一步揭示心灵，以启示人深长思索。

八、作者写作很认真，文字通畅，叙述清楚，但形象地描绘、艺术地表现上用力不够(或不够熟练)。语言上也较知识分子化，如对话和叙述较少个性化，生动性和形象性也不足。

总之，作者文化艺术修养和文字功力较好，主要是几十年的人生经历和感受的宝贵，再经过一些努力，肯定会提高一步的，使此作达到较好的水平。

我的印象不一定对，谨供参考。

顺颂

春安

胡德培

1998 年 4 月 15 日

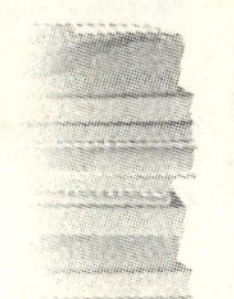

附　录
小说创作审读意见写作漫谈

近四十年的编辑工作中，我在阅读小说创作、特别是长篇小说创作的时间最长，花去的精力也最多。近日，有机会重读上个世纪 80 年代以来有关小说的审读意见，不禁引起我的一些思索和感想。现将有关想法简要记录如下：

一、通读全稿与读稿笔记

人民文学出版社有修养的老编辑常说一句话："读作品，必须从第一个字读到最后一个字，你才有发言权。否则，你的判断很可能会有失误。"经过实践，我觉得这个话是很有道理的。

我在处理长篇小说来稿的时候，总是告诫自己：一定要认真读完整个作品，经过仔细思考，才提出自己的看法。工作中，我还常常与有关同志交换阅读时的感受和想法，然后再决定对一部作品的取舍，说出自己的处理意见。这样，可能避免出现大的失误，从而共同做出比较中肯的决定来。

要写好审读意见，必须认真读完全稿。这是一个方面。

另一方面，我们在阅读原稿的过程中，还需要随时写下读稿笔记。尤其是审读长篇小说创作，或者审读某些提出了尖锐敏感问题的、常常可能引发争议的中、短篇小说创作，仔细阅读原稿的同时，认真写下读稿笔记是很有必要的。因为，一部长篇小说，几十万上百万字的篇幅，生活内容丰富，出场人物繁多，情节结构错综复杂，有的还时序颠倒，笔墨跳荡，思绪飞扬，文笔恣肆，这时的读稿笔记就会大大帮助你的记忆，引发你的思索，有利于你的分析和比较，让你对全作有比较清晰而准确的判断和认识。有的小说，篇幅虽然较短，但它与时势密切相关，涉及人们关心的社会政治及敏感的民生问题，或在艺术表现上进行某些探索和试验，也是需要编辑仔细鉴别和审慎对待的。编辑的读稿笔记及其引发而写下的详细意见，对于领导及有关同志思考和最后定夺，往往是具有重要意义的。

我的编辑朋友中，上述这种朴实的工作思路，在现今某些过于机敏的年轻朋友看来，这也许并非最好的工作方法。因此，有人引用一位外国著名作家的话说：我吃一个鸡蛋，咬一口就知道是臭鸡蛋，为何还必须让我把整个鸡蛋都吞下肚子里去?！——这个话，当然不是完全没有道理的。在我们身边，如果他是非常成熟的有经验的编辑，其分析、判断能力很强，而且在长时期阅读作品的经验中，已达到了相当敏锐的程度，同时，这种判断大多是从总体上、从大的方面去辨别或好或赖，也即是咬一口就能尝出是好鸡蛋还是臭鸡蛋，这种判断的准确性也不是没有可能的。这样的熟练编辑，犹如那位著名外国作家那样，其艺术修养和鉴赏水平可谓这方面的佼佼者(当然，我们的一般编辑可能一时大多也是难以企及的)。然而，我们更应当注意的是，编辑工作所接触的作品，比一般的或容易判断出是好是赖的情况常常要复杂得多。先举过去的一个较简单的例子：如《林海雪原》的原稿，它固然有很精彩动人的故事，但最初的结构及语言运用方面曾经是存在不少弱点和问题的。阅读者首先通过它的语言这第一“口”，印象自然是不会那么肯定和认可的。只有耐心地读下去，才读到杨子荣深入威虎山匪巢等精彩情节，从而发现并重视它的光彩及其值得珍惜之处，才会想办法帮助作者反复修改，最后使之成为一部优秀作品，以至如今还能广泛流传，影响深远。

现今，在改革开放的新时期，中外文化交流十分频繁，作家创作思想异常活跃，特别是年轻作家引进外来的艺术表现和审美情趣多种多样，不少进行创作实验和探索的小说原稿比当年的《林海雪原》相对单纯的情况已是花样翻新，变化无穷，很多时候我们真是一时难以把握的。这时，更迫切需要编辑耐心地阅读和审慎地比较、研究，以及阅读时做出认真的笔记等等，显然是非常重要的。

在我们人文社的编辑室里，曾经有个年轻编辑，将一部优秀的创作原稿，匆忙地作了退稿处理。这即是沉下心来连续负责任地阅读原稿方面做得不好，读到后面便将前面忘记了甚至记差误了，加上对新的艺术探索试验缺乏研究和了解(当然总的还是认真负责的工作态度上存在一定问题)，这自然影响了对稿件的准确判断和公正评价，以致出现将佳作当劣稿退掉的失误了。这是我们大家常常引以为戒的。

二、首先看重艺术质量

“文化大革命”前，在人民文学出版社的老编辑中，对书稿的取舍曾经有过一种看法，他们认为：出版作品，首先要看艺术质量。这是选稿最重要的一个标准。因为出版社选择书稿，当然任何时候都是在党和国家方针政策的框架下挑选，所以，作为文学专业的出版社来选稿，自然最关键的是看它艺术上行不行。艺术上行，在文学领域才站得住脚；艺术上不行，只是空洞地宣讲某种思想，鼓吹某种观念，那一定是苍白无力、站不住脚的。故此，真正的文学精品必定都是艺术品，那才是经得住读者检验和时间考验的。

因此，在文学专业出版社当编辑，选择小说创作书稿，尤其是长篇小说创作，首先就是要充分注意作品的艺术构思、艺术表现、艺术方法、艺术风格、艺术语言以及艺术审美等方面所达到的水平，从总体方面去衡量这部作品艺术质量合不合格，是否达到了 60 分、70 分或者 80 分以上。编辑犹如学校的老师，要为学生的这份“考卷”打分。每一份“考卷”，对老师来说也是一次“考试”。你判断得准确不准确，给的分数合适不合适，便可以看出这一位老师的水平。作为编辑，这就是从专业素质上可以明显看出的高低优劣。

由于人民文学出版社编辑选稿注意从艺术质量上严格掌握，自然便保证了它所出版的文学书籍能够保持在一个比较高的水平。因此，在各类文学图书的历次评奖中，人文社的获奖图书总是保有相当的数量。仅以国内文学创作的最高奖项——“茅盾文学奖”来说，人文社每届都有获奖的长篇小说：第一届(1982 年)六位获奖者中占四位，即魏巍的《东方》、莫应丰的《将军吟》、李国文的《冬天里的春天》、古华的《芙蓉镇》；第二届(1986 年)三位获奖者中占两位，即张洁的《沉重的翅膀》(修订本)、刘心武的《钟鼓楼》；第三届(1990 年)五位获奖者中占一位，即刘白羽的《第二个太阳》；第四届(1996 年)四位获奖者中占三位，即陈忠实的《白鹿原》(修订本)、王火的《战争和人》、刘玉民的《骚动之秋》；第五届(2000 年)四位获奖者占一位，即阿来的《尘埃落定》；第六届(2005 年)五位获奖者中占三位，即徐贵祥的《历史的天空》、柳建伟的《英雄时代》、宗璞的《东藏记》。迄今，六届获奖的总共 27 部小说，人文社占了 14 部，比获奖总数的一半还多。其他，如国家图书奖、精神文明建设“五个一工程”奖、鲁迅文学奖、全国儿童文学奖、全国优秀报告文学奖、全国少数民族文学奖等重大奖项，人文社的获奖图书都占有相当的数量。据有关负责同志说，人文社每年出版的每一部长篇小说，都是中国社会科学院文学研究所、中国作家协会创作研究室、《文艺报》等有关文艺报刊及大专院校中文系师生等有关研究工作人员的必读书目和重点研究对象，也是国内外广大读者所喜爱和欢迎的各个时期的新创作。显然，这与人文社编辑们首先看重每部创作的艺术质量是密切相关的。

三、鼓励创新与艺术特色

文学创作首要的是鼓励创新，同时要尊重不同作家的不同艺术追求和艺术特色。要做到这样，编辑必须事先有相当的知识准备，即广泛阅读古今中外的文学作品。有了相当广博的知识，你才能够将今天的原稿与已有的创作进行对照和比较，加以分析和鉴别，由此知道原稿的主题思想、生活内容、艺术表现和审美意识等等是否具有新的艺术特色以及是否具有什么创新的价值。

比如，反映抗日战争生活的文艺创作早已成千上万，但在上个世纪 80 年代以前，都是从一个局部、一个方面、一个城市、一个乡村，或者某些片断的表现，如《平原烈火》、《荷花淀》、《人民在战斗》、《吕梁英雄传》、《铁道游击队》、《烈火金钢》、《野火春风斗古城》等等。而多方位地表现抗日战争的全过程、中日双方各个方面、甚至同盟国与协约国各个国家之间，上上下下各阶层的人士和力量，那样的作品到 80 年代我们才遇到了王火的《战争和人》及周而复的《长城万里图》等系列巨幅长篇小说。这样的作品，在创作艺术上显然具有多方面的创新和艺术特色。出版后，赢得了海内外各方面的肯定和好评。

我在工作中还碰到了俞林的《在青山那边》这样一部书稿。过去，写抗日敌后地下工作的复杂性、曲折性，写根据地战斗生活的艰苦性、残酷性的作品已经不少。开始，编辑从这两个方面去对作家谈了修改意见，让作家加强曲折性、复杂性、艰苦性、残酷性等方面的深度描写，作家感觉编辑说得也有道理，但修改起来却难以动笔。后来，我们又让另外两个同志读了原稿，并进行了研究和讨论，设身处地地站在作家原始构思的角度上：作家曾经被错划为“右派”，“文革”中身心备受摧残，到新时期重新获得解放，作家心灵里唤起了当年对青山那边的美好回忆，而将敌占区与解放区自然地加以对比，内心里激起了对解放区革命同志间的兄弟战斗情谊的热烈向往。由于这种强烈而美好的感情激发，作家从心底里自然构思创作了这部新的长篇小说，而且取名叫做《在青山那边》，明显地寄托了作家的感情倾向和审美理想。编辑理解了作家构思的这个落脚点和创作运笔的出发点，于是我在小说第二次修改稿的审读意见中明确地写道：“这是一部有特色的长篇小说。它，既不是单纯写我党在白区的地下斗争的艰苦、曲折，又不是直接反映革命根据地生活和武装斗争的艰巨、复杂，而是作家根据自己的切身体验，将两个地区、两个世界结合起来，加以鲜明对比的艺术描写，着力揭示人物的精神世界，表现出‘青山那边’才是人们的理想之区、光明之地。同意张佳佩同志的意见，此次修改后上述艺术特色更加集中、更加突出、更加鲜明了。”这是与编辑同仁、与作家本人充分交换意见，通力合作，使我们共同明确和理解了这部小说的主要艺术特色和审美倾向的结果。如果只是停留在一般的要求加强所谓曲折性、复杂性、艰苦性、残酷性等等，那就湮没了这部小说的艺术特色和创新价值。

同时，编辑在鼓励创新和艺术特色的时候，自然应当防止甚至反对创作上的平庸和一般，还要避免追风与追俗。创作注意通俗化和可读性，这是可以的。但通俗不是庸俗。不要把床上戏，男女情，血淋淋的恐怖和残暴当作一种特色去滥写、滥卖，那显然不是正当的艺术追求。编辑审读原稿的时候，必须审慎地加以鉴别和分辨。

四、鼓励新人与长远眼光

古人说得好：“长江后浪催前浪，一替新人趱旧人。”文学创作与其他事业一样，都是一代推进着一代：新的作家不断涌现，逐渐代替着老作家而占据着文坛。

我们人民文学出版社的编辑部有一个多年形成的传统，即是在新的作家刚刚冒头的时候，刚发表了一两个中、短篇小说或其他形式的新创作，就时刻关注着他们，与他们建立联系，利用各种机会接触他们、了解他们，在不断加深的友谊交往中，支持和鼓励他们从事长篇小说的创作。我们在审理稿件的时候非常注意和重视年轻作家的作品，特别是他们的第一部长篇小说，比如，我经手审读过作家的第一部长篇小说创作即有陈世旭的《梦洲》、高尔品的《痴汉和他的女人》、邵振国的《月牙泉》、王川的《白发狂夫》、肖俊志的《阴阳际会》，王伯阳的《苦海》等，后来都曾陆续出版。同时，我还审读过年轻作家谭谈、刘心武、柯云路、李玲修、王朔、肖复兴、王占君、范小青、叶辛、李汉平、刘彦林、王东满、罗石贤、李杭育、张宇、储福金等人的长篇小说，总数约以百十计。

关注年轻作家，这是我们编辑工作的重心。但同时我们也不忽视中年作家和老年作家。我们仍一如既往地加强与他们的联系与友谊。我曾经手组织杨佩瑾、王蒙、宗璞、姜树茂、浩然等中年作家的作品，也曾审读俞林、王火、张长弓、周而复、魏巍、艾芜、陈立德等老作家的创作。因为，我们人文社的传统是一贯坚持从文学事业和读者需要出发，广泛团结老、中、青作家，总是主动地与他们交朋友，积极支持和帮助他们创作出优秀作品，为繁荣和发展文学出版事业而共同奋斗。不管是中、老年作家还是年轻作家的作品，编辑们都仔细、认真地阅读，积极负责地审理，给年轻作家更多的扶持和帮助，给中、老年作家更多的理解和关心，能不能出版都给作家一个满意的回复和处理。因此，相当长一个时期以来，围绕着人文社，总有一大批老、中、青作家。他们当中的许多人，都不约而同地自认为是人文社的“基干民兵”。他们常常把自己最满意的作品送给人民文学出版社出版。

五、总的方面与具体细节

编辑写作审读意见的一般原则是：应该对书稿有总体的把握和认识，同时，还要有具体方面的描绘和分析。总的是在贯彻党的方针、政策方面，在表现政治思想内容方面，具体的是体例安排、章节布局以及行文表达等等，编辑审读时都不应该有疏漏。对于一部长篇小说来说，一方面对它描述的生活内容、主题思想及其艺术表现、情节结构以至具体的人物、事件等等要提出总体的看法和理解，另一方面，对于具体的情节和细节，需要与作者商量或者要请作者修改、补充、润色的地方，则要具体地一点一点提出来……既有总体方面的分析，又有具体细节的提示，也有利于有关编辑发稿、校对及出版过程中密切注意，可以避免许多疏漏。

比如，我在写作王蒙《恋爱的季节》的审读意见时，开头一段即是总体认识："有相当的真实感、现实感和启发性，是一部较好的小说。"接着，一、二、三点："有较强的时代氛围"、"描绘了一群青年革命家"、"过去的生活与现实的感受融为一体"，是对上述总体认识的具体剖析，是进一步谈编辑读稿时的想法，也是从正面肯定作品的成功之处。第四点，是提出质疑，也是编辑的看法，觉得小说"有不足"，但又"不必大改"。第五点，提出思索或可酌情修改的问题，是具体感受、具体分析后一一点出的。

我们对王蒙《恋爱的季节》的原稿是基本肯定的，所以，编辑主要写的是认识和看法，这是一种情况。另一种情况，是艾芜的《大地交响曲》初稿。因为，小说写的是"文革"以前所谓"四清"运动的农村生活，其构思和初稿也是"文革"前形成的，所以，在新时期人们认识大大变化和提高了，自然需要作家对原有的生活题材重新认识和解析，艺术表现上相应地也必须进行较大的变动或更改，所以，编辑对初稿便主要是提出处理方案和修改意见，从总体方面到具体细节都一一列出。当时，在我心里，真有些担心已进入老年的作家能否修改成功这部创作——我真佩服老作家艾芜！他具有那样宝贵的精神和坚韧的毅力，经过两三次大的修改，最后连书名也更改为《春天的雾》，终于使这部小说成功面世！

六、注意文学语言

大家都知道，文学是语言的艺术。因此，在审读文学作品、尤其是小说创作时，编辑应当特别注意作家对文学语言的运用。

从严格的意义上来说，每个作家的文学语言都应该具有各自的特色和风格。这往往是形成作家的创作风格和艺术特色的一个重要条件和因素。在语言艺术上个人风格鲜明、突出的作家，过去的如赵树理、孙犁等人，现今的如宗璞、铁凝等人，都是为人称道的。但是，要达到这种严格的标准，并不是非常容易的。与此相反，初学写作者或者在语言修养和艺术造诣上尚未成熟的作家，在他们的创作原稿中，往往在文学语言的运用上会出现这样那样的毛病。

举例来说：长期学习、工作在实际生活中的作者，常常语言修养不足，对生活语言不注意提炼，片面认为愈是土里土气的语言便愈有生活气息和文学意味，甚至有的人追求粗俗的俚语，作品就会出现语言芜杂、雅俗相混的情形；有的作者文化修养不够，仅仅零零碎碎地涉猎过某些古籍，大多食而不化，却一味喜欢引用一些夹生的文言词语，则常有文言与白话夹杂使用、不相协调的状况；有较高的文化知识而走进创作领域的人，便会有语言知识分子化及语言“现代化”的情况；此外，许多作家都常常会出现语言运用上的一种通病，即语言缺少个性化，而流于一般口水化的情况……这些，都远未形成文学语言的个人特色和风格。而我们知道：语言运用方面具有自己的个人风格，进而形成作家创作艺术的独特个性，则是一位作家走向成熟的重要标志。

所以，在审读文学作品、特别是小说、戏剧类创作的时候，必须密切注意作品文学语言运用方面的情况。如果语言运用上存在问题，就应该及时提醒作家，帮助作家在使用语言上更具个性，更加纯净，更富有个人的独具特色和风格。

凡此等等。

除上述的以外，审读长篇小说，因为篇幅长，编辑又大多是接触原稿(不是在其他报刊已发表出来的作品)，所以，审稿意见一般都要求尽可能写得详尽和充分一些，要避免疏漏，以利于在原稿修订过程中使之更臻成熟和完美。本篇侧重谈的是小说创作、尤其是长篇小说创作审读意见的写作，而未涉及诗歌、散文及其他文学创作形式。同时，一般审读意见还应分为初审、复审和终审(这三审我都曾经历过)：初审应该将作者情况及写作背景，特别是对作品的第一感受比较详尽地陈述出来，同时提出自己的初步印象和意见，尤其是对原稿的优点谈足、问题不要有遗漏；复审对初审意见应该作出评价，同时对书稿进一步提出自己的看法和处理意见，以及请求终审需要决定的事项；终审则需要发表自己的决定性意见(用或不用，或者进一步如何修改、补充之类)，主要意图在保证本出版社图书的质量。

当然，还需要说明的一点是：关于小说创作的审读意见，尤其是对于长篇小说的审读意见如何写法，似乎并没有统一的要求，即没有一定之规，要求所有编辑都必须做到一、二、三，A、B、C之类。一般编辑都是根据作家作品的具体情况，即具体的生活内容、主题思想和艺术表现，谈出自己阅读时的具体感受和理解，从而进行具体的评述和分析，指出其优点与缺点，决定是否选用。如果选用，要做什么必要的修改和加工等等。但是，我们选择书稿的总的原则是：对国家经济社会发展和精神文明建设有利，为人民生活更加美好，为中华民族的再次腾飞，多出书，出好书，使每一部创作在思想艺术质量上至少达到出版的水平，以至努力争取使更多的作品成为思想艺术更加健康、更为优秀的上乘佳作，从而更好地服务于读者，服务于社会。

2007 年 8 月 25 日

后 记

在上个世纪六七十年代那场“史无前例”的“文化大革命”后半期，人民文学出版社曾经奉命调来一批“掺沙子”的人员，其中一位负责人大言不惭地说：“只要认识汉字的人，谁都可以在这儿当好编辑。”这句话，立刻让一些老文学编辑瞠目结舌，惊呆呆地说不出话来(在当时也实在没法儿说)。

“文化大革命”后，大家再提起这位“掺沙子”负责人的“名言”时，自然已成为一句笑谈。

在我四十年的文学编辑生涯中，时时感到：要认真做好一名称职的文学编辑，实在是很不容易的。从上个世纪 80 年代初期担任编辑室负责人开始，我就非常注意向老编辑请教，向老编辑学习，不断回顾和思索做一位文学编辑应有的素质、学养、精神、品格，以及工作态度、作风、行为、道德等等。在与一些年轻编辑的接触中，在编辑同仁们共同切磋与探讨有关“文艺编辑学”的过程中，我在实践时思考，在工作里摸索，同时查阅各种资料，特别注意结合编辑出版实际，如组稿、读稿、发稿等一系列流程中的实际情况，试图归纳和总结出在文学编辑工作当中某些带有一定规律性的东西，于是，陆续写作了“给年轻编辑”(即本书第一辑)、“‘文艺编辑学’随想”(作为第二辑)的一些文字，曾先后在《编辑之友》、《编辑学刊》和《文艺报》上连载，或分别刊发于《新闻出版报》、《新闻出版导刊》、《中国出版》等报刊和书籍中。同时，又将上世纪最后约二十年工作经历中读稿时所写下的审读意见(原稿)，挑选出一小部分，并补写了一篇《小说创作审读意见写作漫谈》附录其后，作为第三辑，结集成为这本《文学编辑体验》的小书。总归一句话：这些都是我几十年来在文学编辑工作岗位上的实际体验和感受。换句话说，从这些文字中，大略可以看出我们这辈人是怎样对待文学编辑这个职业的，我们是怎样工作、怎样思考、怎样对待作家和文学出版事业的。因为我几十年都是从编辑部这个团队中走过来的，所以，我所叙写的内容自然包含有不少我的一些编辑同事和朋友以及我们的文学编辑前辈们的心血和经验的结晶。形成于文字的我的这些思索和总结，肯定会有某些不够周全和恰切的地方，还望读者和编辑同仁们指正。

胡德培

2007 年 9 月 22 日